2026

브랜드 만족 1위

수석합격 연속 배출 _{신등급근거}
_{후면표기}

9급 공무원 영어 시험대비

박문각 공무원

예상문제

신경향 대비 합격률 4.2배 증가

다양한 난이도의 문제로 빈틈없는 실전 대비!

약점을 강점으로 바꾸는 빈출 문법 포인트 집중 공략!

최신 트렌드를 반영한 출제 예상 문법 300 문제 엄선!

진가영 편저

진가영 영어
문법 끝판왕 300제

공인어 3영상 www.pmg.co.kr

진가영 영어
문법 끝판왕 300제

수험생들을 위한 최고의 문법 문제집!
공무원 영어 끝장내기!
문법 끝판왕 300제⁺를 펴내며...

"안녕하세요, 여러분들의 단기합격 길라잡이 진가영입니다."

공무원 영어는 많은 수험생들에게 두렵고 버겁게 느껴지는 과목 중 하나입니다. 그러나 저는 수많은 제자들과 함께한 시간을 통해, 두려움의 대상이던 영어가 오히려 합격을 앞당기는 든든한 힘이 될 수 있다는 사실을 확인했습니다.

저는 단순히 문제 풀이만 가르치는 강사가 아니라, 여러분을 단기합격으로 이끄는 길라잡이로서 시험에 꼭 필요한 것만을 선별해 체계적으로 반복할 수 있도록 교재와 강의를 설계했습니다. 또한 여러분이 인생의 중요한 순간을 준비하고 있다는 사실을 알기에, 그 무게를 함께 짊어진다는 책임감으로 끝까지 여러분 곁에서 든든한 버팀목이 되어 왔습니다.

그리고 그 결과, 많은 학생들이 방향을 잃지 않고 짧은 시간 안에 단기합격이라는 성과를 낼 수 있었습니다.

이 교재는 단순한 공부 도구를 넘어, 여러분들에게 영어를 잘 할 수 있다는 확신을 주고 여러분의 실질적인 점수를 올려줄 발판이 될 것입니다. 나아가 이 교재와 함께 양질의 강의를 통해 나아가신다면 학습 부담을 줄이고 효율적으로 점수 상승을 이뤄 빠른 합격을 이룰 수 있을 겁니다.

저는 오늘도 제 모든 진심을 다해 여러분과 함께 단기합격의 길을 걸어가겠습니다.

Dreams come true!
꿈은 반드시 이루어진다!

진심을 다해 가르치는 영어 - 진가영

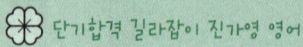
1 최신 출제 경향 반영

최근 기출 분석을 토대로 문제 유형을 수록하여 실전 감각을 높이고 시험 대비력을 강화할 수 있습니다.

01 밑줄 친 부분에 들어갈 말로 가장 적절한 것은?

> The government has launched a new initiative _____ the urban infrastructure and create more green spaces for citizens to enjoy in their leisure time.

① is designed to improve
② designed to improve
③ which designing to improve
④ has designed to improve

03 밑줄 친 부분 중 어법상 옳지 않은 것은?

> The doctor advised the caregiver on how to assist the elderly patient. He suggested it was important to take him by ① arm for support, as this simple action often prevents falls. The patient, who ② seems frail and unsteady, appreciated the gentle help ③ offered by the staff, ④ which provided a sense of security.

2 포인트별 해설 제시

공무원 시험에 실제로 출제되었거나 출제 가능한 문법 포인트를 학습자가 파악할 수 있도록 각 선택지 해설을 포인트별로 제시함으로써 자신의 약점을 효과적으로 보완할 수 있도록 구성하였습니다.

정답 해설

③ 적중 포인트 014 형용사와 부사의 차이 ★★★★★
be동사 뒤에는 주격 보어 역할을 하는 형용사가 와야 한다. 따라서 밑줄 친 부분의 부사 devastatingly를 형용사 devastating으로 고쳐야 한다.

오답 해설

① 적중 포인트 072 가정법 미래 공식 ★★★
거대한 소행성이 지구에 충돌할 가능성이 매우 낮다는 전제하에 미래 상황을 가정한 표현으로 이때 사용된 'If+주어+were to+동사원형' 구조는 '실현 가능성이 희박한 미래'에 대한 가정법 미래로 잘 쓰인다. 따라서 밑줄 친 부분은 올바르게 쓰였다.

② 적중 포인트 054 분사 판별법 [현재분사 VS 과거분사] ★★★★★
'결과가 영화에서 묘사된 것을 훨씬 능가하다'라는 의미의 분사구

③ 난이도 지표 제공

학습자가 객관적인 기준을 바탕으로 학습방향을 설정할
수 있도록 각 문제에 난이도를 표시하였습니다.

> **12** **정답** ②
>
> 난이도 [IIII]
>
> **정답 해설**
>
> ② **적중 포인트 045** **능동태와 수동태의 차이** ★★★
>
> 주어인 the new streamlined policies는 정책을 시행하는 주체
> 가 아니라 시행되는 대상이므로, 수동태를 써야 한다. 따라서 밑
> 줄 친 부분에 들어갈 말로 가장 적절한 것은 ②이다.
>
> **지문해석**
>
> 새로 간소화된 정책이 지난 분기부터 시행된 이후로, 직원들의 사기
> 와 부서 간 전반적인 생산성이 눈에 띄게 향상되었다.

④ 책속의 책 - 정답 및 해설

정답 및 해설을 책속의 책으로 구성하여, 편하게 정답과
해설을 볼 수 있도록 구성하였습니다

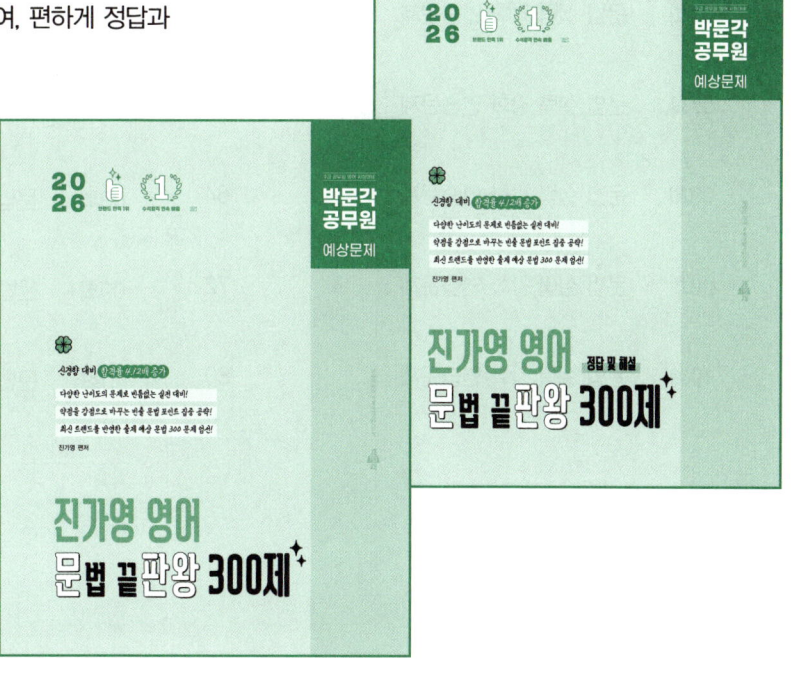

문법 실력 강화 연습문제

01회	문법 실력 강화 연습문제	8
02회	문법 실력 강화 연습문제	16
03회	문법 실력 강화 연습문제	24
04회	문법 실력 강화 연습문제	32
05회	문법 실력 강화 연습문제	40
06회	문법 실력 강화 연습문제	48
07회	문법 실력 강화 연습문제	56
08회	문법 실력 강화 연습문제	64
09회	문법 실력 강화 연습문제	72
10회	문법 실력 강화 연습문제	80

정답 및 해설

01회	문법 실력 강화 연습문제 정답 및 해설	4
02회	문법 실력 강화 연습문제 정답 및 해설	13
03회	문법 실력 강화 연습문제 정답 및 해설	22
04회	문법 실력 강화 연습문제 정답 및 해설	30
05회	문법 실력 강화 연습문제 정답 및 해설	39
06회	문법 실력 강화 연습문제 정답 및 해설	48
07회	문법 실력 강화 연습문제 정답 및 해설	57
08회	문법 실력 강화 연습문제 정답 및 해설	66
09회	문법 실력 강화 연습문제 정답 및 해설	75
10회	문법 실력 강화 연습문제 정답 및 해설	84

진가영 영어
문법 끝판왕 300제

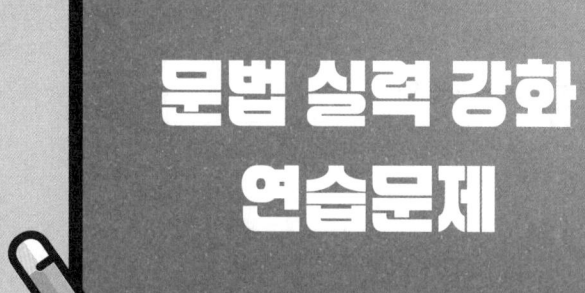

문법 실력 강화 연습문제

01회 문법 실력 강화 연습문제

02회 문법 실력 강화 연습문제

03회 문법 실력 강화 연습문제

04회 문법 실력 강화 연습문제

05회 문법 실력 강화 연습문제

06회 문법 실력 강화 연습문제

07회 문법 실력 강화 연습문제

08회 문법 실력 강화 연습문제

09회 문법 실력 강화 연습문제

10회 문법 실력 강화 연습문제

진가영 영어연구소 | cafe.naver.com/easyenglish7

문법 실력 강화 연습문제

01 밑줄 친 부분에 들어갈 말로 가장 적절한 것은?

> The government has launched a new initiative _____ the urban infrastructure and create more green spaces for citizens to enjoy in their leisure time.

① is designed to improve

② designed to improve

③ which designing to improve

④ has designed to improve

02 밑줄 친 부분 중 어법상 옳지 않은 것은?

> If a major asteroid ① <u>were</u> to strike the Earth, the consequences would be catastrophic, far ② <u>exceeding</u> anything depicted in films. The initial impact would create a massive crater, but the secondary effects would be even more ③ <u>devastatingly</u>. Dust and debris in the atmosphere would block sunlight, triggering a prolonged winter and a global ecosystem collapse. This scenario, while highly improbable, is something scientists take seriously, as ④ <u>evidenced</u> by the numerous programs dedicated to tracking near-Earth objects.

03 밑줄 친 부분 중 어법상 옳지 않은 것은?

> The doctor advised the caregiver on how to assist the elderly patient. He suggested it was important to take him by ① <u>arm</u> for support, as this simple action often prevents falls. The patient, who ② <u>seems</u> frail and unsteady, appreciated the gentle help ③ <u>offered</u> by the staff, ④ <u>which</u> provided a sense of security.

04 밑줄 친 부분에 들어갈 말로 가장 적절한 것은?

> Despite the unexpected turbulence, the pilot managed to remain _____ and safely landed the aircraft, reassuring all the passengers on board.

① calm

② calmly

③ to calm

④ calming

05 밑줄 친 부분 중 어법상 옳지 않은 것은?

The renowned professor always taught valuable lessons ① his students not just about history, but about life itself. He insisted that everyone in his class ② participate actively in discussions, fostering a dynamic learning environment. His passion for the subject was evident, and there was never a moment ③ when his lectures were boring. He believed ④ what made a historical text interesting was the human stories within it.

07 밑줄 친 부분에 들어갈 말로 가장 적절한 것은?

Please stay seated and keep your seatbelts fastened until the aircraft _____ to a complete stop at the gate and the captain turns off the seatbelt sign.

① is come

② will come

③ coming

④ comes

06 밑줄 친 부분 중 어법상 옳지 않은 것은?

The new skyscraper, ① which stands in the city center, will provide much-needed office space. Engineers carefully ② lied the foundational steel beams last month, ensuring the structure's stability. The project, ③ scheduled to be completed next year, is expected ④ to revitalize the entire downtown area.

08 밑줄 친 부분 중 어법상 옳지 않은 것은?

The new smartphone's battery life is significantly longer than ① that of its predecessor, allowing users to go a full day without ② needing a charge. This notable improvement, along with a more powerful processor and a high-resolution camera, ③ make the device ④ highly competitive in the current technology market.

09 밑줄 친 부분 중 어법상 옳지 않은 것은?

Effective collaboration is key for any project. In our group, not only the senior members but also the new intern ① are expected to voice their opinions freely. Everyone is given ② a chance to contribute their unique perspectives. This method has proven highly effective ③ in fostering innovation. We believe this makes our final product ④ much better.

10 밑줄 친 부분에 들어갈 말로 가장 적절한 것은?

According to the latest survey, approximately half of the respondents _____ that they prefer flexible working hours over a higher salary.

① indicates
② indicate
③ indicating
④ has indicated

11 밑줄 친 부분 중 어법상 옳지 않은 것은?

The entire family, which ① gathers for a reunion every summer, ② have decided to sell the old vacation home. It was a difficult decision, especially for the younger generation, ③ who have many fond memories of ④ spending their childhoods there.

12 밑줄 친 부분 중 어법상 옳지 않은 것은?

Modern architecture often focuses on creating spaces that are not only aesthetically pleasing ① but also functional. This design philosophy requires architects to balance artistic vision with practical considerations, such as structural integrity and ② energy efficiency. The goal is to design buildings that are both beautiful and ③ sustainable. Ultimately, the success of a building ④ judged by its ability to serve its occupants' needs effectively.

13 밑줄 친 부분에 들어갈 말로 가장 적절한 것은?

_____ did the students realize how important teamwork was.

① It was not until the project deadline approached
② Until the project deadline approached
③ Not until the project deadline approached
④ Until the project didn't approach

14 밑줄 친 부분 중 어법상 옳지 않은 것은?

It was thought ① that this initiative would be particularly beneficial for children from low-income families. The program was well-received, and soon it became a place ② where children could gather and share their favorite stories. However, the librarians felt that they were taken ③ advantage by some parents who used the library as a free daycare service. This issue needed to be addressed ④ sensitively to avoid discouraging genuine participants.

15 밑줄 친 부분 중 어법상 옳지 않은 것은?

The celebrity resented ① constantly recognizing in public, as it deprived ② him of a private life. He felt as though his every move ③ was being scrutinized, making ④ it difficult to relax even with his family and close friends.

16 밑줄 친 부분에 들어갈 말로 가장 적절한 것은?

The confidential report, _____ by a team of internal auditors, revealed several financial irregularities that required immediate attention from the management.

① compiling
② compiled
③ was compiled
④ having compiled

17 밑줄 친 부분 중 어법상 옳지 않은 것은?

> The artifacts ① provided unprecedented insights into the daily lives of the people who lived there thousands of years ago. A particularly interesting find was a series of tablets ② inscribing with a previously unknown language. Experts are now trying to decipher ③ what this script means, hoping it will unlock more secrets. The excavation team agrees that this is one of the most significant finds of the decade, ④ a discovery that is sure to rewrite history books.

18 밑줄 친 부분 중 어법상 옳은 것은?

> The city is currently restoring an old theater, a project ① expecting to boost local tourism significantly. ② Once completed, the theater will host a variety of performances, from classical concerts to contemporary plays. The restoration work, which ③ has delayed several times due to budget issues, is finally nearing its end. Local residents are ④ exciting about the reopening, hoping it will revitalize the downtown area.

19 밑줄 친 부분에 들어갈 말로 가장 적절한 것은?

> _____ by a renowned architect, the museum itself is considered a work of art, attracting tourists not just for its collections but for its structure.

① Designed
② Designing
③ To design
④ Having designed

20 밑줄 친 부분 중 어법상 옳지 않은 것은?

> After witnessing the system malfunction, the operator did nothing but ① hit the emergency stop button. The sudden halt caused a brief power surge, but it prevented a more ② catastrophic failure. The technician who was called to the scene let the machine ③ to cool down before attempting any repairs. He explained that all a maintenance worker can do in such cases ④ is to follow the established safety protocols precisely.

21 밑줄 친 부분 중 어법상 옳지 않은 것은?

The young novelist, struggling with writer's block, felt she didn't have the proper tools ① to write with them, despite her desk being covered with expensive pens and pristine paper. She decided to take a long walk in the park, hoping to find ② something inspirational to spark her creativity. Her experienced mentor had often advised her that the most effective way ③ to overcome such a block was not to force the words, ④ but to change one's environment.

22 밑줄 친 부분에 들어갈 말로 가장 적절한 것은?

To ensure the project's success, it is essential that every team member _____ their responsibilities thoroughly while communicating openly with the project manager.

① to understand   ② understood
③ understanding   ④ understand

23 밑줄 친 부분 중 어법상 옳지 않은 것은?

On no account ① confidential information should be shared with anyone outside the organization, as it could compromise security. She is determined ② to succeed in her career, even if it means making sacrifices. The climate in this region is quite different from ③ that of their country, where it is much colder. ④ Despite the heavy rain, the outdoor concert went on as scheduled, much to the delight of the dedicated fans who had waited for months to see their favorite band perform live.

24 밑줄 친 부분 중 어법상 옳지 않은 것은?

Out the back door the thief ran, hoping he would not ① be seen by anyone. He moved as ② quickly as a shadow through the dimly lit alley. He knew he had to avoid ③ being caught by the security guard who was making his nightly rounds. Around the corner ④ a police car came, its sirens suddenly wailing and lights flashing.

25 밑줄 친 부분에 들어갈 말로 가장 적절한 것은?

> The entire research project would have yielded much more accurate results _____ rigorously followed the established protocols from the beginning.

① if the team has
② if the team had
③ had the team
④ the team had

26 밑줄 친 부분 중 어법상 옳지 않은 것은?

> The documentary explored the life of a famous scientist, highlighting not only her groundbreaking research but also ① her struggle for recognition in a male-dominated field. It showed how she managed ② to overcome numerous obstacles through sheer determination and ③ brilliantly. The film was both informative and deeply moving, ④ earning critical acclaim at several international film festivals.

27 밑줄 친 부분 중 어법상 옳지 않은 것은?

> The professor ① with whom I spoke recommended several books that could help with my research paper. She suggested ② focusing on primary sources, which are often more revealing than secondary accounts. It's a strategy ③ what has proven effective for many students in the past. Following her advice, I visited the special collections library to find the materials ④ she had mentioned.

28 밑줄 친 부분에 들어갈 말로 가장 적절한 것은?

> There are few people but _____ their mistakes willingly, even when doing so might make them look foolish in front of others.

① won't admit
② people will admit
③ will admit
④ people will admitting

29 밑줄 친 부분 중 어법상 옳지 않은 것은?

The community center relies heavily on volunteers for ① <u>carry</u> out its various programs, from after-school tutoring to weekend sports leagues. Without their dedication, ② <u>providing</u> these services would be impossible. The center is always looking for more people ③ <u>willing</u> to help, as the demand for its programs continues to grow. Those who participate often speak of the immense satisfaction they get from ④ <u>contributing</u> to the well-being of their neighbors and strengthening community bonds.

30 밑줄 친 부분 중 어법상 옳지 않은 것은?

The professor explained that understanding the historical context is ① <u>even</u> more important than merely memorizing dates and events. This approach helps students ② <u>appreciate</u> the complexities of the past and draw relevant connections to the present. He argued that history, when ③ <u>viewed</u> through this lens, becomes a dynamic and engaging subject rather than a static collection of facts. This method of teaching has proven to be ④ <u>very</u> more effective at fostering critical thinking skills among students.

문법 실력 강화 연습문제

제한 시간 | 문제당 1분
풀이 시간 | _____ 분

01 밑줄 친 부분 중 어법상 옳지 않은 것은?

The renowned scientist, ① after analyzing the data for months, finally ② publishing a paper that challenged long-held theories. The paper, ③ which sparked considerable debate, suggests a new framework and has been praised for ④ its innovative approach to the subject.

03 밑줄 친 부분에 들어갈 말로 가장 적절한 것은?

The nutritional value of locally grown produce is often higher than _____ that has been shipped over long distances, which can lose vitamins and minerals during transit.

① this of produce
② these of producing
③ that of produce
④ those of producing

02 밑줄 친 부분 중 어법상 옳지 않은 것은?

The comprehensive program includes a series of workshops and highly practical sessions ① designed to provide critical hands-on experience with our proprietary software. A major challenge, however, remains the sustained ② motivation of participants throughout the intensive two-week course. To address this, the trainers must not only present the material clearly but also ③ creation an engaging and supportive learning environment. This approach, it is believed, ④ will lead to higher retention and better on-the-job performance.

04 밑줄 친 부분 중 어법상 옳지 않은 것은?

The city council meeting ① discussed various issues, including the construction of a new public library. A key proposal ② that a citizen group suggested focused on creating more green spaces within the urban area. Many attendees agreed ③ the importance of this initiative. The mayor concluded the meeting by stating that a final decision would be made after a thorough review, and that progress ④ would depend on the availability of funds.

05 밑줄 친 부분 중 어법상 옳지 않은 것은?

After a long hike, the refreshing water from the spring tasted ① <u>wonderful</u>. The view from the mountaintop was ② <u>breathtaking</u>, and the air felt ③ <u>crisply</u> and clean. As the sun began to set, the sky turned a beautiful shade of orange, ④ <u>making</u> the entire landscape look even more spectacular.

07 밑줄 친 부분 중 어법상 옳지 않은 것은?

The detective reported that his team ① <u>has worked</u> tirelessly on the case since the incident ② <u>occurred</u>. They reviewed hours of security footage and interviewed multiple witnesses, ③ <u>all of whom</u> provided similar descriptions of the event. It soon became clear that the primary suspect ④ <u>left</u> the country just days after the crime.

06 밑줄 친 부분에 들어갈 말로 가장 적절한 것은?

From my window, I could clearly hear the protesters _____ slogans for their cause as they marched down the main street in a massive, organized rally.

① shout

② to shout

③ shouted

④ had been shouted

08 밑줄 친 부분 중 어법상 옳지 않은 것은?

What the researchers discovered through their extensive experiments ① <u>were</u> that the new compound has remarkable healing properties. This breakthrough, which was the result of years of dedicated work, is expected to revolutionize modern medicine. The team, ② <u>consisting of</u> scientists from around the world, published their findings in a prestigious scientific journal. They explained ③ <u>that</u> further studies are needed to understand the full potential of the compound. However, the initial results ④ <u>are</u> extremely promising.

09 밑줄 친 부분에 들어갈 말로 가장 적절한 것은?

> Not only the complex algorithms but also the user interface of this new software _____ designed over the past year to be intuitive for beginners.

① is

② are being

③ has been

④ have been

10 밑줄 친 부분 중 어법상 옳지 않은 것은?

> The annual financial report reveals that a significant portion of the company's profit last year ① was derived from its overseas operations. ② While most of the new employees hired in the past quarter possess advanced degrees in their fields, the report also notes that some of the initial feedback from clients ③ indicate a clear need for improved customer service protocols. Management is expected to address ④ these issues promptly in the upcoming strategic meeting, aiming to enhance client satisfaction and maintain a competitive edge in the market.

11 밑줄 친 부분 중 어법상 옳지 않은 것은?

> The statistics I learned at school ① shows trends in data, but the raw numbers ② themselves can be misleading without proper context. It is vital that a researcher ③ be objective when analyzing figures to avoid ④ to draw biased conclusions from the available information.

12 밑줄 친 부분에 들어갈 말로 가장 적절한 것은?

> Since the new streamlined policies _____ last quarter, there has been a noticeable improvement in employee morale and overall inter-departmental productivity.

① have implemented

② were implemented

③ implemented

④ implement

13 밑줄 친 부분 중 어법상 옳지 않은 것은?

After the old mansion was sold, the new owners found a ① hiding diary. The final entry was cryptic, mentioning a treasure that remained concealed somewhere within the estate. They searched for weeks, ② examining every nook and cranny. ③ Although they found nothing but dust and cobwebs, they did not give up hope. The mystery of the diary kept them ④ motivated.

14 밑줄 친 부분 중 어법상 옳지 않은 것은?

It is important for students ① to understand that plagiarism is a serious academic offense with severe consequences. The old building, ② which has stood vacant for years, will finally be demolished next month to make way for a new community park. After a rigorous selection process that involved numerous interviews and exams, the prestigious scholarship was finally awarded ③ for the most outstanding student in the entire department. He is the type of person who is always willing to help others, ④ no matter how busy he is with his own tasks.

15 밑줄 친 부분에 들어갈 말로 가장 적절한 것은?

The manager _____ all safety procedures before allowing the new machinery to be operated by the trainees.

① insisted to review
② insisted review
③ insisted on reviewing
④ insisted that review

16 밑줄 친 부분 중 어법상 옳지 않은 것은?

A recent audit revealed that most of the accounting software used by the company ① is outdated and vulnerable to security threats. Although ② it still functions for basic tasks, it lacks the features ③ requiring for complex financial analysis, which ④ pose a significant risk to the company.

17 밑줄 친 부분 중 어법상 옳지 않은 것은?

> The chef prepared the ingredients with great care, ① chopping the vegetables with precision. The main course was a complex dish, the recipe for ② which he had spent months perfecting. The dish, ③ serving with a rare sauce, was praised by many critics for its innovative flavor profile and exquisite presentation. However, he admitted he ④ should have trained his assistants more, as a minor error nearly disrupted the busiest service.

18 밑줄 친 부분에 들어갈 말로 가장 적절한 것은?

> _____ from a great distance through a telescope, the planet Mars appears as a reddish dot, its surface details obscured by the vastness of space.

① Having seen
② Seeing
③ Seen
④ To be seen

19 밑줄 친 부분 중 어법상 옳지 않은 것은?

> The CEO addressed the shareholders, ① outlining the company's strategic goals for the next five years. He stood confidently at the podium, with his presentation ② displayed on the large screen behind him. He spoke about overcoming recent challenges and emphasized the importance of innovation. His clear vision and passion ③ were evident to everyone in the room, ④ inspired confidence in the company's future.

20 밑줄 친 부분 중 어법상 옳지 않은 것은?

> The city was forced ① to implement water rationing during the severe drought. Residents were told ② to conserve water as much as possible, and restrictions were placed on outdoor water use. The situation was so dire that the mayor announced, "We cannot afford ③ wasting a single drop." It was a difficult time for everyone, but the community worked together, ④ which ultimately helped the city to get through the crisis.

21 밑줄 친 부분에 들어갈 말로 가장 적절한 것은?

> The detective observed the suspect _____ nervously with his keys as he waited for the interrogation to begin, which confirmed her suspicions about his anxiety.

① plays

② to play

③ play

④ was played

22 밑줄 친 부분 중 어법상 옳지 않은 것은?

> One proposal involves implementing a new public transportation system, which is expected to ① significantly reduce the number of private cars on the road. The proposed new system, ② consisting of electric buses and expanded subway lines, would also be more environmentally friendly than the current infrastructure. However, citizens ③ must to weigh the substantial initial cost of the ambitious project against its long-term potential benefits. The council has promised that a final decision will not ④ be made without extensive public consultation.

23 밑줄 친 부분 중 어법상 옳지 않은 것은?

> The ancient mariner navigated his ship through the storm, with his hands ① held tightly to the helm. He had sailed these waters for decades, yet never before ② he had faced a tempest of this magnitude. He grew up on a small coastal village, ③ learning the ways of the sea from his father. He left home as a young man, ④ only to return many years later as a seasoned captain with countless tales of adventure.

24 밑줄 친 부분에 들어갈 말로 가장 적절한 것은?

> His performance was exceptional, and _____ who attended the concert, as everyone was captivated by his talent and stage presence.

① so was everyone else

② so everyone else was

③ everyone else was so

④ was so everyone else

25 밑줄 친 부분 중 어법상 옳지 않은 것은?

The team reflected on the project's failure. Never before had they faced such a ① <u>significant setback</u>. The manager, ② <u>who</u> took full responsibility, addressed the team with a heavy heart. He stated, "If we had collaborated more effectively during the initial stages, the project ③ <u>would have be</u> in a much better position today." To prevent future issues, new communication guidelines ④ <u>were established</u> immediately.

26 밑줄 친 부분 중 어법상 옳지 않은 것은?

The Grand Canyon is one of the ① <u>most</u> breathtaking natural wonders in the world, attracting millions of visitors each year. Carved by the Colorado River over millions of years, its immense scale and intricate rock formations ② <u>are</u> truly a sight to behold. Tourists can ③ <u>explore</u> the canyon by hiking its many trails, taking a mule ride down to the river, or ④ <u>to enjoy</u> a helicopter tour for a bird's-eye view.

27 밑줄 친 부분에 들어갈 말로 가장 적절한 것은?

The company is looking for a candidate _____ has extensive experience in digital marketing and can lead a team effectively to achieve ambitious sales targets.

① whose
② whom
③ who
④ what

28 밑줄 친 부분 중 어법상 옳지 않은 것은?

The new CEO, ① <u>who</u> many board members thought lacked experience, quickly proved his competence. He implemented several innovative strategies, ② <u>which</u> significantly improved the company's market position. One of his key initiatives involved restructuring departments, a process ③ <u>that</u> required careful planning and communication. He is precisely the leader ④ <u>whom</u> we believe will guide the company to a brighter future.

29 밑줄 친 부분 중 어법상 옳지 않은 것은?

For the project ① to be completed successfully, clear communication is essential. The initial concept was inspired ② from a famous case study that highlighted innovative solutions. We believe ③ that our innovative approach will set a new standard in the industry. So far, the team ④ has worked diligently to meet all the established deadlines and objectives.

30 밑줄 친 부분에 들어갈 말로 가장 적절한 것은?

Despite the convenience of digital media, a significant number of readers still prefer _____ physical books to reading e-books, citing the tactile experience as irreplaceable.

① holding
② to hold
③ held
④ hold

문법 실력 강화 연습문제

01 밑줄 친 부분 중 어법상 옳지 않은 것은?

A foreign tourist, looking quite confused, stopped and asked me where ① was the central post office, explaining that his map was outdated. He also wanted to know ② if it was within walking distance. I explained ③ that it was only a ten-minute walk from our current location and recommended a few other ④ interesting landmarks he could visit along the way.

02 밑줄 친 부분 중 어법상 옳지 않은 것은?

A career in law requires strong analytical skills and a deep understanding of legal principles. To succeed, ① lawyer must be an excellent communicator, capable of ② articulating complex arguments. The journey to become a successful attorney ③ is long and demanding, but the rewards can be substantial, both professionally and ④ financially.

03 밑줄 친 부분에 들어갈 말로 가장 적절한 것은?

He bought a new pair of _____ for the formal event, making sure they matched his jacket perfectly and completed his elegant look.

① trouser
② a trouser
③ trousers
④ the trouser

04 밑줄 친 부분 중 어법상 옳지 않은 것은?

The selection committee, which ① consists various experts, has a difficult decision to make. The final candidate is as confident ② as his predecessor, but some members are concerned because he once ③ lay on a lobby sofa before an important interview. We will soon ④ enter the conference room to finalize our choice.

05 밑줄 친 부분 중 어법상 옳지 않은 것은?

The city council will ① convene next Tuesday to discuss ② about the proposed changes to the public transportation system. The changes, ③ which include adding new bus routes, are intended to improve accessibility for residents ④ living in suburban areas.

07 밑줄 친 부분 중 어법상 옳지 않은 것은?

Several department heads ① have met yesterday to discuss the quarterly budget. The main agenda item, ② whose importance ③ was emphasized by the CEO, involved reallocating funds for new projects. The meeting lasted for three hours, and a final decision is expected ④ to be announced tomorrow.

06 밑줄 친 부분에 들어갈 말로 가장 적절한 것은?

To show her gratitude, she decided to make _____ who had supported her through the difficult project, a small but meaningful gesture of thanks.

① a handmade gift her colleagues

② for her colleagues a handmade gift

③ to her colleagues a handmade gift

④ her colleagues a handmade gift

08 밑줄 친 부분 중 어법상 옳지 않은 것은?

The class was assigned a complex topic for their final presentation. The students were worried because the issue had not been ① spoken in detail before. After some discussion, they decided to divide the work, ② which made the task more manageable. They hoped their efforts ③ were appreciated by the professor. ④ Each student was responsible for a different section.

09 밑줄 친 부분에 들어갈 말로 가장 적절한 것은?

All of the information presented in the report, much of which was gathered through extensive fieldwork, _____ verified by an independent auditor before publication.

① are needed to be
② need to be
③ needs to be
④ needing to be

11 밑줄 친 부분 중 어법상 옳지 않은 것은?

According to the school regulations, every student and faculty member ① are required to carry their identification card at all times on campus. This rule is designed to enhance security and ensure that only authorized personnel can ② access certain facilities. Cooperation from everyone is essential ③ to maintain a safe and secure environment for learning and working. The administration has announced that there will be no exceptions ④ to this policy.

10 밑줄 친 부분 중 어법상 옳지 않은 것은?

The new cafeteria policy has been controversial. Both the students and the faculty ① has voiced their opinions on the matter. The administration insists that neither the quality of the food nor the prices ② have changed. A student representative, as well as the faculty advisor, ③ is scheduled to meet with the board to discuss the issue ④ further.

12 밑줄 친 부분에 들어갈 말로 가장 적절한 것은?

_____ clear evidence to support the claim, the committee refused to approve the proposal.

① Being
② There being no
③ There being
④ It being

13 밑줄 친 부분 중 어법상 옳지 않은 것은?

The new city hall is architecturally ① impressive. The main structure consists of steel and glass, creating a modern aesthetic. It ② is resembled by a ship with its curved lines and towering spire. The interior is ③ equally stunning, with a vast atrium ④ that allows natural light to flood the space.

14 밑줄 친 부분 중 어법상 옳지 않은 것은?

The patient's family was relieved when the doctor announced that the surgery ① had been a success and the patient ② was expected to make a full recovery. He explained that modern medical technology ③ makes such complex procedures much safer than they were in the past. This news brought immense comfort to the family, ④ which were waiting anxiously for hours.

15 밑줄 친 부분에 들어갈 말로 가장 적절한 것은?

_____ a new language not only opens up new cultural perspectives but also enhances cognitive abilities, making the brain more flexible and resilient over time.

① Learned
② Learns
③ Learning
④ Learn

16 밑줄 친 부분 중 어법상 옳지 않은 것은?

One of the most effective strategies for language learning ① is consistent daily practice. Instead of ② to cram for hours once a week, experts recommend dedicating a short period each day to review vocabulary and practice speaking. This method is so effective ③ that learners can build a strong foundation and retain information much more easily. ④ Embracing this routine helps transform a daunting task into a manageable and enjoyable habit.

17 밑줄 친 부분 중 어법상 옳지 않은 것은?

Modern architecture often emphasizes minimalism, which is considered one of ① the most influential design movements of the 20th century. This style is simple, clean, and uses a monochromatic palette, and architects believe that a building's design should consist of only the essential elements. As a result, many find these structures ② calm and meditative. However, critics argue that this style can feel cold and impersonal, ③ lacked the warmth of more traditional designs. Despite the debates, minimalism remains ④ a highly significant force in contemporary architecture.

18 밑줄 친 부분에 들어갈 말로 가장 적절한 것은?

The new city ordinance, _____ to reduce noise pollution in residential areas, will take effect starting next Monday.

① proposing
② proposed
③ is proposed
④ has proposed

19 밑줄 친 부분 중 어법상 옳지 않은 것은?

The new employee was so ① confusing by the contradictory instructions from his superiors that he didn't know where to start his work. This is the main reason ② why the initial phase of the project has been significantly delayed. It is essential that he ③ follow the revised guidelines precisely from now on. He must read the manual ④ more carefully this time to avoid making the same mistakes.

20 밑줄 친 부분 중 어법상 옳은 것은?

① If I had have more time last weekend, I would have finished reading the novel you recommended. Unfortunately, I was busy with household chores. Were I to have a free day soon, I ② will definitely finish it. The plot is so ③ captivating that I find it difficult ④ putting the book down.

21 밑줄 친 부분에 들어갈 말로 가장 적절한 것은?

> During the intense negotiation, the CEO would not let the other party _____ the terms of the agreement without a thorough review by the legal team.

① dictate

② to dictate

③ dictated

④ dictating

22 밑줄 친 부분 중 어법상 옳지 않은 것은?

> Many people find it difficult ① balancing work and personal life. Experts suggest ② creating a clear schedule to manage time effectively. ③ Unless you prioritize your tasks, you might feel overwhelmed. It is also advised to set aside time for hobbies and relaxation, which ④ is crucial for mental health.

23 밑줄 친 부분 중 어법상 옳지 않은 것은?

> To ensure a smooth workflow in the office, you must ① submit your weekly progress reports on time. Your direct supervisor ② will reviewing them every Monday morning to monitor the team's progress. This policy, ③ which applies to all departments without exception, is non-negotiable and strictly enforced. Any anticipated delays should ④ be reported to the management team at least 24 hours in advance.

24 밑줄 친 부분에 들어갈 말로 가장 적절한 것은?

> Little _____ that the small decision he made that morning would completely change the course of his life in such a dramatic way.

① did he knew

② had he knew

③ did he know

④ was he know

25 밑줄 친 부분 중 어법상 옳지 않은 것은?

If you ① should find any errors in the financial report, please ② notify the accounting department immediately. It is essential that all figures ③ be accurate before the final audit. A small mistake ④ is able potentially lead to significant complications for the entire company.

26 밑줄 친 부분 중 어법상 옳지 않은 것은?

We had a fantastic time at the music festival. However, if we ① left home just thirty minutes earlier, we would have secured a much better spot near the stage. The venue was ② so crowded that it became difficult to navigate through the sea of people. One of my friends, ③ who is an avid fan of the headlining band, purchased almost all the available merchandise. Despite spending all her money, she seemed quite ④ satisfied with her new collection. It was a memorable day for all of us.

27 밑줄 친 부분에 들어갈 말로 가장 적절한 것은?

The manager instructed her team to finish the report by Friday, present the findings on Monday, and _____ a follow-up meeting for the following week.

① scheduling

② schedule

③ schedules

④ scheduled

28 밑줄 친 부분 중 어법상 옳지 않은 것은?

While walking through the crowded station, she suddenly heard her name ① called from behind. She ② stopped walking and turned around, feeling a bit ③ confused as she scanned the faces in the crowd. She couldn't see anyone she knew, ④ that made the situation even more puzzling.

29 밑줄 친 부분 중 어법상 옳지 않은 것은?

The archaeological team unearthed a series of ancient artifacts, ① the significance of which was not immediately apparent. Among the findings was ② a peculiar device, the purpose of which the experts could not determine. They also found a manuscript with inscriptions ③ for that they had no translation key, making it a formidable puzzle. However, it was the location of the discovery itself, a remote cave system ④ in which no human had entered for centuries, that truly baffled the researchers.

03

30 밑줄 친 부분에 들어갈 말로 가장 적절한 것은?

The new marketing strategy is considered to be _____ effective in reaching a wider audience as the previous one, if not more so, due to its innovative use of social media.

① as

② so

③ much

④ the more

문법 실력 강화 연습문제

01 밑줄 친 부분에 들어갈 말로 가장 적절한 것은?

> That the company managed to secure the multi-million dollar contract despite stiff competition _____ a significant achievement for the entire team and boosted morale considerably.

① was

② were

③ being

④ have been

02 밑줄 친 부분 중 어법상 옳지 않은 것은?

> Corporate investigations often reveal that employees with ① underline{less} opportunities for advancement feel disenfranchised. To combat this, the management looks forward to ② underline{implementing} new policies. Although the changes are complex, the staff ③ underline{are hopeful} that the new measures will address their concerns and restore trust. The company must handle these delicate ④ underline{information} with care.

03 밑줄 친 부분 중 어법상 옳지 않은 것은?

> The architectural styles of ancient Greece, ① underline{characterized} by symmetry and order, ② underline{have influenced} Western architecture for centuries. These principles differ significantly from ③ underline{that} of ancient Egyptian architecture, which prioritized monumental scale over proportional harmony and was designed less ④ underline{to be admired} for its elegance.

04 밑줄 친 부분에 들어갈 말로 가장 적절한 것은?

> Although the plan initially faced strong opposition, it _____ a major step toward educational reform.

① being thought of as

② thought of as

③ will think of

④ was thought of as

05 밑줄 친 부분 중 어법상 옳지 않은 것은?

After their heated argument, he left his friend ① stood alone at the bus stop, feeling both angry and regretful about the harsh words exchanged between them. As soon as she ② finishes her report, she plans to submit it. The population of Seoul is larger than ③ that of any other city in Korea. He is the man ④ who I think is the most qualified candidate for the position.

06 밑줄 친 부분 중 어법상 옳지 않은 것은?

The new CEO's leadership style has significantly changed the company culture. He encourages open communication, ① which has helped to build trust among employees. He believes that a positive work environment makes people more ② productively and creative in their roles. He often says, "I want to keep my team ③ motivated and focused on our shared goals." This approach has already led to better collaboration and innovative ideas, ④ proving that his strategy is effective in the long run.

07 밑줄 친 부분에 들어갈 말로 가장 적절한 것은?

This research is more influential _____ conducted by the institute, as it has the potential to change national health policy.

① than all the other study
② than any other study
③ than any another studies
④ than all the others study

08 밑줄 친 부분 중 어법상 옳지 않은 것은?

The new community center aims to serve everyone, but especially the disadvantaged. Each of the programs ① are designed to provide practical skills and support. For example, the unemployed ② are offered free job-search workshops, while the elderly ③ have access to social activities. To fund these initiatives ④ requires ongoing community support and donations.

09 밑줄 친 부분 중 어법상 옳지 않은 것은?

The young ① are often at the forefront of social change, challenging established norms and advocating for a better future. Each generation ② brings its unique perspective to the world's problems. ③ What seems impossible to one generation often becomes a reality for the next. This dynamic ensures that societies ④ is constantly evolving and adapting.

10 밑줄 친 부분에 들어갈 말로 가장 적절한 것은?

The university selected thirty outstanding graduates for the research fellowship, _____ _____ already working as assistant professors at prestigious institutions abroad.

① some of which was

② some of whom were

③ some of who was

④ some of which were

11 밑줄 친 부분 중 어법상 옳지 않은 것은?

The new marketing strategy, along with the detailed quarterly reports, ① was submitted for board approval last week. Developing this strategy ② has required months of research and collaboration among various departments. The primary goal of these efforts ③ are to increase our market share in a competitive landscape. Everyone hopes that the board will approve the plan without making it ④ undergo significant revisions.

12 밑줄 친 부분 중 어법상 옳은 것은?

The loyal employee ① was awarded a medal for his twenty years of dedicated service to the company at the annual ceremony. His parents, along with his younger sister, ② is planning to visit him during the holidays. If I ③ would have known about the heavy traffic, I would have taken a different route to avoid the delay. He is a brilliant scientist ④ who's research has led to significant breakthroughs in the field of medicine.

13 밑줄 친 부분에 들어갈 말로 가장 적절한 것은?

> Due to his innovative contributions to the field of physics, Dr. Aris was considered _____ one of the most brilliant minds of his generation.

① being

② to be

③ for being

④ of being

14 밑줄 친 부분 중 어법상 옳지 않은 것은?

> The artist was completely ① absorbed in his latest painting, paying no attention to the world around him. He was known ② by his unique impressionistic style and vibrant use of color. His studio was always ③ filled with countless sketches and unfinished canvases, a testament to his tireless work ethic. It was a creative space ④ where inspiration seemed to flourish effortlessly.

15 밑줄 친 부분 중 어법상 옳지 않은 것은?

> ① Mastering a musical instrument requires patience and thousands of hours of practice. For many, ② it is a lifelong journey. One of the most difficult aspects of this journey involves ③ to develop muscle memory. The process can be frustrating at times, but ④ sticking with it ultimately leads to great satisfaction and the ability to create beautiful music for oneself and others.

16 밑줄 친 부분에 들어갈 말로 가장 적절한 것은?

> The manager praised the employee for _____ responding to the client's urgent request, which helped to maintain a strong business relationship with the important partner.

① prompt

② promptly

③ being prompt

④ have promptly

17 밑줄 친 부분 중 어법상 옳지 않은 것은?

> The train departed exactly on schedule, ① leaving a small crowd waving on the platform. Inside, a young woman stared out the window, ② with tears streamed down her face. She was leaving her hometown for the first time, a journey ③ filled with both excitement and apprehension. She clutched her ticket tightly, a tangible link to the new life that ④ awaited her in the bustling city.

18 밑줄 친 부분 중 어법상 옳지 않은 것은?

> The historical document revealed that the ancient library contained ① more than twice as many scrolls as previously estimated by archaeologists. This finding has forced historians ② to reconsider the scale of knowledge preservation in that civilization. The sheer volume of texts suggests a society that was highly literate and deeply ③ investing in intellectual pursuits. Consequently, what we thought we knew about this culture ④ is now being re-evaluated in light of this astonishing discovery.

19 밑줄 친 부분에 들어갈 말로 가장 적절한 것은?

> The police are investigating a series of burglaries _____ to have been committed by the same individual over the past two weeks.

① believing

② believed

③ are believed

④ have believed

20 밑줄 친 부분 중 어법상 옳지 않은 것은?

> During the interview, the candidate was asked ① what he considered his greatest weakness. He explained ② that overcoming his initial shyness in public speaking was a significant challenge. He has worked hard to improve, however, and is now more confident. The interviewer seemed ③ satisfying with his honest answer and his proactive approach ④ to solving the problem.

21 밑줄 친 부분 중 어법상 옳지 않은 것은?

The hikers felt the first drops of rain ① begin to fall and knew they had to find shelter quickly. Before long, the gentle shower turned into a torrential downpour, making the trail ② dangerously slippery. One of the hikers, ③ whose ankle was weak, nearly slipped. The group leader had everyone ④ to link arms to navigate the treacherous path safely back to the base camp.

22 밑줄 친 부분에 들어갈 말로 가장 적절한 것은?

_____ the timely intervention of the medical team, the patient would not have survived the accident.

① Were it not for
② Had it not been for
③ If it had not
④ It had not been for

23 밑줄 친 부분 중 어법상 옳지 않은 것은?

Many people underestimate the importance of getting ① enough rest each night. Indeed, if you consistently miss out on sleep, you may find ② yourself struggling with focus, memory retention, and overall ③ produce. Over time, this lack of rest can weaken your immune system and increase your risk of chronic illnesses such as ④ diabetes and heart disease.

24 밑줄 친 부분 중 어법상 옳지 않은 것은?

In the corner of the dusty attic ① sat an old chest filled with forgotten letters and photographs. ② Young as was she, the girl who discovered it immediately recognized its sentimental value. She was ③ excited to show her grandmother what she had found, promising ④ to tell her all about the discovery later.

25 밑줄 친 부분에 들어갈 말로 가장 적절한 것은?

_____ the investment opportunity sooner, he would have allocated his funds differently to maximize his potential returns.

① He had known
② Had he known
③ If he known
④ To have known

26 밑줄 친 부분 중 어법상 옳지 않은 것은?

The defendant recounted the events of that night as if ① were he a mere bystander, not a participant. His testimony, however, contained several inconsistencies ② that the prosecutor was quick to point out. The details of his alibi were less convincing than ③ those of the other witnesses. In the end, the jury ④ found him guilty based on the overwhelming evidence presented by the prosecution.

27 밑줄 친 부분 중 어법상 옳은 것은?

The main concern among the board members is ① whether the proposed merger will benefit the company in the long term. There are several factors to consider, which ② makes the decision quite complex. It is essential to analyze ③ that the potential risks are before proceeding. The financial advisors have been asked to report on ④ quick a conclusion can be reached.

28 밑줄 친 부분에 들어갈 말로 가장 적절한 것은?

This is the historic building _____ foundation stone was laid over two centuries ago, making it a landmark of our city.

① which
② whose
③ what
④ that

29 밑줄 친 부분 중 어법상 옳지 않은 것은?

The manager was looking for such an assistant ① as could handle complex scheduling and confidential correspondence efficiently. He believed that finding the right person was crucial for the department's success. He interviewed several candidates, ② each of them had impressive qualifications and relevant experience in administrative roles. However, he was looking for more ③ than just a good resume; he wanted someone with exceptional problem-solving skills and a proactive mindset. Eventually, he found a candidate ④ who seemed perfect for the role.

30 밑줄 친 부분 중 어법상 옳지 않은 것은?

The old machinery in the factory ① is constantly breaking down, causing significant delays in production. The workers are frustrated because the little girl was ② as happy so can be with her new toy. ③ Having recognized the issue, the management has decided to invest in new equipment. This upgrade is expected to not only improve efficiency but also to enhance workplace safety, creating a better environment for everyone ④ involved.

문법 실력 강화 연습문제

01 밑줄 친 부분 중 어법상 옳지 않은 것은?

The city council decided to implement a new recycling program, ① which is expected to significantly reduce landfill waste. This program, however, has faced some opposition from local businesses ② concerned about the additional costs. The council believe the long-term benefits outweigh the short-term expenses, ③ doesn't it? They argue that a cleaner environment will attract more tourists and ④ improve the quality of life for all residents.

02 밑줄 친 부분 중 어법상 옳지 않은 것은?

Knowing a language is ① one thing, and being able to teach it is quite another. ② When teaching, it is important to consider the different learning styles of students. Some students learn best by listening, while ③ other learn best by doing, which means a flexible approach is necessary for effective instruction. Therefore, a good teacher should be able to adapt their methods to meet the needs of each student in the classroom, ensuring ④ no one is left behind in their educational journey.

03 밑줄 친 부분에 들어갈 말로 가장 적절한 것은?

The mountain trail was _____ steep and rocky, making the hike more challenging than anticipated.

① extreme
② extremely
③ extremity
④ extremal

04 밑줄 친 부분 중 어법상 옳지 않은 것은?

The conference ① was successfully concluded with a closing speech from the keynote speaker. However, a significant problem ② was arisen shortly after, when it was discovered that the registration data had been compromised. The organizers immediately ③ took responsibility for the breach and promised to implement stronger security measures. They also sent an email to all participants, ④ explaining the situation and outlining the steps being taken to resolve the issue.

05 밑줄 친 부분 중 어법상 옳지 않은 것은?

The ancient manuscript, ① which had been lost for centuries, was finally discovered by a team of archaeologists. The text proved ② valuably as it contained information previously unknown to historians. Experts were excited by the find, ③ believing it could rewrite a significant portion of early history. The university announced its detailed plans ④ to display the manuscript, hoping to attract scholars and enthusiasts from around the world.

06 밑줄 친 부분에 들어갈 말로 가장 적절한 것은?

You are free to choose _____ you think will bring the most creativity and commitment to the group, but make sure to explain your selection criteria clearly to the committee.

① whoever

② whomever

③ whatever

④ whenever

07 밑줄 친 부분 중 어법상 옳지 않은 것은?

The CEO announced that the company ① would launch a new product line to meet the growing consumer demand. The marketing team ② was busy preparing promotional materials for the upcoming campaign. Everyone in the office thought that the new strategy ③ will attract more customers and significantly boost sales. The success of this launch is considered ④ crucial for the company's future growth.

08 밑줄 친 부분 중 어법상 옳지 않은 것은?

The fact that many startup companies, despite their innovative ideas and passionate teams, often ① struggle to secure long-term funding ② highlight the inherent risks in venture capitalism. This challenging environment means that only the most resilient and strategically sound businesses survive. Therefore, understanding market dynamics and having a solid business plan ③ are crucial for any new enterprise. Those who succeed often ④ do so by adapting quickly to unforeseen challenges.

05

09 밑줄 친 부분에 들어갈 말로 가장 적절한 것은?

> The sudden drop in temperature made _____ for drivers to see clearly through the fog.

① difficult it

② it difficult

③ difficulty it

④ it difficultly

10 밑줄 친 부분 중 어법상 옳지 않은 것은?

> For the upcoming festival, a significant amount of work remains. Both the marketing strategy and the operational plan ① needs to be finalized by the end of this week. The event coordinator, as well as the volunteers, ② is working overtime to meet the deadline. It is imperative that every detail ③ be checked meticulously to avoid any last-minute issues. A successful event is what everyone is aiming for, and this shared goal keeps the team ④ motivated.

11 밑줄 친 부분 중 어법상 옳지 않은 것은?

> During the election campaign, many a politician ① has promised to address the pressing issue of economic inequality. They present elaborate plans to convince voters ② who are struggling with rising costs. However, for many citizens, the actual implementation of these policies, not just the promises, ③ remain the most critical concern. This gap between words and actions is ④ what often leads to public disillusionment.

12 밑줄 친 부분에 들어갈 말로 가장 적절한 것은?

> To ensure the safety and well-being of everyone in the laboratory, all necessary safety precautions _____ before any new experiment officially begins.

① must be taken

② must have taken

③ will have taken

④ should have taken

13 밑줄 친 부분 중 어법상 옳지 않은 것은?

The community garden project was a huge success last year. It was initiated to provide residents with a space ① to grow their own vegetables and foster community ties. A series of workshops on organic gardening ② was also held to support novice gardeners with practical skills. This year, the organizing committee hopes to expand the project even further. They have requested that more public land ③ be made available by the city council. The new plots of land, if approved by the council, ④ will allocate to families currently on the waiting list.

14 밑줄 친 부분 중 어법상 옳지 않은 것은?

Many stray cats and dogs wander the streets, often ① suffering from hunger and illness. Fortunately, there are dedicated volunteers, and any animal found in distress is immediately ② taken care by them at the local shelter. The volunteers ensure the animals receive medical attention and ③ are provided with food. ④ Although their efforts are commendable, the shelter is always in need of more resources and support from the public to continue its mission.

15 밑줄 친 부분에 들어갈 말로 가장 적절한 것은?

The old classroom is now accustomed to _____ as a storage room rather than for teaching, since the school built a new building with modern facilities and relocated most of the classes there.

① using

② being used

③ be used

④ have used

16 밑줄 친 부분 중 어법상 옳지 않은 것은?

Despite his exhaustive research and compelling arguments, the professor was unable ① to convince the skeptical panel. He presented data ② collecting over five years, which clearly supported his thesis. One panelist, however, remained ③ unconvinced, questioning the methodology used in the study. The professor had no choice but ④ to promise a follow-up study with a revised approach, hoping to finally address the concerns and validate his groundbreaking findings.

17 밑줄 친 부분 중 어법상 옳지 않은 것은?

We will have to cancel the company picnic ① if it rains heavily this weekend. It would be a truly ② disappointed result for everyone, as many employees were looking forward to the event. My primary role is not just supervising the team but also ③ motivating them to achieve their full potential. The morale of our team is much higher than ④ that of the competing team, largely due to our collaborative environment.

19 밑줄 친 부분 중 어법상 옳지 않은 것은?

① Strictly spoken, the historical account contains several inaccuracies that could mislead readers. The author, a well-regarded historian, seems ② to have overlooked some crucial documents during his research. These omissions are significant, as they alter the context of the events ③ described in the book. A revised edition is necessary ④ so that a more accurate and balanced perspective can be presented to the public.

18 밑줄 친 부분에 들어갈 말로 가장 적절한 것은?

_____ all the necessary preparations the night before, she was able to leave for her trip early in the morning without any rush.

① Completing
② Having completed
③ Being completed
④ To have completed

20 밑줄 친 부분 중 어법상 옳지 않은 것은?

The new manager wanted ① improving team productivity, so she introduced a flexible work schedule. This policy allowed employees ② to choose their own working hours, as long as they completed their tasks. Initially, some team members were hesitant, but they soon discovered the benefits. Having more control over their schedules ③ helped them maintain a better work-life balance. The manager was pleased to see that the change not only boosted morale but also ④ led to a significant increase in overall output.

21 밑줄 친 부분에 들어갈 말로 가장 적절한 것은?

> After finishing the main course, my grandfather looked around for a comfortable armchair _____ and enjoy his pipe tobacco.

① to sit in

② which to sit

③ sat on

④ sitting

22 밑줄 친 부분 중 어법상 옳지 않은 것은?

> After receiving my exam results, I realized I had made several careless mistakes. ① Feeling completely exhausted, I reviewed my paper and saw the obvious errors. With a score of 95, I was so close to a perfect score. I ② should have passed the exam with flying colors, but my lack of focus cost me. This was one of ③ the most frustrating experiences in my academic life, and I ④ resolved to be more careful in the future.

23 밑줄 친 부분 중 어법상 옳지 않은 것은?

> The ancient castle, ① perched high on the cliff, overlooks the entire valley. It is on this ② very spot that, according to legend, a decisive battle was fought centuries ago. The history of the castle is ③ so fascinating that it attracts thousands of tourists each year. It was for this reason ④ which a dedicated museum was established within its walls.

24 밑줄 친 부분에 들어갈 말로 가장 적절한 것은?

> Under no circumstances _____ allowed to enter the restricted area without proper authorization, as the risks involved are extremely high.

① do you

② are you

③ must you

④ have you

25 밑줄 친 부분 중 어법상 옳지 않은 것은?

The old castle stood on the hill, its towers reaching towards the clouds. It looked ① as if it belongs to another time. Inside, portraits of ancestors lined the walls, their eyes ② seeming to follow visitors. Each room held echoes of the past, ③ filled with antique furniture and faded tapestries. I wished I ④ could have explored it longer, but it was getting dark.

27 밑줄 친 부분에 들어갈 말로 가장 적절한 것은?

This is the historical site _____ the decisive battle of the war was fought, forever changing the course of the nation's history and its future.

① which

② that

③ where

④ what

26 밑줄 친 부분 중 어법상 옳지 않은 것은?

① Because of the company implemented a new remote work policy, employee satisfaction has noticeably improved. Many appreciate the flexibility, ② which allows for a better work-life balance. The policy, however, requires that all staff ③ be available online during core business hours. This ensures that teamwork and communication are not ④ negatively affected by the change, maintaining productivity while offering greater autonomy to the employees.

28 밑줄 친 부분 중 어법상 옳지 않은 것은?

The central issue in modern urban planning is not simply ① whether more housing is needed, but rather how to create sustainable and livable communities. Planners must consider ② what effects the long-term of their decisions will be on the environment. The process requires a delicate balance between development and preservation, ③ one of them is often prioritized over the other due to economic pressures. Therefore, engaging the public in these discussions is crucial for developing solutions that ④ reflect the true needs of the residents.

29 밑줄 친 부분 중 어법상 옳지 않은 것은?

The trip was an unforgettable experience. The views from the mountaintop, ① covered in snow, were breathtakingly beautiful. ② During my stay in the picturesque village, I had the pleasure of meeting many friendly locals. The local culture was ③ so different that I learned a great deal in a short time. It was not like anything I used ④ to imagining.

30 밑줄 친 부분에 들어갈 말로 가장 적절한 것은?

After the extensive restoration work, the vintage car looked _____ new, impressing everyone at the auto show with its pristine condition.

① as good as

② as well as

③ better as

④ so good as

06 문법 실력 강화 연습문제

01 밑줄 친 부분 중 어법상 옳지 않은 것은?

In today's fast-paced society, many parents struggle to balance their ① <u>demanding</u> jobs with family responsibilities. While this pressure can cause parents ② <u>participate</u> less in their children's lives, there ③ <u>remains</u> a great need for them to be involved in their children's education. Studies consistently show ④ <u>that</u> students perform better academically and develop stronger social skills when their parents take an active interest in their learning.

03 밑줄 친 부분에 들어갈 말로 가장 적절한 것은?

Despite the paramedics' efforts, they were unable to keep the patient _____ until they reached the hospital.

① alive
② living
③ lively
④ life

02 밑줄 친 부분 중 어법상 옳지 않은 것은?

During our team meeting, we decided not ① <u>to</u> discuss the budget immediately. The manager, who ② <u>resembles</u> his father in many ways, suggested ③ <u>to me</u> a different timeline. Our main focus now is on ④ <u>a three-years-old</u> project that requires our urgent attention.

04 밑줄 친 부분 중 어법상 옳지 않은 것은?

Our company policy will give a yearly bonus ① <u>every employee</u> who meets performance targets. This incentive is designed ② <u>to motivate</u> our staff and acknowledge their hard work. The amount of the bonus varies, ③ <u>depending on</u> individual and team achievements. All criteria for the bonus are clearly ④ <u>outlined</u> in the employee handbook.

05 밑줄 친 부분 중 어법상 옳지 않은 것은?

The new software update has several useful features. It allows users ① to customize their interface easily. The system, which is much faster than the old one, ② runs smoothly on all devices. However, the company requires users ③ accept the new terms of service before installation, a point ④ that has caused some debate among the user community.

06 밑줄 친 부분에 들어갈 말로 가장 적절한 것은?

Before selling the house, the owner decided to have all the interior walls _____ to give the space a fresh, modern, and more appealing look for potential buyers.

① repaint

② repainted

③ to repaint

④ repainting

07 밑줄 친 부분 중 어법상 옳지 않은 것은?

The tour guide informed us ① that the museum closes at 6 p.m. every day except for Fridays, when it stays open later. She mentioned that the special exhibition on ancient artifacts was ② particularly popular and recommended we visit it first. We learned that the museum ③ is founded in 1925, making it one of the oldest cultural institutions in the city. After the tour, she said she ④ would be available to answer any questions we might have.

08 밑줄 친 부분 중 어법상 옳지 않은 것은?

In the factory, ① a number of new machines were recently installed to improve productivity. This new equipment, which ② is expected to streamline the assembly line, operates much more efficiently. However, the number of workplace accidents ③ have unfortunately risen slightly, ④ prompting a full safety review.

09 밑줄 친 부분에 들어갈 말로 가장 적절한 것은?

> She didn't reply to the suspicious email, as she
> _____ on links from unknown
> senders.

① knew better than to clicking

② knew better than to click

③ knew better to click

④ knew better than click

10 밑줄 친 부분 중 어법상 옳지 않은 것은?

> The committee, comprised of members from various
> backgrounds, ① is currently reviewing the proposals
> submitted last month. There ② appear to be
> several viable options on the table. However, the
> final decision on which proposal to accept ③ rest
> solely with the chairperson, who will ④ announce
> the outcome next week.

11 밑줄 친 부분 중 어법상 옳지 않은 것은?

> In preparation for the audit, the finance department
> worked diligently. Not only the invoices from the
> past year but also every single expense report
> ① were carefully reviewed for accuracy. The
> department head, as well as the junior accountants,
> ② was present during the entire process to oversee
> the work. This level of scrutiny is ③ what makes
> the company's financial records so reliable. The
> auditors were impressed by the thoroughness of
> the preparation, which ④ was demonstrated by
> the lack of errors found during their comprehensive
> examination of the financial statements.

12 밑줄 친 부분에 들어갈 말로 가장 적절한 것은?

> It _____ that regular exercise, combined
> with a balanced diet, significantly contributes to
> improving not only physical health but also
> overall mental well-being.

① is known widely that

② knows widely

③ has known widely

④ is widely known

13 밑줄 친 부분 중 어법상 옳지 않은 것은?

> He ran as fast as ① he could, but he still missed the last train home. A detailed report was sent ② the CEO by the committee last night, outlining financial projections. My doctor suggested that I ③ get more exercise. She is one of the most talented ④ artists I have ever seen.

14 밑줄 친 부분 중 어법상 옳지 않은 것은?

> The old factory, which ① had been abandoned for years, was finally demolished. It was reported ② that the building was structurally unsound. On the site, a new community center is now being built, and it is scheduled ③ to complete by next year. The decision was welcomed by residents, most of ④ whom had long complained about the derelict structure.

15 밑줄 친 부분에 들어갈 말로 가장 적절한 것은?

> It goes without saying _____ a healthy diet and exercising regularly are fundamental to maintaining good physical and mental well-being.

① what maintaining

② that maintained

③ that maintaining

④ what maintenance

16 밑줄 친 부분 중 어법상 옳지 않은 것은?

> My grandfather always told me that honesty is the best policy, a principle he lived by his entire life. He believed ① that no problem was so ② great a challenge that it couldn't be overcome with integrity and hard work. His wisdom has been a guiding light for me, and I often find myself ③ recalling his words in difficult situations. He showed me that living an honest life, while not always easy, ④ lead to true self-respect and peace of mind.

06

17 밑줄 친 부분 중 어법상 옳지 않은 것은?

The scientist presented her findings at the international conference, with her voice ① shake slightly with excitement. Her research, ② conducted over five years, offered a new perspective on climate change. Though ③ praised by many for its thoroughness, some critics remained skeptical, demanding more data to support her conclusions. She responded to their questions calmly, confident in the validity of her work and ④ prepared to defend her methodology.

18 밑줄 친 부분에 들어갈 말로 가장 적절한 것은?

Among the candidates _____ for the final round, only three will be selected for the position based on their performance and experience.

① interview
② interviewing
③ to interview
④ interviewed

19 밑줄 친 부분 중 어법상 옳은 것은?

The team had to ① enter into the restricted area to retrieve the sensitive data. Neither the project manager nor the team members ② was fully aware of the risks involved. It was ③ a challenging task that required utmost precision and courage. The lead researcher objected to ④ accept any delay in the mission's schedule.

20 밑줄 친 부분 중 어법상 옳지 않은 것은?

Studying these ancient cultures ① offers profound insights into the human experience. Among them, the Roman Empire is often cited as one of ② the most powerful and influential civilizations ever to exist. Its contributions to law, architecture, and language ③ continue to shape the modern world. However, understanding its eventual decline is just as important, ④ served as a cautionary tale about the complexities of sustaining a vast empire.

21 밑줄 친 부분에 들어갈 말로 가장 적절한 것은?

The marketing team launched an extensive online campaign _____ awareness of their new eco-friendly product line among environmentally conscious consumers.

① to raise
② for raising
③ raised
④ so that raising

22 밑줄 친 부분 중 어법상 옳지 않은 것은?

The defendant claims ① to have been unaware of the illegal activities. However, it is difficult for the jury ② believing his testimony without corroborating evidence. The prosecutor presented documents ③ that seemed to contradict his statements, making his position ④ increasingly untenable.

23 밑줄 친 부분 중 어법상 옳지 않은 것은?

When ① using the internet, you cannot be ② enough careful with your private data. Giving out personal information online can lead to serious security risks. It is essential that you ③ protect your passwords and be wary of suspicious emails from hackers ④ who try to steal your identity. A moment of carelessness can result in long-term problems, so constant vigilance is required.

24 밑줄 친 부분에 들어갈 말로 가장 적절한 것은?

So intricately _____ that it took the art historian several weeks to fully appreciate all its details and symbolism.

① did the painting design
② the painting was designed
③ was the painting designed
④ the painting designed

25 밑줄 친 부분 중 어법상 옳지 않은 것은?

If everyone ① had cooperated more effectively, we would complete this project ahead of schedule. A lack of teamwork is ② what slows our progress. ③ Despite this challenge, each member works hard individually. ④ Were we more aligned, we would certainly achieve better results now.

26 밑줄 친 부분 중 어법상 옳지 않은 것은?

If intelligent alien life ① were to be discovered on a distant planet, it ② will fundamentally alter our understanding of the universe and our place within it. The discovery would raise profound philosophical and theological questions that humanity has pondered for millennia. Scientists would need ③ to develop new protocols for communication, and international cooperation would be essential to ensure a peaceful and ④ coordinated response.

27 밑줄 친 부분에 들어갈 말로 가장 적절한 것은?

The outdoor event was postponed _____ the sudden and heavy downpour that began just an hour before it was scheduled to start.

① because
② while
③ due to
④ even though

28 밑줄 친 부분 중 어법상 옳지 않은 것은?

Many people go through life without ever truly ① examining their own strengths and weaknesses. They set vague goals, follow the crowd, and often feel lost when faced with challenges. If, on the other hand, you know yourself and understand ② what your abilities are, and if you then determine ③ to accomplish everything ④ in which you are capable, you will certainly stand a much better chance of success.

29 밑줄 친 부분 중 어법상 옳지 않은 것은?

It highlighted the delicate balance of nature and the ① <u>devastating</u> impact of deforestation, a process by which vast areas of forest ② <u>are cleared</u> for agriculture and logging. The film crew faced numerous challenges, many of which ③ <u>were</u> related to the harsh environmental conditions. The director hoped the film would inspire viewers to take action, without ④ <u>that</u> the future of this vital ecosystem would be in grave danger.

30 밑줄 친 부분에 들어갈 말로 가장 적절한 것은?

According to the airline's carry-on baggage policy, since the overhead bin can hold only about 10 kilograms, the weight of a single bag allowed for storage must be _____ 10 kilograms.

① no better than

② not less than

③ not more than

④ sooner or later

제한 시간 | 문제당 1분
풀이 시간 | _____ 분

01 밑줄 친 부분에 들어갈 말로 가장 적절한 것은?

> You have never been to Paris before, _____?
> I heard it's a beautiful city, especially in the spring.

① have you
② haven't you
③ do you
④ don't you

03 밑줄 친 부분 중 어법상 옳지 않은 것은?

> She was such ① <u>intelligent a</u> woman that she could solve complex problems with ease. Her ability ② <u>to analyze</u> situations and devise effective strategies made her an invaluable asset to the team. Many of her colleagues ③ <u>were inspired</u> by her dedication and work ethic. She always encouraged them ④ <u>to think</u> outside the box and approach challenges creatively.

02 밑줄 친 부분 중 어법상 옳지 않은 것은?

> The presentation provided ① <u>many</u> valuable information for the investors, which helped them understand the market trends. The ② <u>updated</u> software includes several new features designed to enhance user experience. After reviewing the data, the company decided ③ <u>to invest</u> more in research and development. This decision was part of a broader strategy ④ <u>that</u> proved effective in the long run.

04 밑줄 친 부분에 들어갈 말로 가장 적절한 것은?

> The whistleblower was adamant that the truth must be revealed, insisting that he would not let the critical information _____ hidden from public scrutiny.

① kept
② be kept
③ keep
④ to be kept

05 밑줄 친 부분 중 어법상 옳지 않은 것은?

Last weekend, my family ① went camping near a serene lake, which is one of the most beautiful places I have ever visited. The scenery was absolutely ② breathtaking, and we spent the afternoon just relaxing by the water. I watched the birds ③ to fly across the sky, their wings catching the golden light of the setting sun. We stayed there for hours, ④ enjoying the peace and quiet of nature until it grew dark and the stars began to appear one by one.

06 밑줄 친 부분 중 어법상 옳지 않은 것은?

The festival organizers left the park ① to litter with plastic bottles and bags after the concert. She is one of those people who ② are always optimistic. ③ Little did he know that his small act of kindness would have such a profound impact. It is no use ④ crying over spilled milk.

07 밑줄 친 부분에 들어갈 말로 가장 적절한 것은?

Not until the manager reviewed the quarterly sales figures _____ he realize the full extent of the marketing team's success in the new region.

① that

② was

③ did

④ when

08 밑줄 친 부분 중 어법상 옳지 않은 것은?

The city's new recycling program, ① whose goal is to reduce landfill waste ② by 50%, has seen initial success. However, some of the information provided to the public ③ were confusing, leading to improper sorting of materials. The city council promised ④ to address this issue by launching a clearer educational campaign next month.

09 밑줄 친 부분 중 어법상 옳지 않은 것은?

In the final stage of the quality control process, the rest of the product samples ① <u>was</u> carefully inspected for defects by the automated system. The initial data ② <u>were</u> promising, with over 99% of the items ③ <u>passing</u> the test. The lead engineer seemed ④ <u>satisfied</u> with the outcome.

10 밑줄 친 부분에 들어갈 말로 가장 적절한 것은?

In the field of economics, analyzing market trends _____ making informed investment decisions.

① be crucial to

② are crucial for

③ is crucial for

④ being crucial to

11 밑줄 친 부분 중 어법상 옳지 않은 것은?

Many a company ① <u>has</u> begun to recognize the importance of work-life balance. As a result, the number of remote job postings ② <u>is</u> increasing steadily. There ③ <u>seem</u> to be a fundamental shift in corporate culture, ④ <u>where</u> many employees now expect greater autonomy and flexibility in their roles.

12 밑줄 친 부분 중 어법상 옳지 않은 것은?

The students were made ① <u>clean</u> the entire classroom as a punishment for their misbehavior. They were told ② <u>that</u> such actions would not be tolerated in the future. ③ <u>Although</u> they were unhappy about the punishment, they understood why it was necessary. The teacher hoped the incident would serve as a lesson, ④ <u>encouraging</u> them to be more responsible.

13 밑줄 친 부분에 들어갈 말로 가장 적절한 것은?

Despite the team's best efforts to predict every outcome, an unexpected technical issue _____ during the final phase of the product launch, causing a slight delay.

① occurred

② was occurred

③ had been occurred

④ was occurring

14 밑줄 친 부분 중 어법상 옳지 않은 것은?

The entire management team was faced ① on a difficult decision regarding the proposed budget cuts for the next fiscal year. Every department head was asked ② to provide a detailed report outlining their expected expenses and potential areas for reduction. The CEO was deeply concerned ③ about the potential negative impact on employee morale, as he feared it could lead to widespread dissatisfaction and decreased productivity. He made ④ it clear in the meeting that the company would do everything possible to support its staff during the challenging transition period.

15 밑줄 친 부분 중 어법상 옳지 않은 것은?

He is proud of ① finishing the marathon last year, an achievement that required months of ② dedicated training. Now, he aims ③ to compete in an even more ④ challenging race, hoping to surpass his previous record and inspire others to pursue their own fitness goals.

16 밑줄 친 부분에 들어갈 말로 가장 적절한 것은?

The lecture on quantum physics was so _____ that many students in the audience found themselves captivated by a subject they previously thought was difficult.

① fascinated

② fascinating

③ fascinate

④ fascination

17 밑줄 친 부분 중 어법상 옳지 않은 것은?

I was advised ① not to speak to the media about the ongoing case. It seems ② to have been a wise precaution, as any premature statement could have compromised the legal strategy. My lawyer is confident that the evidence will eventually prove our innocence, ③ allows us to clear our names. This situation has been stressful, but we remain hopeful for a just ④ outcome.

19 밑줄 친 부분에 들어갈 말로 가장 적절한 것은?

_____ by the sudden noise outside, the student lost his concentration and found it difficult to continue studying for his final exam.

① Having startled
② Startling
③ To startle
④ Startled

18 밑줄 친 부분 중 어법상 옳은 것은?

① Granting that his apology seemed sincere, some team members still find it difficult to trust him. The project requires collaboration, ② where has weakened recently. The manager hopes that open communication helps ③ rebuilding the team's cohesion. ④ Leaving unchecked, such interpersonal issues could jeopardize the entire project.

20 밑줄 친 부분 중 어법상 옳지 않은 것은?

To handle the crisis, the president could do nothing but ① to issue a brief statement, which many found insufficient. He had his spokesperson ② answer most of the difficult questions ③ during the press conference. The public watched him ④ speak on television, feeling a sense of disappointment.

21 밑줄 친 부분 중 어법상 옳지 않은 것은?

The veteran diplomat knew better than ① to make a hasty decision during the sensitive negotiations. He understood that patience was crucial and made ② it a rule to listen carefully to all parties involved. This approach had earned him a reputation for being both fair and effective. However, ③ that took him considerable effort to maintain neutrality when faced with provocative statements. His ability to remain calm under pressure was ④ what truly defined his successful career.

22 밑줄 친 부분에 들어갈 말로 가장 적절한 것은?

She looks completely exhausted and her eyes are red; she _____ up all night studying for the final exam, given how important it was for her grade.

① had better stay

② cannot have stayed

③ should have stayed

④ must have stayed

23 밑줄 친 부분 중 어법상 옳지 않은 것은?

The ancient manuscript, ① whose origins are still debated by scholars, contains cryptic symbols that have yet to be deciphered by modern experts. ② Having studied the map carefully, the explorers set out on their journey into the dense jungle, fully prepared for any challenges that might lie ahead. Not only ③ she is recognized for her groundbreaking academic achievements, but she is also a dedicated volunteer, contributing significantly to local charities. The company ④ was made to issue a public apology after the investigation revealed several serious violations of safety regulations.

24 밑줄 친 부분 중 어법상 옳지 않은 것은?

The ecological study revealed that one of the most significant threats to the local wildlife ① is the loss of natural habitat. The report, ② documenting a sharp decline in several species, urged immediate action. It was a team of local biologists, not foreign experts, ③ which first raised the alarm about the issue. Their dedication to ④ preserving the ecosystem has inspired the community to get involved in conservation efforts.

25 밑줄 친 부분에 들어갈 말로 가장 적절한 것은?

> If I _____ more free time these days, I would definitely take up a new hobby like painting or playing the guitar to relax.

① have

② will have

③ had

④ have had

26 밑줄 친 부분 중 어법상 옳지 않은 것은?

> The new city ordinance, ① which aims to reduce noise pollution, will be strictly enforced. Residents are expected to comply with the regulations, and fines will be issued to anyone ② violating them. Ultimately, the success of this initiative ③ depends on the cooperation of all citizens. Therefore, unless you ④ don't want to receive a penalty, you must adhere to the specified noise limits, especially during nighttime hours.

27 밑줄 친 부분 중 어법상 옳지 않은 것은?

> The investigation revealed a network of companies, the names ① of which were previously unknown to the public. This network is one of the most complex ② system that have ever been uncovered by journalists. The reporter who broke the story, ③ who we know is a veteran investigative journalist, received an award for his work. The documents ④ he obtained provided irrefutable proof of the illegal activities.

28 밑줄 친 부분에 들어갈 말로 가장 적절한 것은?

> The new city library, _____ the community had eagerly awaited, finally opened its doors last month, offering a vast collection of books and digital resources.

① where

② which

③ in that

④ what

29 밑줄 친 부분 중 어법상 옳지 않은 것은?

In response to the growing demand for sustainable products, our company has decided ① to focus on developing eco-friendly packaging. This initiative is part of a broader strategy aimed at ② reduce our carbon footprint across all operations. We believe this change will ③ attract more eco-conscious customers. The transition requires a significant investment in new materials and technology, but the long-term benefits are expected to ④ far outweigh the initial costs.

30 밑줄 친 부분 중 어법상 옳지 않은 것은?

Public speaking is a skill that requires confidence and practice. For many, it is no more natural ① as standing on one leg for an extended period. The key is ② to prepare thoroughly and ③ understand your audience. An effective speaker does not simply recite facts; he or she ④ connects with listeners on an emotional level.

문법 실력 강화 연습문제

01 밑줄 친 부분 중 어법상 옳지 않은 것은?

The CEO proposed a new strategy during the board meeting, and the board members agreed ① to consider it. He insisted that the team's success ② was due to their hard work. He believes this is the only way to ensure long-term success, ③ isn't he? The final decision will be ④ made at the next meeting.

02 밑줄 친 부분 중 어법상 옳지 않은 것은?

① To learn a new language requires dedication and consistent practice. You must be ② enough disciplined to study every day, even when you don't feel motivated. Before he moved to Spain, he ③ had studied Spanish for five years, which gave him a solid foundation. While living there, he found it useful ④ to immerse himself in the local culture to improve his fluency.

03 밑줄 친 부분에 들어갈 말로 가장 적절한 것은?

The construction of the new bridge is _____ finished, with only the final safety inspections remaining before it can be opened to the public next month.

① near

② nearly

③ lately

④ highly

04 밑줄 친 부분 중 어법상 옳지 않은 것은?

During the final exam, the vigilant proctor caught one of the students ① to use a hidden cheat sheet taped underneath his desk, which resulted in immediate disqualification from the test. ② Rich as he is, he often claims that he is not truly happy because he feels lonely. The team has been working on this complex project ③ for several months and is finally nearing completion. The old bridge, ④ which was built over a century ago, is now being reinforced to meet modern safety standards.

05 밑줄 친 부분 중 어법상 옳지 않은 것은?

My colleague wanted to ① speak to me privately about the ongoing project. It was a ② surprising development for everyone involved in the team. He ③ said me that he was considering a new approach to solve the problem. We ④ discussed the potential implications for nearly an hour.

06 밑줄 친 부분에 들어갈 말로 가장 적절한 것은?

It was the innovative marketing strategy _____ boosted the company's sales during the economic downturn.

① what
② that
③ whether
④ who

07 밑줄 친 부분 중 어법상 옳지 않은 것은?

The company believes ① that providing thorough training is essential for ② maintaining a safe workplace. This training covers everything from emergency procedures to the proper use of ③ specialized equipment. The trainer announced that it would not be long before the next session ④ will begin for the advanced course.

08 밑줄 친 부분 중 어법상 옳지 않은 것은?

A recent study on public health reveals several key trends. Firstly, the homeless ① require consistent access to medical care, a challenge in many urban areas. Secondly, every one of the clinics surveyed ② report a significant increase in patients seeking mental health support, highlighting a growing societal need. What these findings underscore ③ is the necessity for integrated healthcare policies. The government has promised ④ to investigate the matter further and propose new solutions.

09 밑줄 친 부분에 들어갈 말로 가장 적절한 것은?

> Feeling exhausted after several weeks of nonstop work and knowing she had an important presentation early the next morning, Sarah said she _____ stay home and get some rest than go out to a late-night party with her friends.

① would rather
② may well
③ may as well
④ rather

10 밑줄 친 부분 중 어법상 옳지 않은 것은?

> According to the comprehensive report, a large percentage of the world's ancient glaciers ① are melting at an unprecedented rate, directly contributing to rising sea levels. This alarming phenomenon, which ② threatens coastal communities globally, is primarily driven by human-induced emissions. Furthermore, some of the vast ice in the polar regions, once thought to be permanently stable, now ③ show clear signs of significant and accelerating decline. Scientists warn that ④ unless immediate and substantial action is taken, the long-term consequences could be catastrophic.

11 밑줄 친 부분 중 어법상 옳지 않은 것은?

> Over the last decade, the number of tourists ① have increased dramatically in the coastal region, which has had a profound impact on the local community. The influx of visitors caused the local economy ② to grow rapidly, but it also placed a strain on infrastructure. ③ While the surge in tourism has undeniably brought economic prosperity, it has also raised ④ pressing concerns about environmental sustainability and the preservation of local culture.

12 밑줄 친 부분에 들어갈 말로 가장 적절한 것은?

> After leaving work early and hurrying through heavy traffic, he finally arrived at the airport, _____ that his flight had already departed an hour earlier.

① to learn
② in order to learn
③ so as to learn
④ only to learn

13 밑줄 친 부분 중 어법상 옳지 않은 것은?

It is often said that honesty is the best policy, a principle ① that is fundamental to building trust in any relationship. People who are consistently truthful are ② looked up by their peers and colleagues. In contrast, individuals who are known for their dishonesty often find themselves socially isolated. Their promises are not ③ relied on, and their motives are constantly questioned. Such behavior inevitably leads to a breakdown in communication and cooperation, ④ making it difficult to achieve common goals.

14 밑줄 친 부분 중 어법상 옳지 않은 것은?

① Having been warned about the severe storm, we canceled our trip. The rules of the game were explained ② the children by the instructor before they started. He prefers reading a book to ③ watching television. Not until yesterday ④ did I realize the true extent of the problem.

15 밑줄 친 부분에 들어갈 말로 가장 적절한 것은?

Despite his competence, the new employee dislikes _____ what to do by his supervisors and prefers to work with a greater degree of autonomy.

① telling
② to be told
③ being told
④ having told

16 밑줄 친 부분 중 어법상 옳지 않은 것은?

We are committed to ① provide the highest quality of service to all our clients. Our team is dedicated to ② listening to your needs and developing customized solutions. We object to ③ using a one-size-fits-all approach because we believe every client's situation is unique. Our primary goal is to ensure that you are ④ satisfied with the final outcome of our work.

08

17 밑줄 친 부분 중 어법상 옳지 않은 것은?

① While driving home late at night, I saw a strange light in the sky. It moved in a way I had never seen before, ② made me wonder if I was seeing a UFO. I pulled over to get a better look, my heart pounding with a mix of fear and curiosity. ③ Frankly speaking, I was a bit scared. The light hovered for a moment and then shot off into the darkness, ④ leaving me speechless.

18 밑줄 친 부분에 들어갈 말로 가장 적절한 것은?

The documentary about the universe was truly _____, with stunning visuals of distant galaxies and planets that left the audience in awe.

① amazement

② amazed

③ amazing

④ amazingly

19 밑줄 친 부분 중 어법상 옳지 않은 것은?

The plot of the movie was so predictable that I was extremely ① bored throughout the second half. The director ② seemed to have run out of creative ideas. I just kept ③ checking the time on my phone, ④ wished the movie would end sooner.

20 밑줄 친 부분 중 어법상 옳지 않은 것은?

She was very ① interesting in the results of the scientific experiment. ② The more she analyzed the data, the more she understood its profound implications for future research. The new security protocol ③ allowed her to access the confidential archives, where she found a lot of ④ valuable information.

21 밑줄 친 부분에 들어갈 말로 가장 적절한 것은?

The young gymnast trained _____ to earn a spot on the Olympic team, showcasing a level of dedication that inspired all her teammates.

① too diligently

② diligently enough

③ enough diligently

④ so diligent

22 밑줄 친 부분 중 어법상 옳지 않은 것은?

The team captain was wise enough ① not to argue with the referee's decision. He knew it would only make matters worse. Instead, he gathered his team and encouraged them ② to focus on the rest of the game. He was not ③ the last man to accept defeat, but he understood the importance of sportsmanship and has no choice but ④ accepting the outcome gracefully.

23 밑줄 친 부분 중 어법상 옳지 않은 것은?

In the modern age of constant connectivity, our minds are often flooded with information and distractions. ① Paying attention to our inner world requires that we ② pressed the pause button on the endless mental processing. Only when we take a moment to slow down and observe our thoughts ③ can we begin to understand what truly drives our emotions and behavior. Mindfulness, therefore, is not about escaping reality but ④ about becoming fully present within it.

24 밑줄 친 부분에 들어갈 말로 가장 적절한 것은?

It was only after reviewing the security footage _____ the investigators realized the main witness had not been telling the entire truth.

① when

② which

③ that

④ where

25 밑줄 친 부분 중 어법상 옳지 않은 것은?

If everyone ① cooperates more effectively, we would complete this project ahead of schedule. However, communication issues often cause delays, ② which is a significant problem in our team. Solving these issues ③ requires a clear strategy and commitment from every member. Our manager suggests that each member ④ report their progress daily to improve transparency, but if we had better teamwork now, the outcome would be different.

26 밑줄 친 부분 중 어법상 옳지 않은 것은?

The diplomatic negotiation failed to produce an agreement. If the lead negotiator ① has been more willing to compromise, a mutually acceptable treaty could have been signed. He was so rigid in his position that he refused ② to listen to any counter-proposals from the other side. The opposing delegates, ③ frustrated by the complete lack of progress, ultimately decided to walk away from the table. It is now up to the international mediators ④ to try and salvage the peace talks, but the current outlook is not very promising.

27 밑줄 친 부분에 들어갈 말로 가장 적절한 것은?

A successful negotiation involves listening carefully, speaking persuasively, and _____ a willingness to compromise on minor points to achieve a larger goal.

① demonstrated

② to demonstrate

③ demonstration

④ demonstrating

28 밑줄 친 부분 중 어법상 옳지 않은 것은?

Cognitive psychology is a fascinating field ① that explores how people perceive, learn, and remember information. Researchers in this area investigate the mental processes ② underlying complex behaviors. They often design experiments to observe ③ what happens in the brain during specific cognitive tasks. To gather sufficient data, they frequently offer a small payment to ④ whomever agrees to participate in their research studies.

29 밑줄 친 부분 중 어법상 옳지 않은 것은?

The author, ① <u>whom</u> is best known for her historical novels, recently published a new book. This new work explores the complex social dynamics of the early 20th century, ② <u>focusing</u> on the lives of industrial workers. The characters are vividly portrayed, and their struggles ③ <u>are made</u> relatable to a modern audience. She will be giving a talk at the library next week, ④ <u>which</u> should be a great opportunity for readers to meet her.

30 밑줄 친 부분에 들어갈 말로 가장 적절한 것은?

The bold and emotional brushstrokes in a Van Gogh painting are far more expressive than _____ found in the meticulously detailed works of Renaissance artists.

① it is

② that are

③ they are

④ those

문법 실력 강화 연습문제

01 밑줄 친 부분 중 어법상 옳지 않은 것은?

Recent advancements in renewable energy have led to a significant cost decrease in solar panels. This development ① making solar power a more ② viable option for homeowners. As a result, the number of solar installations ③ has increased dramatically, ④ contributing to a cleaner environment.

02 밑줄 친 부분 중 어법상 옳지 않은 것은?

Despite the storm, the rescue team continued their search for the ① missing hiker. The conditions were difficult, and they knew they were running out of time. They searched ② hard through the dense forest, calling out the hiker's name. As night fell, the situation became ③ even more dangerous. Suddenly, one of the rescuers spotted a faint light in the distance, which gave them a renewed sense of hope, and they moved ④ quick toward it.

03 밑줄 친 부분에 들어갈 말로 가장 적절한 것은?

The company's recent _____ has led to significant growth in the market, creating numerous job opportunities and boosting the local economy for years to come.

① expanding

② expansion

③ expansive

④ expanded

04 밑줄 친 부분 중 어법상 옳지 않은 것은?

The historical records describe how the general sought to ① raise the morale of his weary troops before the final battle. He delivered a speech that was not only inspiring ② but also deeply personal, reminding them of their duty. He walked among the soldiers ③ as if he were one of them, sharing their fears and hopes. Despite the overwhelming odds, he was determined to fight, because a profound sense of patriotism had ④ aroused within him and he refused to yield.

05 밑줄 친 부분 중 어법상 옳지 않은 것은?

In the old western town, the sheriff warned the outlaw that justice would be swift. The outlaw, known ① for his crimes, was eventually captured and sentenced. He ② was hung at dawn in the town square, an event that ③ was witnessed by many of the townsfolk ④ seeking closure and justice for his actions.

06 밑줄 친 부분에 들어갈 말로 가장 적절한 것은?

With a single, powerful swing of the axe, the experienced lumberjack managed to _____ the ancient, towering pine tree exactly where he had planned.

① fall

② fell

③ fallen

④ be fallen

07 밑줄 친 부분 중 어법상 옳지 않은 것은?

① Since the new regulations were implemented, the market has become increasingly competitive. Many companies ② have launched aggressive marketing campaigns last year alone in an effort ③ to meet the changing demands of consumers. The competition is now so fierce that only the most innovative and adaptable firms are expected to thrive. This new environment is considered ④ highly challenging for smaller businesses trying to gain a foothold.

08 밑줄 친 부분 중 어법상 옳지 않은 것은?

Either of the proposed solutions ① seems viable for the current problem. However, implementing the first option requires a significant budget increase, ② which is currently unfeasible. To postpone the decision further ③ are not an option, as the deadline is approaching. Therefore, everyone ④ involved must reach a consensus quickly.

09

09 밑줄 친 부분에 들어갈 말로 가장 적절한 것은?

One of the primary reasons for the project's delay _____ the unexpected shortage of critical raw materials, which disrupted the entire production schedule.

① were

② are

③ have been

④ was

10 밑줄 친 부분 중 어법상 옳은 것은?

Within the old library, nestled behind rows of forgotten books, ① lies a collection of maps that ② details the city's transformation over centuries. Each map, carefully preserved by generations of librarians, ③ offer a unique glimpse into a bygone era. The archivist explained that locating these specific documents ④ were a challenging but rewarding task for his team.

11 밑줄 친 부분 중 어법상 옳지 않은 것은?

The founder and the CEO, often the same person in the early stages, ① needs to have a clear vision for the company's future. This vision must be articulated in the business plan, ② which serves as a roadmap for growth. Furthermore, understanding the target market and the competitive landscape ③ is crucial for positioning the product effectively. Constant adaptation and a willingness ④ to learn from mistakes are also key ingredients.

12 밑줄 친 부분에 들어갈 말로 가장 적절한 것은?

The students _____ that the final exam had been postponed by a week, which gave them more valuable time to prepare for it thoroughly.

① having been told

② to be told

③ were told

④ had told

13 밑줄 친 부분 중 어법상 옳지 않은 것은?

In the training program, all participants are encouraged ① to share their ideas openly to foster a collaborative environment. The sessions are designed to be interactive, and everyone is expected to contribute to the discussions. ② During the final presentation, each team will be asked questions by a panel of experts. The team members ③ are made explain the reasoning behind their project proposals in detail. This process helps ensure that every aspect of the proposal ④ is thoroughly vetted and understood before a final decision is made.

14 밑줄 친 부분 중 어법상 옳지 않은 것은?

The ancient manuscript, which ① had been hidden for centuries in a forgotten monastery, was finally unearthed by a team of dedicated archaeologists. The text, written in a long-extinct language, provides invaluable insights into the daily life of the civilization ② that created it. A great deal of academic effort ③ has been made to decipher the complex script. However, many of the intricate symbols still cannot ④ interpret with certainty by modern scholars, leaving them with more questions than answers and fueling further debate in the academic community.

15 밑줄 친 부분에 들어갈 말로 가장 적절한 것은?

He made a point of _____ his elderly neighbors every weekend to see if they needed any help with their groceries or chores.

① to check on
② checking on
③ being checked on
④ check on

16 밑줄 친 부분 중 어법상 옳지 않은 것은?

The film's ending was so ① touched that many people in the audience were visibly emotional. ② If I had known how sentimental the movie was, I would have chosen a different one. One of the actors, ③ who was relatively unknown before this film, delivered an incredible performance. He succeeded ④ in portraying the complex emotions of the character with great depth and sensitivity, earning widespread critical acclaim for his role.

09

17 밑줄 친 부분 중 어법상 옳지 않은 것은?

The defendant was clearly nervous as he took the stand. The lawyer began her questioning, ① spoken in a calm and measured tone. To listen to him ② testify, one might think he was innocent. However, the evidence the prosecution ③ presented told a different story. It would be up to the jury ④ to decide the final verdict based on all the facts.

18 밑줄 친 부분에 들어갈 말로 가장 적절한 것은?

_____ the instructions carefully, the user could not assemble the furniture correctly and had to call customer service for assistance.

① No read
② Not to read
③ Not having read
④ Having no read

19 밑줄 친 부분 중 어법상 옳지 않은 것은?

The presentation, ① delivered flawlessly, earned the team high praise from the clients. Every detail had been meticulously planned, and the visuals were ② impressed everyone with their creativity. ③ Having practiced their parts multiple times, each presenter spoke with confidence and clarity. The project manager was proud of her team, ④ whose hard work had clearly paid off, solidifying their reputation for excellence.

20 밑줄 친 부분 중 어법상 옳지 않은 것은?

The mountain trail was sufficiently treacherous ① to deter most novice hikers. The experienced climbers, however, were ② wise enough to proceed with caution. They knew that ③ attempting to rush would be reckless. After assessing the risks, they had no alternative ④ but wait for better weather conditions.

21 밑줄 친 부분에 들어갈 말로 가장 적절한 것은?

What the emergency response team did upon arrival was immediately _____ the area and begin assessing the structural damage to the surrounding buildings.

① secure

② to have secured

③ securing

④ secured

22 밑줄 친 부분 중 어법상 옳지 않은 것은?

In light of recent events, the city council has proposed a new emergency plan. A key component suggests that every household ① prepared an emergency kit. Furthermore, it is mandatory that all public buildings ② be equipped with updated safety features. The mayor urged that citizens ③ familiarize themselves with new evacuation routes, a point ④ with which most residents seemed to agree.

23 밑줄 친 부분 중 어법상 옳지 않은 것은?

Never ① I have witnessed such a breathtaking display of natural beauty as the aurora dancing across the sky. The reason ② why he resigned is still a mystery. The problem was too complicated for him ③ to solve on his own. The rescued sailors were given blankets and ④ hot soup by the coast guard.

24 밑줄 친 부분에 들어갈 말로 가장 적절한 것은?

He isn't satisfied with the results, and _____ his teammates, who all feel they could have performed much better in the final match.

① so are

② neither are

③ are so

④ are neither

09

25 밑줄 친 부분 중 어법상 옳지 않은 것은?

The student is struggling in her advanced physics class. She feels ① overwhelmed by the complex theories. After receiving her test scores, she realized she needs to ② discuss her situation with the professor. If she ③ started studying at the beginning of the semester, she would not be so far behind now. She is now determined to study more ④ diligently.

26 밑줄 친 부분 중 어법상 옳지 않은 것은?

The company's new wellness program encourages employees to maintain a healthy lifestyle by eating nutritious food, ① exercising regularly, and ② to get enough sleep. The program, which was developed in consultation with health experts, also offers workshops on stress management and ③ mental well-being. By providing these resources, the company hopes to create a more supportive and ④ productive work environment.

27 밑줄 친 부분에 들어갈 말로 가장 적절한 것은?

The organization implemented a new policy _____ primary aim is to enhance workplace safety and ensure compliance with the latest industry regulations.

① which

② how

③ whose

④ that

28 밑줄 친 부분 중 어법상 옳지 않은 것은?

The conference featured several distinguished speakers, ① one of whom was a Nobel laureate in physics. The topics discussed were highly specialized, ② to which only a few attendees could fully contribute. The main hall, ③ in that the keynote address was delivered, was filled to capacity. Many attendees praised the organization of the event, ④ without which it would not have been such a resounding success.

29 밑줄 친 부분 중 어법상 옳지 않은 것은?

Adapting to new technologies is not ① <u>as easy as</u> it may seem. Many employees, who ② <u>have been trained</u> on older systems, often find the transition challenging. For example, our company has been planning a major software upgrade ③ <u>during several years</u>, yet implementation has been slow. Resistance ④ <u>to change</u> and a lack of adequate training are major hurdles.

30 밑줄 친 부분에 들어갈 말로 가장 적절한 것은?

Neither the proposal from the committee nor the suggestions made by the renowned expert _____ by the board members yet.

① has been reviewed thorough
② have been reviewed thoroughly
③ have reviewed thoroughly
④ has reviewed thorough

문법 실력 강화 연습문제

01 밑줄 친 부분에 들어갈 말로 가장 적절한 것은?

> The cybersecurity team spent hours trying to determine _____ to the company's secured server, despite attempting multiple known breach techniques and running various diagnostic tools.

① how could they gain access
② they could gain access how
③ could they gain access how
④ how they could gain access

02 밑줄 친 부분 중 어법상 옳지 않은 것은?

> For young professionals seeking to advance their careers, receiving guidance is crucial. My friend has ① a number of mentors who actively support him with their experience. In a different context, like visiting a museum, it's important to follow the established rules, as the institution prohibits visitors from ② taking pictures to protect the delicate artworks. When I was struggling with my own project, I was grateful that I received a lot of ③ advices from an experienced colleague. For our next team meeting, the manager stressed it is important that every member ④ be present to discuss these matters.

03 밑줄 친 부분 중 어법상 옳지 않은 것은?

> The reason ① why he was late was that his car broke down, causing a major delay. During a recent marine biology expedition, scientists discovered several new ② specie of deep-sea fish living near geothermal vents, which could provide new insights into extremophiles. In the debate, not only did she present her arguments clearly, but she also ③ helped her teammates rebut the opposition's points. ④ Had I known about your interest in astronomy, I would have invited you to the observatory to see the meteor shower last night.

04 밑줄 친 부분에 들어갈 말로 가장 적절한 것은?

> As evening approached, the sky began to get _____, signaling the end of a long and productive day at the construction site.

① darkly
② dark
③ darkness
④ darken

05 밑줄 친 부분 중 어법상 옳지 않은 것은?

The new intern, ① hoping to make a positive impression on her first day, made sure ② to arrive at the office early. She was eager to learn and tried to accompany ③ with her manager to an important client meeting to observe the proceedings. She felt the experience ④ was invaluable for her professional development. Later, her manager praised her proactive attitude and promised to provide more opportunities for her to learn, which made the intern feel even more motivated than before.

06 밑줄 친 부분 중 어법상 옳지 않은 것은?

Our travel agent helped us plan our vacation itinerary. He suggested ① us several destinations that fit our budget and interests. After some discussion, we decided on a trip to Southeast Asia. He then described the cultural norms and customs ② we should be aware of while traveling there. He also mentioned ③ that we needed to get certain vaccinations before our departure. Thanks to his thorough advice, we felt much more ④ prepared for our journey and were able to enjoy a worry-free holiday.

07 밑줄 친 부분에 들어갈 말로 가장 적절한 것은?

The archaeologists were excited because they found an artifact that _____ untouched for over a thousand years before they excavated the site last month.

① remains

② remained

③ has remained

④ had remained

08 밑줄 친 부분 중 어법상 옳지 않은 것은?

To achieve a rich flavor in this stew, slow and steady ① win the race. The constant, low heat allows the flavors of the meat and vegetables to meld together perfectly. Rushing the process or using high heat ② results in tough meat. Also, every herb and spice ③ has its own role ④ to play in the final taste profile.

10

09 밑줄 친 부분 중 어법상 옳은 것은?

In the classic novel, the poor and the oppressed ① is given a voice through the protagonist's journey. Every chapter of the book ② introduce a new challenge that tests his resolve. That the author intended to critique social inequality ③ is clear from the narrative's focus on systemic injustice. However, neither of the two main antagonists in the story ④ receive their just deserts in the end, leaving the reader with a sense of unease.

10 밑줄 친 부분에 들어갈 말로 가장 적절한 것은?

During the focus group discussion, a number of insightful comments from the participants _____ that will likely influence the final design and marketing strategy of the new product.

① was recorded
② were recorded
③ has been recorded
④ have recorded

11 밑줄 친 부분 중 어법상 옳지 않은 것은?

The board of directors ① is meeting tomorrow to finalize the annual budget. Each of the department heads ② have prepared a detailed report outlining their financial needs for the upcoming year. The main point of contention is funding for new research, which is always a ③ highly debated issue. Everyone ④ is expected to come prepared for a lengthy discussion.

12 밑줄 친 부분 중 어법상 옳지 않은 것은?

The museum's impressive new exhibit ① is dedicated to the history of science. Many of the rare artifacts displayed ② created by pioneering scientists from different eras. The collection, which is quite extensive, ③ offers a unique and interactive perspective on scientific discovery. All visitors are strongly encouraged ④ to book their tickets online in advance to avoid long queues.

13 밑줄 친 부분에 들어갈 말로 가장 적절한 것은?

After the accident, the debris was scattered all over the road, but the authorities assured the public that the situation _____ promptly and efficiently.

① would be dealt with

② will deal with

③ would be dealt

④ will be dealing with

14 밑줄 친 부분 중 어법상 옳지 않은 것은?

For his birthday, ① he was made a beautiful cake by his loving grandmother, who spent the whole afternoon baking it. ② So fast did the runner finish the race that he set a new world record. The manager is considering ③ hiring a new assistant. The problem is ④ too difficult for a novice to solve.

15 밑줄 친 부분 중 어법상 옳지 않은 것은?

The city council devoted a significant portion of the budget to ① renovate the old library, a project that ② had been postponed for several years. The goal is to create a modern and welcoming space for all residents. This investment is ③ worth making, as the library serves as a vital community hub. Many citizens are looking forward to ④ seeing the transformed building next year.

16 밑줄 친 부분에 들어갈 말로 가장 적절한 것은?

The politician denied _____ about the secret negotiations beforehand, claiming he was only made aware of the deal after it had already been finalized.

① informing

② being informed

③ having informed

④ having been informed

17 밑줄 친 부분 중 어법상 옳지 않은 것은?

The city is committed to improving its public transportation system and ① making it more accessible for everyone. Plans include adding more bus routes, upgrading subway stations with modern amenities, and ② building new bike lanes. This comprehensive initiative, that is expected to cost billions, ③ aims to reduce traffic congestion and promote sustainable urban mobility. The mayor believes these changes will benefit not only daily commuters but also tourists ④ visited the city.

18 밑줄 친 부분 중 어법상 옳지 않은 것은?

The documentary explored the complex ecosystems ① existing in the deep sea. It featured stunning footage of creatures ② adapting to extreme pressure and darkness. Many of these species, previously unknown to science, ③ were captured on camera for the first time. The film left audiences ④ fascinating with the mysteries of the ocean, highlighting the need for further exploration and conservation efforts.

19 밑줄 친 부분에 들어갈 말로 가장 적절한 것은?

The negotiations proceeded smoothly, with both parties _____ in a spirit of cooperation, aiming to reach a mutually beneficial agreement by the end of the day.

① engage

② to engage

③ engaged

④ engaging

20 밑줄 친 부분 중 어법상 옳지 않은 것은?

During the storm, ① fallen trees blocked several major roads, causing widespread traffic jams. Emergency crews worked through the night to clear the debris. A spokesperson for the city advised residents ② to avoid unnecessary travel until all roads were cleared. Many homes in the coastal areas were also damaged by the high winds, ③ left some families temporarily homeless. The mayor announced that the city would provide immediate assistance to those ④ affected by the storm.

21 밑줄 친 부분 중 어법상 옳지 않은 것은?

I would rather ① <u>submit</u> a report that is thorough and accurate than rush and make careless mistakes. My manager feels the same way and often lets us ② <u>to take</u> the extra time needed. This approach helps ensure the quality of our work, ③ <u>even if</u> it means ④ <u>missing</u> an occasional internal deadline.

22 밑줄 친 부분에 들어갈 말로 가장 적절한 것은?

The company's primary objective for the next quarter is _____ its market share in Asia by launching a new advertising campaign.

① expand
② to expand
③ expands
④ expanded

23 밑줄 친 부분 중 어법상 옳지 않은 것은?

If you truly want to improve your physical health, you should ① <u>eat</u> a balanced diet rich in nutrients. You also had better ② <u>getting</u> at least seven hours of quality sleep every night. Remember that regular exercise is just as ③ <u>important</u> as ④ <u>what</u> you consume.

24 밑줄 친 부분 중 어법상 옳지 않은 것은?

Deep within the Amazon rainforest ① <u>lives a species</u> of hummingbird known for its exceptionally vibrant plumage. This bird, ② <u>which</u> is rarely spotted by humans, builds incredibly intricate nests high in the dense canopy, making them almost impossible to find. Local guides often advise visitors ③ <u>to be</u> extremely quiet in these areas to avoid startling the delicate wildlife. ④ <u>Rare as is it</u>, a sighting of this bird is seen as a powerful sign of good luck among the local tribes.

10

25 밑줄 친 부분에 들어갈 말로 가장 적절한 것은?

_____ more careful with his words, he would not have offended so many people at the meeting and caused such a misunderstanding.

① He had been
② Had he been
③ If he was
④ Was he

26 밑줄 친 부분 중 어법상 옳지 않은 것은?

The old sailor talks about the sea ① as if he knows all its secrets. He describes distant lands and fantastic creatures with such vivid detail that listeners ② are often left spellbound. He claims ③ to have seen things that most people can only dream of. However, a local librarian, ④ who has checked the ship logs from that era, suggests that many of his tales are embellished.

27 밑줄 친 부분 중 어법상 옳지 않은 것은?

① Taking notes during lectures is crucial for memory retention. He always brings a notebook, lest ② he not miss any important points the professor makes. This habit has proven to be ③ more effective for him than simply listening. He believes that ④ his success in exams is largely due to this diligent practice.

28 밑줄 친 부분에 들어갈 말로 가장 적절한 것은?

The consultant provided several solutions to the problem, _____ seemed practical and cost-effective enough to implement immediately.

① most of them
② most of which
③ that most of
④ which of most

29 밑줄 친 부분 중 어법상 옳지 않은 것은?

The company implemented ① <u>such a system that</u> could track inventory in real-time. This system was far more efficient than the previous ② <u>one</u>. There was ③ <u>no employee but</u> appreciated the change, as it simplified their daily tasks considerably. The manager was very pleased with the ④ <u>smooth</u> transition process.

30 밑줄 친 부분 중 어법상 옳지 않은 것은?

The team ① <u>managed to secure</u> the contract, but the terms were not as good ② <u>than</u> they had hoped. The final agreement, ③ <u>which</u> was signed yesterday, included several clauses that could potentially limit future profitability. This outcome suggests that more careful negotiation ④ <u>is needed</u> in subsequent deals.

10

진가영

주요 약력

現) 박문각 공무원 영어 온라인, 오프라인 대표교수
서강대학교 우수 졸업
서강대학교 영미어문 심화 전공
중등학교 정교사 2급 자격증
단기 공무원 영어 전문 강의(개인 운영)

주요 저서

박문각 공무원 진가영 영어 단판승 문법 적중 포인트 100
박문각 공무원 진가영 영어 단기합격 VOCA
박문각 공무원 진가영 영어 유형별 독해 전략서
박문각 공무원 진가영 영어 기초탄탄 입문서
박문각 공무원 진가영 영어 반한다 기출
박문각 공무원 진가영 영어 독해 끝판왕[독판왕] 500제 전반부
박문각 공무원 진가영 영어 독해 끝판왕[독판왕] 500제 후반부
박문각 공무원 진가영 영어 문법 끝판왕[문판왕] 300제
박문각 공무원 New Trend 진가영 영어 어휘 끝판왕[어판왕]
박문각 공무원 New Trend 진가영 영어 진족보 마무리 합격노트
박문각 공무원 진가영 영어 적중동형 국가직·지방직 봉투모의고사 Vol.1
박문각 공무원 진가영 영어 적중동형 봉투모의고사 Vol.2
박문각 공무원 진가영 영어 신독기 구문독해
박문각 공무원 진가영 영어 신경향 어휘 마스터
박문각 공무원 진가영 영어 신경향 독해 마스터 시즌1
박문각 공무원 진가영 영어 신경향 독해 마스터 시즌2
박문각 공무원 진가영 영어 단판승 생활영어 적중 70

진가영 영어 ✧✦ 문법 끝판왕 300제

초판 인쇄 2025. 11. 14. | **초판 발행** 2025. 11. 20. | **편저자** 진가영
발행인 박 용 | **발행처** (주)박문각출판 | **등록** 2015년 4월 29일 제2019-000137호
주소 06654 서울시 서초구 효령로 283 서경 B/D 4층 | **팩스** (02)584-2927
전화 교재 문의 (02)6466-7202

저자와의
협의하에
인지생략

정가 16,000원
ISBN 979-11-7519-402-1

데일리 학습 [루틴 형성]

단기합격 VOCA

· 객관적 적중률로 검증된 공무원 전용 어휘 학습

· 필수어휘·핵심어휘·실무어휘까지 한번에 총정리!

굿모닝 '기출 문장' 구문독해

· 양질의 기출 문장으로 꾸준한 30분 트레이닝

· 독해를 감이 아닌 구조로 읽어, 빠르고 정확한 해석 실력 완성!

진가영 영어

매일합격[일일] 모의고사

· 하루 10문제로 가볍게 시작하는 영어 루틴

· 영어가 익숙해지고 실력이 쌓이는 가장 확실한 방법!

올타임 레전드 하프 모의고사

· 수업 시간에 배운 핵심 개념들을 문제로 복습

· 중간 실력 점검으로 부족한 부분을 파악하고 보완!

★★★★★ 2025년 국가직 9급 일반행정 합격   김**

교재와 커리 구성만으로도 탄탄하게 이루어져 있지만 마지막으로 가영쌤만의 장점! 왜 가영쌤이어야 했는지, 그 이유를 꼽자면 바로 진심을 다해 수강생을 도와주시려고 한다는 점입니다! 저의 경우에는 처음 공시를 시작했을 때 어려움을 겪었던 문법 파트와, 공부 기간이 늘어남에도 불구하고 마땅한 해결책을 찾지 못해 힘들어했던 독해 순서 맞추기 유형과 문장 삽입 유형에 대한 고민이 깊을 때마다 가영쌤께 찾아가서 질문을 드리고 도움을 요청하였었습니다. 그럴 때마다 항상 진심을 다해 도와주려 하시고, 구체적으로 어떻게 문제인지 정확하게 진단해 주시면서 명확한 솔루션을 주신 덕에 단점을 보완하고 무려 100점이라는 성적으로 합격할 수 있었습니다~!!~!! 항상 너무 감사드립니다 교수님~!!~!! Thank you for everything you've done for me!!

★★★★★ 2025년 국가직 9급 교정직 합격   한**

제가 공시하러 처음 왔을 때 2024년 4월 월간 모의고사 영어점수가 30점이었어요. 그러다 5월부터 수업을 들어가기 시작했는데 그때 임신 중인 선생님께서 저희를 위해 일요일에도 보강하시는 모습 보고 저는 이 선생님 밑에서 최고득점하고 싶은 마음이 들었습니다. 선생님 커리큘럼 상담 모든 게 다 반영돼서 95점이 나온 거 같아요. 인생에 목표가 있어 행복한 시간이었고 좋은 친구 옆에서 공부한 거에 감사하고 최고의 선생님의 가르침을 받아서 인생에서 가장 기억에 남을 순간일 것 같습니다. 앞으로 저는 더 많은 걸 도전할 거 같아요. 저는 꺾이지 않고 계속 노력하는 선생님이 너무 좋았습니다. 가끔 올라가서 인사 올리겠습니다. 존경하는 선생님.

★★★★★ 2025년 국가직 9급 우정직 합격   경**

제가 생각하는 가영쌤만의 장점은 첫째로, 미친 반복입니다. 공부가 하기 싫어도, 저절로 하게 되고, 강의를 듣지 않아도 떠오르는 경지가 될 때까지 정말 열심히 가르쳐주십니다. 동형 문제를 풀 때 알아서 개념이 뽑아져 나올 정도로 들었고, 단어강의는 최소 20회독을 했을 정도로 많이 복습하니 이젠 툭 치면 알아서 가영쌤이 가르쳐주신 내용이 나옵니다. 둘째로, 가영쌤의 친절하고 꼼꼼한 학생관리입니다. 현강에서는 학생들 하나하나 잘 챙겨주시고, 질문은 시간이 오래 걸려도 자세하게 받아주시며, 상담 신청했을 때 누구보다도 열정적인 자세로 상담을 받아주십니다. 카페에서도 학생들 질문을 잘 받아주시기도 하니, 현강생 뿐 아니라 인강생도 가영쌤의 정성을 느끼실 수 있습니다. 셋째로, 자신의 실력을 점검하고 보완할 수 있는 다양한 커리큘럼입니다. 구문이 부족하면 구문 강의로, 문법이 부족하면 단판승으로, 독해가 부족하면 독해 끝판왕으로, 신경향이 낮설면 신경향 독해 마스터로 보완할 수 있도록 세분화되어 있습니다. 꼭 모든 강의를 강제로 들을 필요는 없지만, 부족한 부분이 있다면 발췌하시는 것도 좋은 선택입니다.

★★★★★ 2025년 검찰직 합격   대**

2024년 1월부터 박문각 인강으로 공부해서 1년 3개월 동안 공부했고 검찰직 합격했습니다. 인강 들으면서 전화 상담까지 해주셨던 교수님은 진가영 교수님뿐이셔서, 게다가 영어가 심리적으로 오랫동안 힘든 과목이었기 때문에 감사한 마음뿐입니다. 워낙 영어가 취약 과목이었고 꽤 오랫동안 독해 때문에 힘든 시간을 보냈지만 임신, 출산하시면서도 강의에 영향 없이 최선을 다해 주시는 모습에 감동을 받았고 그만큼 교수님께서 이 일을 얼마나 소중히 하고 계시는지 느껴졌습니다. 교수님이 안보이는 곳에서 얼마나 노력하고 계시는지 너무 잘 알 것 같아서 그저 리스펙이라고 밖에는 표현할 길이 없습니다. 마지막 문법 특강 끝에 기도하시듯 손 모으고 말씀하시는 모습에 뭉클했고 나는 교수님처럼 내 일에 최선을 다한 적이 있었는지 스스로 반성도 하게 되었습니다. 간절한 시간을 보낸 만큼 앞으로 최선을 다해서 공직 생활하도록 하겠습니다.

2026

브랜드 만족 1위

수석합격 연속 배출
산출근거
후면표기

9급 공무원 영어 시험대비

박문각 공무원

예상문제

동영상 강의 www.pmg.co.kr

박문각

신경향 대비 **합격률 4./2배 증가**

다양한 난이도의 문제로 빈틈없는 실전 대비!

약점을 강점으로 바꾸는 빈출 문법 포인트 집중 공략!

최신 트렌드를 반영한 출제 예상 문법 300 문제 엄선!

진가영 편저

진가영 영어
정답 및 해설
문법 끝판왕 300제

신경향 대비 합격률 4.2배 증가

진가영 영어
문법 끝판왕 300제 정답 및 해설

2026

브랜드 만족 1위

수석합격 연속 배출   신출근거
                    후면표기

9급 공무원 영어 시험대비

박문각
공무원

예상문제

신경향 대비 합격률 4.12배 증가

다양한 난이도의 문제로 빈틈없는 실전 대비!

약점을 강점으로 바꾸는 빈출 문법 포인트 집중 공략!

최신 트렌드를 반영한 출제 예상 문법 300 문제 엄선!

진가영 편저

영상강의 교재 | www.pmg.co.kr

진가영 영어
정답 및 해설
문법 끝판왕 300제

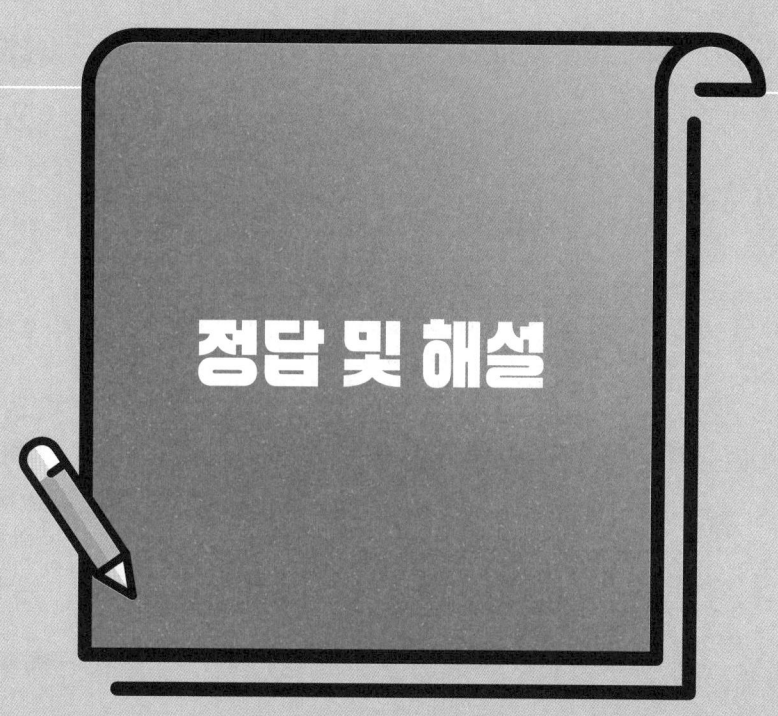

정답 및 해설

01회 문법 실력 강화 연습문제 정답 및 해설

02회 문법 실력 강화 연습문제 정답 및 해설

03회 문법 실력 강화 연습문제 정답 및 해설

04회 문법 실력 강화 연습문제 정답 및 해설

05회 문법 실력 강화 연습문제 정답 및 해설

06회 문법 실력 강화 연습문제 정답 및 해설

07회 문법 실력 강화 연습문제 정답 및 해설

08회 문법 실력 강화 연습문제 정답 및 해설

09회 문법 실력 강화 연습문제 정답 및 해설

10회 문법 실력 강화 연습문제 정답 및 해설

문법 실력 강화 연습문제 정답 및 해설

🎯 연계교재 – 『단판승 문법 적중 포인트 100』

Answer

01 ②	02 ③	03 ①	04 ①	05 ①
06 ②	07 ④	08 ③	09 ①	10 ②
11 ②	12 ④	13 ③	14 ③	15 ①
16 ②	17 ②	18 ②	19 ①	20 ③
21 ①	22 ③	23 ①	24 ①	25 ③
26 ③	27 ③	28 ③	29 ①	30 ④

01 정답 ②

난이도 ▮▮▯▯▯

정답 해설

② [적중 포인트 002] **구와 절, 문장이 길어지는 이유 ★**

문장의 주어(The government)와 동사(has launched)가 이미 존재하므로, 빈칸에는 앞의 명사 a new initiative를 수식하는 형용사 역할의 구가 와야 한다. '개선하기 위해 설계된'이라는 수동 의미를 나타내므로, 과거분사구가 오는 것이 자연스럽다. 따라서 밑줄 친 부분에 들어갈 말로 가장 적절한 것은 ②이다.

지문해석

정부는 도시 기반 시설을 개선하고 시민들이 여가 시간에 즐길 수 있는 녹지 공간을 더 많이 조성하기 위해 설계된 새로운 정책을 시행했다.

02 정답 ③

난이도 ▮▮▮▯▯

정답 해설

③ [적중 포인트 014] **형용사와 부사의 차이 ★★★★★**

be동사 뒤에는 주격 보어 역할을 하는 형용사가 와야 한다. 따라서 밑줄 친 부분의 부사 devastatingly를 형용사 devastating으로 고쳐야 한다.

오답 해설

① [적중 포인트 072] **가정법 미래 공식 ★★★**

거대한 소행성이 지구에 충돌할 가능성이 매우 낮다는 전제하에 미래 상황을 가정한 표현으로 이때 사용된 'If+주어+were to+동사원형' 구조는 '실현 가능성이 희박한 미래'에 대한 가정법 미래로 잘 쓰인다. 따라서 밑줄 친 부분은 올바르게 쓰였다.

② [적중 포인트 054] **분사 판별법 [현재분사 VS 과거분사] ★★★★★**

'결과가 영화에서 묘사된 것을 훨씬 능가하다'라는 의미의 분사구문으로, 능동적인 의미를 전달한다. 또한 이 구문은 부연 설명 역할을 하며 주절 the consequences would be catastrophic를 수식하므로, 현재분사가 적절하다. 따라서 밑줄 친 부분은 올바르게 쓰였다.

④ [적중 포인트 056] **여러 가지 분사구문 ★★★★★**

주절의 내용을 보충 설명하는 수동 분사구문으로, 원래 형태는 'as it is evidenced by~'에서 주어와 be동사가 생략된 것으로, 과거분사 evidenced가 '…에 의해 입증되듯이'라는 의미를 자연스럽게 전달한다. 따라서 밑줄 친 부분은 올바르게 쓰였다.

지문해석

만약 거대한 소행성이 지구와 충돌한다면, 그 결과는 영화 속에서 묘사된 어떤 것보다 훨씬 심각한 재앙이 될 것이다. 초기 충격으로 거대한 분화구가 생기겠지만, 2차적인 영향은 훨씬 더 파괴적일 것이다. 대기 중으로 날아간 먼지와 잔해가 햇빛을 가려 장기적인 겨울을 초래하고, 전 세계 생태계가 붕괴될 수 있다. 이 시나리오는 발생 가능성이 매우 낮지만, 근지구 물체를 추적하는 수많은 프로그램이 존재하는 것을 보면 과학자들이 심각하게 받아들이고 있는 사안이다.

03 정답 ①

난이도 ▮▮▮▯▯

정답 해설

① [적중 포인트 009] **관사의 종류와 생략 ★**

신체 일부를 잡거나 두드리는 등의 동작을 나타낼 때는 '동사+목적어+by the+신체 일부' 형태로, 정관사 the를 반드시 함께 써야 한다. 따라서 밑줄 친 부분의 arm은 the arm으로 고쳐야 한다.

오답 해설

② [적중 포인트 082] **관계대명사의 선행사와 문장 구조 ★★★★**

주격 관계대명사 who의 선행사는 The patient로 3인칭 단수이므로, 관계절 안의 동사도 단수 형태로 써야 한다. 따라서 밑줄 친 부분은 올바르게 쓰였다.

③ [적중 포인트 054] **분사 판별법 [현재분사 VS 과거분사] ★★★★★**

the gentle help를 수식하는 분사는 '도움'이 제공되는 것이라는 의미를 전달해야 하므로, 능동이 아닌 수동 의미를 가진 과거분사로 써야 한다. 따라서 밑줄 친 부분은 올바르게 쓰였다.

④ [적중 포인트 082] **관계대명사의 선행사와 문장 구조 ★★★★**

which는 앞 문장에서 언급된 사물(the gentle help)을 가리키는 주격 관계대명사로 뒤에 불완전 구조를 취하고 있다. 따라서 밑줄 친 부분은 올바르게 쓰였다.

지문해석

의사가 보호자에게 노인 환자를 어떻게 도와야 하는지 조언했다. 그는 "환자를 팔짱 대신 팔을 잡아 지지해 주는 것이 중요하다. 이런 간단한 행동이 넘어지는 일을 종종 예방하기 때문이다"라고 권했다. 환자는 연약하고 불안정해 보였지만, 직원들이 제공한 부드러운 도움을 고맙게 여겼고, 그 덕분에 안정감을 느꼈다.

04 정답 ①

난이도 ▮▮▮▮

정답 해설

① 적중 포인트 020 **주격 보어가 필요한 2형식 자동사** ★★★

remain은 2형식 자동사로 '~인 상태를 유지하다'라는 의미를 가지며, 주격 보어로 형용사를 필요로 한다. 따라서 주어(the pilot)의 상태를 설명하는 형용사가 들어가야 한다. 따라서 밑줄 친 부분에 들어갈 말로 가장 적절한 것은 ①이다.

지문해석

예상치 못한 난기류에도 불구하고, 조종사는 침착함을 유지하며 비행기를 안전하게 착륙시켰고, 탑승객 모두를 안심시켰다.

05 정답 ①

난이도 ▮▮▮▮

정답 해설

① 적중 포인트 024 **목적어를 두 개 취하는 4형식 수여동사** ★

4형식 수여동사 teach는 '~에게 ~을 가르치다'라는 의미로, 'teach+간접목적어(his students)+직접목적어(valuable lessons)'의 어순으로 쓰거나, 간접목적어를 뒤로 뺄 때는 to와 함께 사용할 수 있다. 따라서 밑줄 친 부분의 his students는 to his students로 고쳐야 한다.

오답 해설

② 적중 포인트 066 **조동사 should의 3가지 용법과 생략 구조** ★★★★★

'주장'을 나타내는 동사 insist 뒤의 that절은 당위를 나타내므로, 동사는 (should)+동사원형 형태를 취해야 한다. 따라서 밑줄 친 부분은 올바르게 쓰였다.

③ 적중 포인트 086 **관계부사의 선행사와 완전 구조** ★★★

선행사 a moment는 시간을 나타내고 뒤에 완전한 문장이 이어지므로 관계부사 when을 써야 한다. 따라서 밑줄 친 부분은 올바르게 쓰였다.

④ 적중 포인트 079 **명사절 접속사의 구분과 특징** ★★★

문장의 주어 역할을 하는 명사절이 필요하고, made의 주어가 없는 불완전한 문장이므로 what을 써야 한다. 따라서 밑줄 친 부분은 올바르게 쓰였다.

지문해석

그 명망 있는 교수는 학생들에게 역사뿐만 아니라 삶 자체에 관한 소중한 교훈도 항상 가르쳤다. 그는 수업에 참여하는 모든 학생들이 활발히 토론에 참여해야 한다고 강조하며, 역동적인 학습 분위기를 조성했다. 그의 과목에 대한 열정은 분명했고, 그의 강의가 지루했던 순간은 결코 없었다. 그는 역사적인 글을 흥미롭게 만드는 것은 그 안에 담긴 인간 이야기에 있다고 믿었다.

06 정답 ②

난이도 ▮▮▮▮

정답 해설

② 적중 포인트 021 **혼동하기 쉬운 자동사와 타동사** ★★★★★

'~을 놓다, 두다'라는 의미의 타동사 lay의 과거형은 laid이고, lied는 '거짓말하다'라는 의미의 자동사 lie의 과거형이다. 문맥상 기초 철골을 '놓았다'는 뜻이 자연스럽다. 따라서 밑줄 친 부분의 lied를 laid로 고쳐야 한다.

오답 해설

① 적중 포인트 082 **관계대명사의 선행사와 문장 구조** ★★★★

선행사 The new skyscraper는 사물이므로, 관계대명사 which가 쓰이고, 관계대명사절에서 which는 주어 역할을 하고 있어, 주격 관계대명사로 쓰였다. 따라서 밑줄 친 부분은 올바르게 쓰였다.

③ 적중 포인트 054 **분사 판별법 [현재분사 VS 과거분사]** ★★★★★

scheduled는 The project를 수식하는 과거분사로 쓰였으며, '예정된'이라는 수동의 의미를 전달한다. 즉, "(사람들이) 그 프로젝트를 내년에 완료하도록 예정해 놓았다"라는 의미를 가지며 분사 구문으로 쓰였다. 따라서 밑줄 친 부분은 올바르게 쓰였다.

④ 적중 포인트 049 **5형식 동사의 수동태 구조** ★★★★

expect는 능동태에서 목적어와 목적격 보어로 to부정사를 취한다. 그런데 수동태로 바뀌면 목적어가 주어로 이동하고, 그 뒤에는 to부정사 목적격 보어만 남게 된다. 따라서 밑줄 친 부분은 올바르게 쓰였다.

지문해석

시내 중심에 서 있는 그 새로운 마천루는 절실히 필요한 사무 공간을 제공할 것이다. 엔지니어들은 지난달 기초 철골을 신중하게 놓아, 건물의 안정성을 보장했다. 내년에 완공될 예정인 이 프로젝트는 도심 전체를 되살릴 것으로 기대된다.

07 정답 ④

난이도 ▮▮▮▮

정답 해설

④ 적중 포인트 035 **미래를 대신하는 현재시제** ★★★★

until은 시간을 나타내는 부사절 접속사이므로, 미래에 일어날 일이라도 미래 시제가 아니라 현재 시제를 써야 한다. 또한 주어 the aircraft가 3인칭 단수이므로 동사도 단수 형태로 써야 한다. 따라서 밑줄 친 부분에 들어갈 말로 가장 적절한 것은 ④이다.

지문해석

비행기가 게이트에 완전히 멈추고 기장이 안전벨트 표시등을 끌 때까지 좌석에 앉아 안전벨트를 매고 계십시오.

08 정답 ③ 난이도 ▮▮▮▮

정답 해설

③ 적중 포인트 043 **혼동하기 쉬운 주어와 동사 수 일치** ★★★★
문장의 주어는 단수인 This notable improvement이므로, 동사도 단수형으로 수일치시켜야 한다. 따라서 밑줄 친 부분의 make를 makes로 고쳐야 한다.

오답 해설

① 적중 포인트 012 **지시대명사 this와 that** ★★★★
비교 구문(longer than)에서 앞서 언급된 명사 battery life를 대신하는 단수 지시대명사로 써야 한다. 따라서 밑줄 친 부분은 올바르게 쓰였다.

② 적중 포인트 051 **동명사의 명사 역할** ★★★★★
전치사 without의 목적어로는 동명사가 와야 한다. 따라서 밑줄 친 부분은 올바르게 쓰였다.

④ 적중 포인트 018 **혼동하기 쉬운 부사** ★★
형용사를 수식하며 '매우'라는 의미로 쓰일 때는 부사 highly로 써야 한다. 따라서 밑줄 친 부분은 올바르게 쓰였다.

지문해석

새로운 스마트폰의 배터리 수명은 이전 모델보다 훨씬 길어, 사용자가 하루 종일 충전 없이 사용할 수 있다. 이러한 눈에 띄는 개선은 보다 강력한 프로세서와 고해상도 카메라와 함께, 이 기기를 현재 기술 시장에서 매우 경쟁력 있게 만든다.

09 정답 ① 난이도 ▮▮▮▮

정답 해설

① 적중 포인트 040 **상관접속사와 수 일치** ★★★
'not only A but also B' 구문이 주어일 때, 동사는 B에 수를 일치시킨다. 여기서 B에 해당하는 the new intern이 단수이므로 동사도 단수 형태로 써야 한다. 따라서 밑줄 친 부분의 are를 is로 고쳐야 한다.

오답 해설

② 적중 포인트 048 **4형식 수여동사의 수동태 구조** ★★★
4형식 동사 give의 수동태는 뒤에 직접목적어(a chance)를 가질 수 있다. 따라서 밑줄 친 부분은 올바르게 쓰였다.

③ 적중 포인트 053 **암기해야 할 동명사 표현** ★★★★★
'in -ing'는 '~할 때, ~하는데 있어서'라는 의미의 동명사 관용 구문이다. 따라서 밑줄 친 부분은 올바르게 쓰였다.

④ 적중 포인트 093 **원급, 비교급, 최상급 강조 부사** ★★
much는 비교급 better를 강조하는 부사로 쓰였다. 따라서 밑줄 친 부분은 올바르게 쓰였다.

지문해석

효과적인 협업은 모든 프로젝트에 있어 핵심이다. 우리 팀에서는 선임 구성원뿐만 아니라 새로운 인턴도 자유롭게 의견을 제시할 것으로 기대된다. 모든 사람에게 각자의 독특한 관점을 기여할 기회가 주어진다. 이러한 방법은 혁신을 촉진하는 데 매우 효과적임이 입증되었다. 우리는 이것이 최종 결과물을 훨씬 더 나은 것으로 만든다고 믿는다.

10 정답 ② 난이도 ▮▮▮▮

정답 해설

② 적중 포인트 041 **부분을 나타내는 명사와 수 일치** ★★★★
'half of'와 같은 부분 표현이 주어일 때, 동사는 of 뒤 명사의 수에 일치시켜야 한다. 여기서 of 뒤 명사 the respondents가 복수이므로, 동사도 복수형으로 써야 한다. 따라서 밑줄 친 부분에 들어갈 말로 가장 적절한 것은 ②이다.

지문해석

최신 설문조사에 따르면, 응답자의 약 절반은 높은 급여보다 유연한 근무 시간을 선호한다고 밝혔다.

11 정답 ② 난이도 ▮▮▮▮

정답 해설

② 적중 포인트 043 **혼동하기 쉬운 주어와 동사 수 일치** ★★★★
집합명사 family가 '하나의 단위로서' 결정을 내린 것이므로, 단수로 취급해야 한다. 따라서 밑줄 친 부분의 복수 동사 have를 단수 동사 has로 고쳐야 한다.

오답 해설

① 적중 포인트 082 **관계대명사의 선행사와 문장 구조** ★★★★
주격 관계대명사 which의 선행사인 The entire family는 하나의 단일체로 간주되므로 동사는 단수 형태로 써야 한다. 따라서 밑줄 친 부분은 올바르게 쓰였다.

③ 적중 포인트 082 **관계대명사의 선행사와 문장 구조** ★★★★
선행사가 사람인 the younger generation이므로, 주격 관계대명사 who를 써야 하고 뒤에 불완전 구조를 취하고 있다. 따라서 밑줄 친 부분은 올바르게 쓰였다.

④ 적중 포인트 051 **동명사의 명사 역할** ★★★★★
전치사 of의 목적어로는 동명사가 와야 한다. 따라서 밑줄 친 부분은 올바르게 쓰였다.

01

지문해석

매년 여름마다 가족 모임을 갖는 가족 전체는 오래된 휴가용 주택을 팔기로 결정했다. 특히 어린 세대에게는 힘든 결정이었다. 그들은 그곳에서 어린 시절을 보내며 많은 즐거운 추억을 가지고 있기 때문이다.

지문해석

프로젝트 마감일이 다가오고 나서야 학생들은 팀워크의 중요성을 깨달았다.

12 정답 ④   난이도 ▮▮▯▯

정답 해설

④ **적중 포인트 045 능동태와 수동태의 차이 ★★★★★**

주어인 a building(건물)은 판단하는 주체가 아니라 판단의 대상이며 뒤에 목적어가 없으므로 수동태로 써야 한다. 따라서 밑줄 친 부분의 judged를 is judged로 고쳐야 한다.

오답 해설

① **적중 포인트 078 등위접속사와 병렬 구조 ★★★★**

'not only A but also B' 구문에서 A(aesthetically pleasing)가 형용사구이므로, B도 형용사 형태가 되어야 한다. 따라서 밑줄 친 부분은 올바르게 쓰였다.

② **적중 포인트 014 형용사와 부사의 차이 ★★★★★**

명사 integrity와 병렬을 이루기 위해서는 형용사 efficient가 아니라 명사 efficiency가 와야 한다. 따라서 energy efficiency는 '에너지 효율성'이라는 복합 명사로 쓰였다. 따라서 밑줄 친 부분은 올바르게 쓰였다.

③ **적중 포인트 078 등위접속사와 병렬 구조 ★★★★**

등위접속사 and 앞의 beautiful이 형용사이므로, 병렬 구조를 맞추기 위해 뒤에도 형용사로 써야 한다. 따라서 밑줄 친 부분은 올바르게 쓰였다.

지문해석

현대 건축은 종종 미적으로 아름다울 뿐만 아니라 기능적이기도 한 공간을 창조하는 것에 중점을 둔다. 이러한 설계 철학은 건축가가 예술적 비전과 구조적 안정성, 에너지 효율성 같은 실용적인 고려사항을 균형 있게 조화시키도록 요구한다. 목표는 아름답고 지속 가능하게 설계된 건물을 만드는 것이다. 궁극적으로, 건물의 성공 여부는 그 건물이 거주자의 필요를 얼마나 효과적으로 충족시키는지에 따라 평가된다.

14 정답 ③   난이도 ▮▮▮▯

정답 해설

③ **적중 포인트 047 다양한 3형식 동사의 수동태 구조 ★★★★**

타동사구 'take advantage of(~를 이용하다)'의 수동태는 be taken advantage of이다. 원문에서 전치사 of가 빠졌으므로, advantage는 advantage of로 고쳐야 한다.

오답 해설

① **적중 포인트 047 다양한 3형식 동사의 수동태 구조 ★★★★**

that절 목적어를 취하는 3형식 타동사로 '주어 + think + that절'의 능동태를 'It be thought that절'의 수동태 형태로 쓸 수 있다. 따라서 밑줄 친 부분은 올바르게 쓰였다.

② **적중 포인트 086 관계부사의 선행사와 완전 구조 ★★★**

선행사 a place가 장소이고, 그 뒤에 완전한 문장이 이어지므로 관계부사(where)를 써야 한다. 따라서 밑줄 친 부분은 올바르게 쓰였다.

④ **적중 포인트 014 형용사와 부사의 차이 ★★★★★**

과거분사 addressed를 수식하는 것은 형용사가 아닌 부사이다. 따라서 밑줄 친 부분은 올바르게 쓰였다.

지문해석

이 계획은 저소득 가정의 아이들에게 특히 유익할 것이라고 여겨졌다. 프로그램은 큰 호응을 얻었고, 곧 아이들이 모여서 자신이 좋아하는 이야기를 나눌 수 있는 장소가 되었다. 그러나 사서들은 일부 부모가 도서관을 무료 탁아 서비스처럼 이용하면서 자신들이 이용당하고 있다고 느꼈다. 이 문제는 진정한 참여자들을 실망시키지 않도록 신중하게 다뤄질 필요가 있었다.

13 정답 ③   난이도 ▮▮▮▯

정답 해설

③ **적중 포인트 038 시제 관련 표현 ★★★★**

'~이 되어 (비로소) …하다'의 뜻으로 쓰일 때는 'Not until 명사+조동사+주어 또는 Not until 주어+동사+조동사+주어'의 도치 구문으로 쓸 수 있고, 'It be+not until 명사+that 주어+동사 또는 It be+not until 주어+동사 that 주어+동사'의 강조 구문으로 쓸 수 있다. 따라서 밑줄 친 부분에 들어갈 말로 가장 적절한 것은 ③이다.

15 정답 ①   난이도 ▮▮▯▯

정답 해설

① **적중 포인트 052 동명사의 동사적 성질 ★★★**

주어 The celebrity가 대중에게 '인지되는' 상황이므로, 동명사는 수동 의미를 가지는 것이 자연스럽다. 수동형 동명사로 써야 한다. 수동형 동명사로 쓸 때는 부사가 중간에 들어가는 것이 자연스럽다. 따라서 밑줄 친 부분의 constantly recognizing을 being constantly recognized로 고쳐야 한다.

② 적중 포인트 023 목적어 뒤에 특정 전치사를 수반하는
3형식 타동사 ★★★

deprive는 deprive A of B(A에게서 B를 빼앗다) 구조로 사용된
다. 목적어 him 뒤에 of는 적절하다. 따라서 밑줄 친 부분은 올바
르게 쓰였다.

③ 적중 포인트 045 능동태와 수동태의 차이 ★★★★★

그의 모든 움직임이 '면밀히 조사되고 있었다'는 수동 진행의 의미
를 가지며 주절의 동사가 과거시제이므로 과거진행형 수동태로
써야 한다. 따라서 밑줄 친 부분은 올바르게 쓰였다.

④ 적중 포인트 060 to부정사의 명사적 역할 ★★★★

5형식 동사 make는 'it' 가목적어와 'to부정사' 진목적어 구문을
취할 수 있으며, 이때 가목적어는 생략할 수 없다. 따라서 밑줄 친
부분은 올바르게 쓰였다.

지문해석

그 연예인은 공공장소에서 끊임없이 알아보는 것을 불쾌하게 여겼다.
그것이 그의 사생활을 빼앗았기 때문이다. 그는 마치 자신의 모든 행
동이 감시당하는 것처럼 느껴져, 가족이나 친한 친구와 함께 있을 때
조차 편히 쉬기 어려웠다.

16 정답 ② 난이도 🔋

정답 해설

② 적중 포인트 054 분사 판별법 [현재분사 VS 과거분사] ★★★★★

문장의 주어는 The confidential report이며, 이 보고서는 감사
팀에 의해 '작성된' 것이므로, 수동의 의미를 나타내는 과거분사
compiled가 뒤에서 명사를 수식하는 것이 가장 적절하다. 따라서
밑줄 친 부분에 들어갈 말로 가장 적절한 것은 ②이다.

지문해석

내부 감사팀에 의해 작성된 그 기밀 보고서는, 경영진의 즉각적인 주
의를 요하는 몇 가지 재정적 불규칙 사항들을 밝혀냈다.

17 정답 ② 난이도 🔋

정답 해설

② 적중 포인트 054 분사 판별법 [현재분사 VS 과거분사] ★★★★★

tablets를 뒤에서 수식하는 분사 자리이다. tablet은 '새겨지는'
대상이므로, 수동의 의미를 나타내는 과거분사로 써야 한다. 따라
서 밑줄 친 부분의 inscribing을 inscribed로 고쳐야 한다.

오답 해설

① 적중 포인트 033 과거 시간을 나타내는 부사와 과거시제 ★★★

문맥상 유물이 과거에 발견되어 그 당시 사람들의 삶에 대한 통찰
을 제공한 단발적 사건을 나타내고 있다. 따라서 밑줄 친 부분은
올바르게 쓰였다.

③ 적중 포인트 003 어순이 중요한 간접의문문 ★★★

decipher의 목적어 역할을 하는 간접의문문은 '의문사＋주어＋동
사'의 평서문 어순을 따라야 한다. 따라서 밑줄 친 부분은 올바르
게 쓰였다.

④ 적중 포인트 082 관계대명사의 선행사와 문장 구조 ★★★★

주격 관계대명사 that의 선행사는 a discovery로 단수이므로, 동사
도 단수 형태로 써야 한다. 따라서 밑줄 친 부분은 올바르게 쓰였다.

지문해석

그 유물들은 수천 년 전에 그곳에 살았던 사람들의 일상생활에 대해
전례 없는 통찰을 제공해 주었다. 특히 흥미로운 발견은 이전에 알려
지지 않은 언어로 새겨진 일련의 토판(흙판)들이었다. 전문가들은 지
금 이 문자가 무엇을 의미하는지 해독하려 애쓰고 있으며, 그것이 더
많은 비밀을 풀어줄 것이라 기대하고 있다. 발굴팀은 이번 발견이 지
난 10년 동안 가장 중요한 발견 중 하나이며, 역사를 새롭게 쓸 것이
분명한 발견이라고 의견을 같이 한다.

18 정답 ② 난이도 🔋

정답 해설

② 적중 포인트 056 여러 가지 분사구문 ★★★★★

접속사 Once 뒤에는 원래 주어와 동사가 와야 하지만, 생략된 형
태의 수동 분사구문으로 쓰였다. 주어인 theater가 '완료되는' 대
상이므로, 수동의 의미를 지닌 과거분사 completed는 적절하다.
따라서 밑줄 친 부분은 올바르게 쓰였다.

오답 해설

① 적중 포인트 054 분사 판별법 [현재분사 VS 과거분사] ★★★★★

주어인 project는 스스로 '기대하는' 것이 아니라 '기대되는' 대상
이므로, 능동이 아니라 수동의 의미를 지닌 과거분사로 써야 한다.
따라서 밑줄 친 부분의 expecting를 expected로 고쳐야 한다.

③ 적중 포인트 045 능동태와 수동태의 차이 ★★★★★

문맥상 The restoration work(복원 작업)는 스스로 '지연시키는' 주
체가 아니라 '지연되는' 대상이므로 수동태로 써야 한다. 따라서 밑줄
친 부분의 has delayed를 has been delayed로 고쳐야 한다.

④ 적중 포인트 055 감정 분사와 분사형 형용사 ★★★★★

문맥상 지역 주민들(Local residents)이 재개장에 대해 '흥분을 느
끼는' 주체이므로, 감정을 느끼는 주체를 나타내는 과거분사로 써야
한다. 따라서 밑줄 친 부분의 exciting를 excited로 고쳐야 한다.

지문해석

도시는 현재 오래된 극장을 복원하고 있는데, 이는 지역 관광을 크게
활성화할 것으로 기대되는 프로젝트이다. 완공되면, 그 극장은 고전
음악회부터 현대 연극에 이르기까지 다양한 공연을 개최할 예정이다.
예산 문제로 여러 차례 지연되었던 복원 작업이 마침내 막바지에 다
다르고 있다. 지역 주민들은 재개장을 무척 기대하며, 이것이 도심 지
역을 다시 활기차게 만들기를 바라고 있다.

19 정답 ①

난이도 ▮▯▯▯

정답 해설

① 적중 포인트 056 **여러 가지 분사구문** ★★★★★

주절의 주어인 the museum은 '설계되는' 대상이므로, 수동 의미를 지닌 과거분사로 시작하는 분사구문이 적절하다. 여기서 '(Being) Designed by~'에서 Being이 생략된 형태이다. 따라서 밑줄 친 부분에 들어갈 말로 가장 적절한 것은 ①이다.

지문해석

> 저명한 건축가에 의해 설계되었기 때문에, 그 박물관 자체는 예술 작품으로 여겨지며, 소장품뿐만 아니라 건축물 자체 때문에도 관광객들을 끌어들인다.

20 정답 ③

난이도 ▮▮▯▯

정답 해설

③ 적중 포인트 026 **5형식 사역동사의 목적격 보어** ★★★★★

사역동사 let은 목적어(the machine)와 목적격 보어(cool)의 관계가 능동일 때, 목적격 보어에 동사원형을 써야 한다. 따라서 밑줄 친 부분의 to cool을 cool로 고쳐야 한다.

오답 해설

① 적중 포인트 059 **원형부정사의 용법과 관용 표현** ★★

'~하기만 하다'의 의미를 가지는 'do nothing but' 다음에는 원형부정사를 써야 한다. 따라서 밑줄 친 부분은 올바르게 쓰였다.

② 적중 포인트 014 **형용사와 부사의 차이** ★★★★★

명사 failure를 수식하는 것은 부사나 명사가 아닌 형용사이다. 따라서 밑줄 친 부분은 올바르게 쓰였다.

④ 적중 포인트 039 **현재시제 동사와 be동사의 수 일치** ★★★★★

종속절 that 이하의 주어는 'all a maintenance worker can do' 이며 진짜 주어는 all로 단수 취급한다. 따라서 밑줄 친 부분은 올바르게 쓰였다.

지문해석

> 시스템 이상을 목격한 후, 그 조작자는 비상 정지 버튼을 누르는 것 외에는 아무것도 하지 않았다. 갑작스러운 정지로 잠시 전력 서지가 발생했지만, 더 큰 치명적인 고장은 막을 수 있었다. 현장으로 호출된 기술자는 수리를 시도하기 전에 기계를 식히도록 했다. 그는 이러한 경우에 유지보수 작업자가 할 수 있는 일은 정해진 안전 절차를 정확히 따르는 것뿐이라고 설명했다.

21 정답 ①

난이도 ▮▯▯▯

정답 해설

① 적중 포인트 061 **to부정사의 형용사적 역할** ★★

to부정사는 앞의 명사 tools를 수식하고 있으며, '도구를 사용하여 글을 쓰다(write with tools)'의 의미 관계를 이루며 의미를 완성하기 위해 to write 뒤에는 전치사 with가 반드시 필요하다. 또한 to부정사가 수식하는 명사(tools)가 이미 to부정사의 의미상 목적어이므로, 그 목적어는 to부정사 뒤에서 생략되어야 한다. 따라서 밑줄 친 부분의 to write with them을 to write with로 고쳐야 한다.

오답 해설

② 적중 포인트 017 **어순에 주의해야 할 형용사와 부사** ★★★

형용사가 '-thing' 등을 수식할 때는 후치 수식한다. 따라서 밑줄 친 부분은 올바르게 쓰였다.

③ 적중 포인트 061 **to부정사의 형용사적 역할** ★★

추상명사 way는 to부정사에 의해 수식되어 '~하는 방법'이라는 의미를 형성한다. 따라서 밑줄 친 부분은 올바르게 쓰였다.

④ 적중 포인트 078 **등위접속사와 병렬 구조** ★★★★

상관접속사 'not A but B' 구조에서는 A와 B가 병렬을 이루어야 하므로, to부정사의 형태가 적절하다. 따라서 밑줄 친 부분은 올바르게 쓰였다.

지문해석

> 작가의 난관에 부딪힌 젊은 소설가는, 책상이 값비싼 펜과 깨끗한 종이로 가득 차 있음에도 불구하고 글을 쓰는 데 필요한 적절한 도구가 없다고 느꼈다. 그녀는 창의력을 자극할 영감을 주는 무언가를 찾기 위해 공원으로 긴 산책을 나가기로 결심했다. 그녀의 경험 많은 멘토는 종종 이런 난관을 극복하는 가장 효과적인 방법은 억지로 글을 쓰려 하기보다 환경을 바꾸는 것이라고 조언하곤 했다.

22 정답 ④

난이도 ▮▯▯▯

정답 해설

④ 적중 포인트 066 **조동사 should의 3가지 용법과 생략 구조** ★★★★★

'It is essential that~' 구문과 같이 이성적 판단을 나타내는 형용사 뒤의 that절에서는 동사를 (should)+동사원형 형태로 써야 한다. 주어가 3인칭 단수인 every team member이지만, should가 생략된 동사원형을 쓴다. 따라서 밑줄 친 부분에 들어갈 말로 가장 적절한 것은 ④이다.

지문해석

> 프로젝트의 성공을 보장하기 위해, 프로젝트 매니저와 열린 소통을 하면서 철저히 이해하는 것이 필수적이다.

23 정답 ①

난이도 ▮▮▮▯

정답 해설

① 적중 포인트 068 **부정부사와 도치 구문** ★★★★★

부정부사 'on no account'가 문장 처음에 위치하면 '조동사+주어' 도치 구조로 써야 한다. 따라서 밑줄 친 부분의 confidential information should be를 should confidential information be로 고쳐야 한다.

오답 해설

② 적중 포인트 060 **to부정사의 명사적 역할** ★★★★

be determined 다음에는 '~하기로 결심하다'라는 의미를 나타내기 위해 to부정사를 써야 한다. 따라서 밑줄 친 부분은 올바르게 쓰였다.

③ 적중 포인트 092 **비교 대상 일치** ★★★★

비교의 대상은 '이 지역의 기후(The climate in this region)'와 그들의 나라의 기후가 되어야 하므로 비교 대상의 수에 따라 단수 명사이므로 that을 쓴다. 따라서 밑줄 친 부분은 올바르게 쓰였다.

④ 적중 포인트 088 **명사 목적어** ★★★

전치사 despite는 뒤에 명사나 동명사를 목적어로 취할 수 있다. 따라서 밑줄 친 부분은 올바르게 쓰였다.

지문해석

어떠한 경우에도 기밀 정보는 조직 외부 누구와도 공유되어서는 안 되며, 이는 보안을 위태롭게 할 수 있다. 그녀는 희생을 감수해야 하더라도 자신의 경력에서 성공하겠다는 결심을 하고 있다. 이 지역의 기후는 그들의 나라와 상당히 달라, 훨씬 더 춥다. 폭우에도 불구하고 야외 콘서트는 예정대로 진행되었고, 몇 달 동안 자신이 좋아하는 밴드의 공연을 기다려 온 열성 팬들은 매우 기뻐했다.

24 정답 ④

난이도 ▮▮▮▯

정답 해설

④ 적중 포인트 070 **양보 도치 구문과 장소·방향 도치 구문** ★★★

방향 부사구(Around the corner)가 문장 처음에 위치하면 '1형식 자동사+주어' 도치 구조로 써야 한다. 따라서 밑줄 친 부분의 a police car came을 came a police car로 고쳐야 한다.

오답 해설

① 적중 포인트 045 **양보 도치 구문과 장소·방향 도치 구문** ★★★

조동사 would 뒤에는 동사원형으로 써야 하고 타동사 뒤에 목적어가 없으므로 수동태로 써야 한다. 따라서 밑줄 친 부분은 올바르게 쓰였다.

② 적중 포인트 090 **원급 비교 구문** ★★★★

'as ~ as' 원급 비교 구문에서 동사 moved를 수식해야 하므로 형용사가 아닌 부사를 써야 한다. 따라서 밑줄 친 부분은 올바르게 쓰였다.

③ 적중 포인트 051 **동명사의 명사 역할** ★★★★★

동사 avoid는 목적어로 동명사를 취하고 타동사 뒤에 목적어가 없으므로 수동태로 써야 한다. 따라서 밑줄 친 부분은 올바르게 쓰였다.

지문해석

뒤쪽 문으로 그 도둑이 달아나면서, 아무에게도 보이지 않기를 바랐다. 그는 어둡게 불이 켜진 골목을 그림자처럼 빠르게 움직였다. 그는 야간 순찰 중인 경비에게 잡히는 일을 피해야 한다는 것을 알고 있었다. 모퉁이를 돌자 경찰차가 나타났고, 사이렌이 갑자기 울리고 경광등이 번쩍였다.

25 정답 ③

난이도 ▮▮▮▯

정답 해설

③ 적중 포인트 076 **if 생략 후 도치된 가정법** ★★★★

주절이 would have yielded로 가정법 과거완료 형태이므로, 조건절 역시 가정법 과거완료여야 한다. 빈칸에는 원래 if the team had가 들어가야 하지만 선택지에는 없다. 가정법에서 if를 생략하면 주어와 조동사(had)가 도치될 수 있다. 따라서 밑줄 친 부분에 들어갈 말로 가장 적절한 것은 ③이다.

지문해석

연구팀이 처음부터 정해진 절차를 철저히 따랐다면, 전체 연구 프로젝트는 훨씬 더 정확한 결과를 낳았을 것이다.

26 정답 ③

난이도 ▮▮▮▯

정답 해설

③ 적중 포인트 078 **등위접속사와 병렬 구조** ★★★★

등위접속사 and는 전치사 through의 목적어인 명사 determination과 병렬을 이루는 명사를 연결해야 한다. 따라서 밑줄 친 부분의 부사 brilliantly를 명사 brilliance로 고쳐야 한다.

오답 해설

① 적중 포인트 078 **등위접속사와 병렬 구조** ★★★★

'not only A but also B' 구문에서 A(her groundbreaking research)와 B(her struggle)가 모두 명사구로 올바르게 병렬을 이루고 있다. 따라서 밑줄 친 부분은 올바르게 쓰였다.

② 적중 포인트 060 **to부정사의 명사적 역할** ★★★★

manage는 목적어로 to부정사를 취한다. 따라서 밑줄 친 부분은 올바르게 쓰였다.

④ 적중 포인트 054 **분사 판별법 [현재분사 VS 과거분사]** ★★★★★

분사구문 자리로 타동사가 목적어를 취하고 있으면 현재분사로 써야 한다. 따라서 밑줄 친 부분은 올바르게 쓰였다.

그 다큐멘터리는 유명한 과학자의 삶을 탐구하면서, 그녀의 획기적인 연구뿐만 아니라 남성 중심의 분야에서 인정을 받기 위한 투쟁도 부각시켰다. 그녀가 순수한 결단력과 뛰어난 능력으로 수많은 장애물을 극복해낸 방법을 보여주었다. 이 영화는 유익하면서도 깊이 감동적인 작품이었으며, 여러 국제 영화제에서 비평가들의 찬사를 받았다.

27 정답 ③　　　　　　　　　　　　　　난이도 ▉▉▮▮

정답 해설

③ **적중 포인트 082** 관계대명사의 선행사와 문장 구조 ★★★★
선행사 a strategy가 있으므로, 선행사를 포함하는 관계대명사 what은 사용할 수 없다. 선행사가 사물이므로 what을 주격 관계대명사 which 또는 that으로 고쳐야 한다.

오답 해설

① **적중 포인트 083** 「전치사＋관계대명사」 완전 구조 ★★★★
전치사 with의 목적어 역할을 하는 목적격 관계대명사 whom이 사용되었고, 그 뒤에 완전한 문장을 취하므로 적절하다. 따라서 밑줄 친 부분은 올바르게 쓰였다.

② **적중 포인트 051** 동명사의 명사 역할 ★★★★★
suggest는 동명사를 목적어로 취하는 타동사이다. 따라서 밑줄 친 부분은 올바르게 쓰였다.

④ **적중 포인트 084** 관계대명사 주의 사항 ★★★
the materials를 선행사로 하는 목적격 관계대명사 which 또는 that이 생략된 형태이다. mentioned의 목적어가 비어 있으므로 문법적으로 적절하다. 따라서 밑줄 친 부분은 올바르게 쓰였다.

지문해석

내가 대화를 나눈 교수님은 내 연구 보고서에 도움이 될 만한 여러 책을 추천해 주었다. 그녀는 1차 자료에 집중할 것을 제안했는데, 이는 2차 자료보다 더 많은 정보를 제공하는 경우가 많다. 이 전략은 과거 많은 학생들에게 효과가 입증된 방법이다. 그녀의 조언을 따라, 나는 그녀가 언급한 자료들을 찾기 위해 특수 소장 도서관을 방문했다.

28 정답 ③　　　　　　　　　　　　　　난이도 ▉▉▮▮

정답 해설

③ **적중 포인트 085** 유사관계대명사 as, but, than ★★★
부정어를 포함한 명사(few 명사)를 선행사로 쓸 때 유사관계대명사로 but을 잘 쓴다. 유사관계대명사 but은 부정의 의미를 포함하고 있으므로 뒤에 부정 표현을 쓰지 않고 뒤에는 주어나 목적어가 없는 불완전 구조를 취해야 한다. 따라서 밑줄 친 부분에 들어갈 말로 가장 적절한 것은 ③이다.

지문해석

기꺼이 자신의 실수를 인정하는 사람은 거의 없으며, 설령 그렇게 하는 것이 다른 사람들 앞에서 어리석게 보일지라도 마찬가지다.

29 정답 ①　　　　　　　　　　　　　　난이도 ▉▮▮▮

정답 해설

① **적중 포인트 088** 전치사와 명사 목적어 ★★★
전치사 for 뒤에는 동사원형(carry)을 사용할 수 없으며, 명사나 동명사가 와야 한다. 따라서 밑줄 친 부분의 carry를 carrying으로 고쳐야 한다.

오답 해설

② **적중 포인트 051** 동명사의 명사 역할 ★★★★★
'동사원형＋ing' 구조가 나온다면 주어 역할을 하는 동명사이다. 따라서 밑줄 친 부분은 올바르게 쓰였다.

③ **적중 포인트 061** to부정사의 형용사적 역할 ★★
to help는 형용사 willing을 수식하는 부사적 용법으로 사용되었으며, willing to help 전체가 앞의 명사 people을 수식하고 있다. 따라서 밑줄 친 부분은 올바르게 쓰였다.

④ **적중 포인트 088** 전치사와 명사 목적어 ★★★
전치사 from 뒤에 동명사를 목적어로 취할 수 있다. 따라서 밑줄 친 부분은 올바르게 쓰였다.

지문해석

그 커뮤니티 센터는 방과 후 학습 지도에서 주말 스포츠 리그에 이르기까지 다양한 프로그램을 수행하는 데 자원봉사자들에게 크게 의존하고 있다. 그들의 헌신이 없었다면 이런 서비스를 제공하는 것은 불가능했을 것이다. 센터는 프로그램 수요가 계속 증가함에 따라 도와줄 의향이 있는 사람들을 항상 찾고 있다. 참여하는 사람들은 종종 이웃의 복지를 증진하고 공동체 유대감을 강화하는 데 기여함으로써 얻는 큰 만족감에 대해 이야기한다.

30 정답 ④　　　　　　　　　　　　　　난이도 ▉▮▮▮

정답 해설

④ **적중 포인트 093** 원급, 비교급, 최상급 강조 부사 ★★
비교급(more effective)을 수식하는 부사 자리에는 very를 사용할 수 없다. '훨씬'이라는 의미를 더할 때는 much, even, far, still, a lot 등으로 고쳐야 한다.

오답 해설

① **적중 포인트 093** 원급, 비교급, 최상급 강조 부사 ★★
비교급(more important)을 강조하는 부사 even은 쓸 수 있다. 따라서 밑줄 친 부분은 올바르게 쓰였다.

② **적중 포인트 032** **의미와 구조에 주의해야 할 타동사 ★★**

준사역동사 help는 목적격 보어로 to부정사 또는 원형부정사를 모두 취할 수 있다. 따라서 밑줄 친 부분은 올바르게 쓰였다.

③ **적중 포인트 056** **여러 가지 분사구문 ★★★★★**

접속사 when 뒤에 주어와 be동사가 생략된 분사구문이다. 주어인 history가 '보여지는' 수동의 대상이므로, 과거분사로 써야 한다. 따라서 밑줄 친 부분은 올바르게 쓰였다.

지문해석

교수님은 역사적 맥락을 이해하는 것이 단순히 날짜와 사건을 암기하는 것보다 훨씬 더 중요하다고 설명했다. 이 접근법은 학생들이 과거의 복잡성을 이해하고 현재와 관련된 연결점을 도출하는 데 도움을 준다. 그는 역사를 이러한 관점에서 바라볼 때, 그것이 단순한 사실의 정적인 집합이 아니라 역동적이고 흥미로운 과목이 된다고 주장했다. 이 교수법은 학생들의 비판적 사고 능력을 함양하는 데 매우 효과적임이 입증되었다.

02 문법 실력 강화 연습문제 정답 및 해설

연계교재 – 『단판승 문법 적중 포인트 100』

02

Answer

01 ②	02 ③	03 ③	04 ③	05 ③
06 ①	07 ①	08 ①	09 ③	10 ③
11 ④	12 ②	13 ①	14 ③	15 ③
16 ③	17 ③	18 ③	19 ④	20 ③
21 ③	22 ③	23 ②	24 ①	25 ③
26 ④	27 ③	28 ④	29 ②	30 ①

---

01 정답 ②

난이도

정답 해설

② 적중 포인트 001 **문장의 구성요소** ★★★★

이 문장의 주어는 The renowned scientist인데, 현재 문장에서는 이에 대응하는 본동사가 없다. publishing은 준동사인 분사이므로 문장의 본동사가 될 수 없다. 문맥상 사건이 과거에 일어난 일이므로, publishing을 과거 시제 동사인 published로 고쳐야 한다.

오답 해설

① 적중 포인트 088 **전치사와 명사 목적어** ★★★

전치사 after 뒤에는 목적어로 동명사구를 취할 수 있다. 따라서 밑줄 친 부분은 올바르게 쓰였다.

③ 적중 포인트 082 **관계대명사의 선행사와 문장 구조** ★★★★

선행사 a paper를 받는 주격 관계대명사로 뒤에 불완전 구조를 취하고 있다. 따라서 밑줄 친 부분은 올바르게 쓰였다.

④ 적중 포인트 010 **격에 따른 인칭대명사** ★★

문장에서 a new framework를 가리키는 소유격 대명사는 its가 적절하다. 따라서 밑줄 친 부분은 올바르게 쓰였다.

지문해석

그 저명한 과학자는 수개월 동안 데이터를 분석한 끝에 마침내 오랫동안 유지되어 온 이론들에 도전하는 논문을 발표했다. 그 논문은 상당한 논쟁을 불러일으켰으며, 새로운 틀을 제시하고 주제에 대한 혁신적인 접근법으로 찬사를 받고 있다.

02 정답 ③

난이도

정답 해설

③ 적중 포인트 005 **단어의 8품사** ★★★★

조동사 must 뒤에는 동사원형이 와야 한다. 따라서 밑줄 친 부분의 명사 creation을 동사원형 create로 고쳐야 한다.

오답 해설

① 적중 포인트 054 **분사 판별법 [현재분사 VS 과거분사]** ★★★★★

workshops and practical sessions를 수식하는 과거분사로, '설계된'이라는 수동의 의미를 가진다. 따라서 밑줄 친 부분은 올바르게 쓰였다.

② 적중 포인트 001 **문장의 구성요소와 8품사** ★★★★

상태유지 동사인 remains의 주격 보어 자리에는 형용사와 명사를 취할 수 있다. 따라서 밑줄 친 부분은 올바르게 쓰였다.

④ 적중 포인트 035 **미래를 대신하는 현재시제** ★★★★

주절의 동사 is believed에 이어지는 that절에서 미래의 결과를 나타내므로, 미래 시제 조동사가 쓰였다. 따라서 밑줄 친 부분은 올바르게 쓰였다.

지문해석

그 종합 프로그램은 우리 회사의 독점 소프트웨어를 실제로 다뤄볼 수 있는 중요한 실습 경험을 제공하기 위해 고안된 일련의 워크숍과 매우 실용적인 세션들을 포함하고 있다. 그러나 가장 큰 과제는 집중적인 2주 과정 내내 참가자들의 지속적인 동기를 유지하는 것이다. 이를 해결하기 위해 강사들은 자료를 명확히 제시할 뿐만 아니라, 매력적이고 지지적인 학습 환경을 만들어야 한다. 이러한 접근 방식은 학습 내용의 더 높은 유지율과 더 나은 현장 업무 성과로 이어질 것이라고 믿어진다.

03 정답 ③

난이도

정답 해설

③ 적중 포인트 012 **지시대명사 this와 that** ★★★★

비교 구문에서 앞에 나온 명사의 반복을 피하기 위해 지시대명사 that이나 those를 사용한다. 수식받는 명사(the nutritional value)가 단수이므로 단수형 지시대명사 that을 써야 한다. 따라서 밑줄 친 부분에 들어갈 말로 가장 적절한 것은 ③이다.

지문해석

지역에서 재배된 농산물의 영양 가치는, 장거리 운송된 농산물보다 종종 더 높다. 왜냐하면 장거리 운송 과정에서 비타민과 미네랄이 손실될 수 있기 때문이다.

04 정답 ③

난이도 |||||

정답해설

③ 적중 포인트 019 주어만 있으면 완전한 1형식 자동사 ★★★

agree는 자동사로서 단독으로는 명사 목적어를 취할 수 없다. 문맥상 전치사 with와 함께 사용되어 '~에 동의하다'라는 의미를 나타내며, with 뒤에 목적어가 올 수 있다. 따라서 밑줄 친부분의 the importance를 with the importance로 고쳐야 한다.

오답해설

① 적중 포인트 021 전치사가 필요 없는 대표 3형식 타동사 ★★★★

discuss는 '~에 대해 논의하다'라는 의미의 3형식 타동사로, 전치사 없이 목적어를 바로 취할 수 있다. 따라서 밑줄 친 부분은 올바르게 쓰였다.

② 적중 포인트 082 관계대명사의 선행사와 문장 구조 ★★★★

관계대명사 that은 선행사 A key proposal을 수식하며, 뒤에 목적어가 없는 불완전 구조를 취하고 있다. 따라서 밑줄 친 부분은 올바르게 쓰였다.

④ 적중 포인트 019 주어만 있으면 완전한 1형식 자동사 ★★★

depend on은 '~에 달려 있다'라는 의미의 1형식 자동사 구문으로, 수동태로 쓸 수 없다. 또한 조동사 뒤에 동사원형으로 잘 쓰였다. 따라서 밑줄 친 부분은 올바르게 쓰였다.

지문해석

시의회 회의에서는 새로운 공공 도서관 건립을 포함해 여러 가지 사안들을 논의하였다. 시민 단체에서 제안한 핵심 안건은 도시 지역 내에 더 많은 녹지 공간을 조성하는 데 초점을 맞추었다. 많은 참석자들은 이 계획의 중요성에 동의하였다. 시장은 철저한 검토 후 최종 결정이 내려질 것이며, 진전 상황은 자금 확보 여부에 달려 있을 것이라고 말하며 회의를 마무리했다.

05 정답 ③

난이도 |||||

정답해설

③ 적중 포인트 020 주격 보어가 필요한 2형식 자동사 ★★★

feel은 2형식 감각 동사로, 주격 보어 자리에 형용사를 취한다. and로 연결된 병렬 구조를 고려할 때, clean과 마찬가지로 형용사가 와야 한다. 따라서 밑줄 친 부분의 부사 crisply를 형용사 crisp로 고쳐야 한다.

오답해설

① 적중 포인트 020 주격 보어가 필요한 2형식 자동사 ★★★

taste는 2형식 감각 동사로, 주격 보어 자리에 형용사를 취한다. 따라서 밑줄 친 부분은 올바르게 쓰였다.

② 적중 포인트 055 감정 분사와 분사형 형용사 ★★★★★

breathtaking은 '숨 막히게 하는'이라는 의미의 분사형 형용사로, 주어 The view가 그러한 감정을 유발하므로 현재분사가 쓰였다. 따라서 밑줄 친 부분은 올바르게 쓰였다.

④ 적중 포인트 056 여러 가지 분사구문 ★★★★★

주절의 상황에 이어지는 부수적 결과를 나타내는 분사구문이다. 원문 and it made ~에서 접속사와 주어를 생략하고 동사를 현재분사로 적절하게 바꿨다. 따라서 밑줄 친 부분은 올바르게 쓰였다.

지문해석

오랜 산행 후에, 샘에서 나온 시원한 물은 정말 훌륭한 맛이 났다. 산 꼭대기에서 바라본 풍경은 숨이 멎을 만큼 아름다웠고, 공기는 상쾌하고 깨끗하게 느껴졌다. 해가 지기 시작하자, 하늘은 아름다운 주황빛으로 물들어 온 경치를 더욱 장관으로 보이게 했다.

06 정답 ①

난이도 |||||

정답해설

① 적중 포인트 027 5형식 지각동사의 목적격 보어 ★★★★★

지각동사 hear의 목적어와 목적격 보어의 관계가 능동일 경우, 목적격 보어 자리에는 동사원형 또는 현재분사를 사용해야 한다. 문맥상 시위자들이 직접 외치는 능동 의미를 나타내므로, 밑줄 친 부분에 들어갈 말로 가장 적절한 것은 ①이다.

지문해석

창문에서 나는 시위자들이 대규모로 조직된 집회에서 주장을 위해 구호를 외치며 대로를 행진하는 소리를 분명히 들을 수 있었다.

07 정답 ①

난이도 |||||

정답해설

① 적중 포인트 034 완료시제와 잘 쓰이는 시간 부사 ★★★

주절의 동사가 'reported'로 과거 시제이므로, 종속절에서 팀이 지칠 줄 모르고 일한 것은 보고한 시점보다 더 이전에 일어난 일이다. 과거보다 더 과거에 발생한 일은 had p.p로 쓴다. 따라서 밑줄 친 부분의 has worked를 had worked로 고쳐야 한다.

오답해설

② 적중 포인트 019 주어만 있으면 완전한 1형식 자동사 ★★★

occur(발생하다)는 1형식 자동사로, 수동태로 쓸 수 없다. 또한 사건이 과거에 일어났음을 나타내므로, 과거 시제로 써야 한다. 따라서 밑줄 친 부분은 올바르게 쓰였다.

③ 적중 포인트 083 「전치사+관계대명사」 완전 구조 ★★★★

선행사 witnesses(목격자들)를 받는 목적격 관계대명사 whom 앞에 all of가 붙어, 전체를 지칭하는 형태로 쓰였다. 따라서 밑줄 친 부분은 올바르게 쓰였다

④ 적중 포인트 033 과거 시간을 나타내는 부사와 과거시제 ★★★

문맥상 범죄가 발생한 명확한 과거 시점을 나타내므로, 과거 시제 동사로 써야 한다. 따라서 밑줄 친 부분은 올바르게 쓰였다.

지문해석

그 형사는 그의 팀이 사건이 발생한 이후로 그 사건에 매달려 쉼 없이 일해 왔다고 보고했다. 그들은 수 시간에 달하는 보안 영상을 검토하고 여러 목격자들을 면담했으며, 그들 모두는 사건에 대해 비슷한 진술을 제공했다. 곧 주요 용의자가 범행 며칠 뒤에 나라를 떠났다는 것이 분명해졌다.

지문해석

이 새로운 소프트웨어는 복잡한 알고리즘뿐만 아니라 사용자 인터페이스까지도 초보자에게 직관적이 되도록 설계되었다.

---

08 정답 ①　　난이도 ▉▉▉▯

정답 해설

① 적중 포인트 039 **현재시제 동사와 be동사의 수 일치** ★★★

what이 이끄는 명사절(What the researchers discovered…)이 문장의 주어일 경우 단수 취급한다. 따라서 밑줄 친 부분의 복수 동사 were을 단수 동사 was로 고쳐야 한다.

오답 해설

② 적중 포인트 054 **분사 판별법 [현재분사 VS 과거분사]** ★★★

consist of는 '~로 구성되다'라는 의미의 자동사구로, 앞의 명사 The team을 수식하는 현재분사로 쓰였다. 따라서 밑줄 친 부분은 올바르게 쓰였다.

③ 적중 포인트 079 **명사절 접속사의 구분과 특징** ★★★

explain의 목적어 역할을 하는 명사절을 이끄는 접속사 that은 뒤에 완전한 문장 구조를 취한다. 따라서 밑줄 친 부분은 올바르게 쓰였다.

④ 적중 포인트 039 **현재시제 동사와 be동사의 수 일치** ★★★

문장의 주어(the initial results)가 복수형이므로, 동사도 복수 형태로 써야 한다. 따라서 밑줄 친 부분은 올바르게 쓰였다.

지문해석

연구자들이 광범위한 실험을 통해 발견한 것은 그 새로운 화합물이 놀라운 치유 효과를 가지고 있다는 사실이었다. 수년간의 헌신적인 연구의 결과인 이 획기적인 발견은 현대 의학을 혁신할 것으로 기대된다. 전 세계의 과학자들로 이루어진 연구팀은 그들의 발견을 권위 있는 과학 저널에 발표했다. 그들은 화합물의 잠재력을 완전히 이해하기 위해서는 추가 연구가 필요하다고 설명했다. 그러나 초기 결과는 매우 유망하다.

---

10 정답 ③　　난이도 ▉▉▉▯

정답 해설

③ 적중 포인트 041 **부분을 나타내는 명사와 수 일치** ★★★★

'some of'와 같은 부분을 나타내는 명사가 나오면 of 뒤에 명사를 확인하고 동사와 수 일치시켜야 한다. 여기서 of 뒤의 명사인 feedback은 셀 수 없는 명사로 단수 취급한다. 따라서 밑줄 친 부분의 indicate를 indicates로 고쳐야 한다.

오답 해설

① 적중 포인트 041 **부분을 나타내는 명사와 수 일치** ★★★★

'portion of'와 같은 부분을 나타내는 명사가 나오면 of 뒤에 명사를 확인하고 동사와 수 일치시켜야 한다. 여기서 of 뒤의 명사인 profit은 단수형이므로 단수 동사로 써야 한다. 따라서 밑줄 친 부분은 올바르게 쓰였다.

② 적중 포인트 080 **부사절 접속사의 구분과 특징** ★★★

문장에 주어와 동사가 각각 2개씩 있으므로, 동사를 포함한 절을 이끌 수 있는 접속사가 필요하다. 따라서 밑줄 친 부분은 올바르게 쓰였다.

④ 적중 포인트 012 **지시대명사 this와 that** ★★★★

가까이 있는 명사를 지칭할 때, 복수 명사(issues)인 경우 these로 받아야 한다. 따라서 밑줄 친 부분은 올바르게 쓰였다.

지문해석

연례 재무 보고서에 따르면, 지난해 회사 수익의 상당 부분이 해외 사업에서 비롯되었다. 지난 분기에 채용된 신입 직원 대부분은 해당 분야에서 고급 학위를 보유하고 있지만, 보고서는 일부 고객으로부터 받은 초기 피드백이 개선된 고객 서비스 절차가 필요함을 분명히 보여준다고도 지적한다. 경영진은 다가오는 전략 회의에서 이러한 문제들을 신속히 다룰 것으로 예상되며, 이는 고객 만족도를 높이고 시장에서 경쟁 우위를 유지하기 위한 것이다.

---

09 정답 ③　　난이도 ▉▉▉▯

정답 해설

③ 적중 포인트 040 **상관접속사와 수 일치** ★★★

'not only A but also B' 구문이 주어로 쓰일 때 동사는 B에 수 일치시킨다. 이 문장에서는 B에 해당하는 the complex algorithms가 복수형이므로 동사도 복수 형태로 써야 한다. 또한 문맥상 완료시제를 나타내는 시간 부사(over 기간)가 있고 소프트웨어가 이미 설계된 상태를 나타내므로 현재완료로 쓰는 것이 자연스럽다. 따라서 밑줄 친 부분에 들어갈 말로 가장 적절한 것은 ③이다.

---

11 정답 ④　　난이도 ▉▉▉▯

정답 해설

④ 적중 포인트 051 **동명사의 명사 역할** ★★★★★

동사 avoid는 동명사를 목적어로 취하는 특정 타동사이다. 따라서 밑줄 친 부분의 to draw를 drawing으로 고쳐야 한다.

① **적중 포인트 044** 주어 자리에서 반드시 단수
또는 복수 취급하는 특정 표현★★★

statistics는 의미에 따라 단수 또는 복수 동사와 수 일치시켜야 한다. 문맥상 데이터의 경향을 보여주는 학문 분야인 '통계학'을 의미하므로 단수 동사로 써야 한다. 따라서 밑줄 친 부분은 올바르게 쓰였다.

② **적중 포인트 011** 재귀대명사의 2가지 용법 ★

재귀대명사는 주어를 강조하는 역할을 한다. 주어가 복수형이므로, 복수형 재귀대명사 themselves가 쓰였다. 따라서 밑줄 친 부분은 올바르게 쓰였다.

③ **적중 포인트 066** 조동사 should의 3가지 용법과 생략 구조
★★★★★

'필수적인'이라는 의미의 이성적 판단 형용사 vital 뒤의 that절에서는 동사를 '(should)+동사원형'으로 써야 한다. 따라서 밑줄 친 부분은 올바르게 쓰였다.

지문해석

통계학은 데이터의 경향을 보여주지만, 원시 자료 자체는 적절한 맥락 없이 보면 오해를 불러일으킬 수 있다. 연구자가 자료를 분석할 때는 편향된 결론을 도출하지 않기 위해 객관적이어야 하는 것이 매우 중요하다.

---

12 정답 ② 난이도 ▮▮▮▯

정답 해설

② **적중 포인트 045** 능동태와 수동태의 차이 ★★★

주어인 the new streamlined policies는 정책을 시행하는 주체가 아니라 시행되는 대상이므로, 수동태를 써야 한다. 따라서 밑줄 친 부분에 들어갈 말로 가장 적절한 것은 ②이다.

지문해석

새로 간소화된 정책이 지난 분기부터 시행된 이후로, 직원들의 사기와 부서 간 전반적인 생산성이 눈에 띄게 향상되었다.

---

13 정답 ① 난이도 ▮▮▮▮

정답 해설

① **적중 포인트 054** 분사 판별법[현재분사 VS 과거분사] ★★★★★

문맥상 일기가 숨는 능동의 의미는 어색하므로 현재분사로는 쓸 수 없다. 명사를 수식하며 '숨겨진, 숨은, 비밀의'의 의미를 나타낼 때는 분사형 형용사 hidden으로 써야 한다. 따라서 밑줄 친 부분의 hiding을 hidden으로 고쳐야 한다.

② **적중 포인트 056** 여러 가지 분사구문 ★★★★★

주어 they가 구석구석을 조사하는 동작을 동시적으로 나타내는 분사구문으로, 현재분사가 적절하다. 따라서 밑줄 친 부분은 올바르게 쓰였다.

③ **적중 포인트 080** 부사절 접속사의 구분과 특징 ★★★

문장에 주어와 동사가 각각 2개씩 있으므로, 동사를 포함한 절을 이끌 수 있는 접속사가 필요하다. 문맥상 '비록 ~이지만'이라는 양보의 의미를 나타내는 접속사 although가 적절하다. 따라서 밑줄 친 부분은 올바르게 쓰였다.

④ **적중 포인트 028** 분사를 목적격 보어로 취하는 5형식 동사 ★★★

5형식 동사 keep은 목적어와 목적격 보어의 관계가 수동이면 목적격 보어 자리에 과거분사를 써야 한다. 문맥상 그들을 동기부여하게 만드는 수동의 의미를 나타내므로 과거분사로 써야 한다. 따라서 밑줄 친 부분은 올바르게 쓰였다.

지문해석

오래된 저택이 팔린 후, 새 주인들은 숨겨진 일기를 발견했다. 마지막 기록은 수수께끼 같았으며, 저택 어딘가에 보물이 여전히 숨겨져 있다고 언급되어 있었다. 그들은 몇 주 동안 집안 구석구석을 조사하며 수색했다. 아무것도 발견하지 못하고 먼지와 거미줄만 있었지만, 그들은 희망을 포기하지 않았다. 일기의 미스터리가 그들을 계속 동기부여하게 했다.

---

14 정답 ③ 난이도 ▮▮▮▯

정답 해설

③ **적중 포인트 048** 4형식 수여동사의 수동태 구조 ★★★

4형식 동사 award의 수동태에서 직접목적어가 주어로 쓰일 경우 간접목적어를 나타낼 때 전치사 to를 사용해야 한다. 따라서 밑줄 친 부분의 for를 to로 고쳐야 한다.

① **적중 포인트 010** 격에 따른 인칭 대명사 ★★

주어가 to부정사, 동명사, 명사절로 길어질 때는 긴 주어를 뒤로 보내고 가주어 it을 주어 자리에 쓴다. 따라서 밑줄 친 부분은 올바르게 쓰였다.

② **적중 포인트 082** 관계대명사의 선행사와 문장 구조 ★★★★

선행사 The old building을 부연 설명하는 계속적 용법의 주격 관계대명사 which가 쓰였고, 뒤에 불완전 구조를 취하고 있다. 따라서 밑줄 친 부분은 올바르게 쓰였다.

④ **적중 포인트 087** 관계사, 의문사, 복합관계사의 구분 ★★

no matter how는 however와 유사한 의미를 지닌 복합관계부사로, '아무리 ~하더라도'라는 양보의 부사절을 이끌며, 뒤에 완전 구조를 취할 수 있다. 또한 no matter how와 however 뒤에는 형용사와 같이 쓰일 수 있다. 따라서 밑줄 친 부분은 올바르게 쓰였다.

02

지문해석

학생들에게 표절이 심각한 학문적 위반이며 심각한 결과를 초래할 수 있다는 것을 이해하는 것이 중요하다. 오랫동안 비어 있던 오래된 건물은 새 커뮤니티 공원을 조성하기 위해 다음 달에 마침내 철거될 예정이다. 수많은 면접과 시험을 포함한 엄격한 선발 과정을 거쳐, 권위 있는 장학금은 마침내 학과 전체에서 가장 뛰어난 학생에게 수여되었다. 그는 자신의 업무로 아무리 바쁘더라도 항상 다른 사람을 도우려는 유형의 사람이다.

15 정답 ③

난이도 ▮▮▯▯

정답 해설

③ 적중 포인트 051 동명사의 명사 역할 ★★★★★
'주장하다'라는 의미를 가진 insist on은 동명사를 목적어로 취하는 특정 타동사이다. 따라서 밑줄 친 부분에 들어갈 말로 가장 적절한 것은 ③이다.

지문해석

관리자는 새로운 기계를 연수생들이 사용하기 전에 모든 안전 절차를 검토할 것을 주장했다.

16 정답 ③

난이도 ▮▮▯▯

정답 해설

③ 적중 포인트 054 분사 판별법 [현재분사 VS 과거분사] ★★★★★
앞의 명사 the features를 수식하는 분사 자리이다. 이 특징들은 분석을 위해 '요구되는' 것이므로, 수동의 의미를 가진 과거분사로 써야 한다. 따라서 밑줄 친 부분의 requiring을 required로 고쳐야 한다.

오답 해설

① 적중 포인트 041 부분을 나타내는 명사와 수 일치 ★★★★
부분을 나타내는 명사가 나오면 of 뒤에 명사를 확인해서 동사와 수 일치한다. 뒤에 명사(the accounting software)가 단수형이므로 동사도 단수 형태로 써야 한다. 따라서 밑줄 친 부분은 올바르게 쓰였다.

② 적중 포인트 010 격에 따른 인칭대명사 ★★
문맥상 앞 문장에서 언급된 the accounting software를 가리키므로 단수 대명사 it으로 받아야 한다. 따라서 밑줄 친 부분은 올바르게 쓰였다.

④ 적중 포인트 084 관계대명사 주의 사항 ★★★
주격 관계대명사 뒤에 동사는 선행사와 수 일치 한다. 선행사(the features)가 복수형이므로 동사는 복수 동사로 써야 한다. 따라서 밑줄 친 부분은 올바르게 쓰였다.

지문해석

최근 감사 결과, 회사에서 사용 중인 회계 소프트웨어 대부분이 오래되어 보안 위협에 취약하다는 것이 드러났다. 비록 기본적인 업무에는 여전히 기능을 발휘하지만, 복잡한 재무 분석에 필요한 기능이 부족하여 회사에 상당한 위험을 초래한다.

17 정답 ③

난이도 ▮▮▮▯

정답 해설

③ 적중 포인트 054 분사 판별법 [현재분사 VS 과거분사] ★★★★★
분사의 수식을 받는 명사(The dish)가 문맥상 요리가 '제공된' 상태를 말하려는 수동 의미이므로 과거 분사로 써야 한다. 따라서 밑줄 친 부분의 serving을 served로 고쳐야 한다.

오답 해설

① 적중 포인트 054 분사 판별법 [현재분사 VS 과거분사] ★★★★★
주절의 주어인 The chef가 채소를 '써는' 능동의 의미를 나타내므로 현재분사로 써야 한다. 따라서 밑줄 친 부분은 올바르게 쓰였다.

② 적중 포인트 083 「전치사＋관계대명사」 완전 구조 ★★★
'the recipe for the dish'라는 의미를 전달하기 위해 전치사 for가 쓰였고, '전치사＋관계대명사' 뒤에 완전한 구조를 취하고 있다. 따라서 밑줄 친 부분은 올바르게 쓰였다.

④ 적중 포인트 067 주의해야 할 조동사와 조동사 관용 표현 ★★★
과거의 일에 대한 후회나 유감을 나타내는 '~했어야 했다'라는 의미를 나타낼 때는 'should have p.p.'로 써야 한다. 따라서 밑줄 친 부분은 올바르게 쓰였다.

지문해석

요리사는 재료를 매우 신중하게 준비하며, 채소를 정밀하게 썰었다. 메인 요리는 복잡한 요리였으며, 그 요리법은 그가 수개월 동안 완벽하게 다듬은 것이었다. 그 요리는 희귀한 소스와 함께 제공되었고, 많은 평론가들로부터 혁신적인 맛과 정교한 플레이팅을 칭찬받았다. 하지만 그는 조리보조들을 더 많이 훈련시켰어야 했다고 인정했는데, 작은 실수 하나가 가장 바쁜 서비스 시간을 거의 망칠 뻔했기 때문이다.

18 정답 ③

난이도 ▮▮▮▯

정답 해설

③ 적중 포인트 056 여러 가지 분사구문 ★★★
주절의 주어인 the planet Mars는 망원경을 통해 '보여지는' 대상이므로, 수동 의미를 가진 과거분사로 분사구문을 시작하는 것이 자연스럽다. 해당 문장에서는 Being Seen에서 Being이 생략된 형태로 쓰였다. 따라서 밑줄 친 부분에 들어갈 말로 가장 적절한 것은 ③이다.

망원경을 통해 먼 거리에서 보면, 화성은 붉은 점처럼 보이며, 그 표면 세부 사항은 우주의 광대함 때문에 가려진다.

---

19 정답 ④   난이도 ▮▮▯

정답 해설

④ 적중 포인트 058 **분사를 활용한 표현 및 구문** ★★★★

문장에 이미 주절의 동사(were)가 있으므로 접속사 없이 inspired를 그대로 쓸 수 없다. '자신감을 불어넣으면서'라는 동시 동작을 나타내려면 분사구문으로 쓰고 뒤에 목적어를 취하고 있으므로 현재분사로 써야 한다. 따라서 밑줄 친 부분의 inspired를 inspiring으로 고쳐야 한다.

오답 해설

① 적중 포인트 056 **여러 가지 분사구문** ★★★★★

CEO가 '개요를 설명하면서'라는 능동적·동시적 행위를 나타내므로, 현재분사로 써야 한다. 따라서 밑줄 친 부분은 올바르게 쓰였다.

② 적중 포인트 058 **분사를 활용한 표현 및 구문** ★★★★

'with+명사+분사' 구문에서, 명사(his presentation)가 화면에 '보여지는' 수동의 의미를 가지므로 과거분사로 써야 한다. 따라서 밑줄 친 부분은 올바르게 쓰였다.

③ 적중 포인트 042 **A and B와 수 일치** ★

문장의 주어가 'His clear vision and passion'으로 A and B는 원칙적으로 복수 취급해서 복수 동사와 수 일치시켜야 한다. 따라서 밑줄 친 부분은 올바르게 쓰였다.

지문해석

CEO는 주주들에게 연설하면서 향후 5년간 회사의 전략적 목표를 개략적으로 설명했다. 그는 연단에 자신 있게 서 있었고, 그의 프레젠테이션은 뒤에 있는 대형 스크린에 표시되어 있었다. 그는 최근의 어려움을 극복하는 방법에 대해 이야기하며 혁신의 중요성을 강조했다. 그의 명확한 비전과 열정이 회의실의 모든 사람에게 분명히 드러났으며, 회사의 미래에 대한 신뢰를 불러일으켰다.

---

20 정답 ③   난이도 ▮▮▮

정답 해설

③ 적중 포인트 060 **to부정사의 명사적 역할** ★★★★

동사 afford는 목적어로 동명사가 아닌 to부정사를 취한다. 따라서 밑줄 친 부분의 wasting을 to waste로 고쳐야 한다.

오답 해설

① 적중 포인트 049 **5형식 동사의 수동태 구조** ★★★★

5형식 동사 force는 수동태가 되면 목적격 보어인 to부정사가 그대로 쓰인다. 따라서 밑줄 친 부분은 올바르게 쓰였다.

② 적중 포인트 049 **5형식 동사의 수동태 구조** ★★★★

5형식 동사 tell은 수동태가 되면 목적격 보어인 to부정사가 그대로 쓰인다. 따라서 밑줄 친 부분은 올바르게 쓰였다.

④ 적중 포인트 082 **관계대명사의 선행사와 문장 구조** ★★★★

앞선 절의 내용(the community worked together)을 선행사로 받는 계속적 용법의 관계대명사 which는 적절하다. 따라서 밑줄 친 부분은 올바르게 쓰였다.

지문해석

그 도시는 심각한 가뭄 동안 물 배급을 시행할 수밖에 없었다. 주민들에게 가능한 한 물을 절약하라는 안내가 있었고, 야외에서의 물 사용에는 제한이 적용되었다. 상황이 너무 심각하여 시장은 '한 방울도 낭비할 수 없다'고 발표했다. 모두에게 어려운 시기였지만, 지역 사회가 함께 협력하여 궁극적으로 도시가 위기를 극복하는 데 도움이 되었다.

---

21 정답 ③   난이도 ▮▮▯

정답 해설

③ 적중 포인트 027 **5형식 지각동사의 목적격 보어** ★★★★★

observe는 5형식 지각동사로, 목적어와 목적격 보어의 관계가 능동일 때 목적격 보어 자리에 원형부정사 또는 현재분사를 쓸 수 있다. 문맥상 용의자가 만지작거리는 행동을 하는 능동의 의미를 나타내므로 밑줄 친 부분에 들어갈 말로 가장 적절한 것은 ③이다.

지문해석

형사는 용의자가 심문이 시작되기를 기다리면서 열쇠를 가지고 초조하게 손을 만지작거리는 것을 관찰했고, 이것은 그의 불안에 대한 그녀의 의심을 확신하게 했다.

---

22 정답 ③   난이도 ▮▮▯

정답 해설

③ 적중 포인트 065 **조동사 뒤의 동사원형과 조동사의 부정형** ★

조동사 must 뒤에는 to부정사가 아닌 동사원형이 와야 한다. 따라서 밑줄 친 부분의 to weigh를 weigh로 고쳐야 한다.

오답 해설

① 적중 포인트 063 **to부정사의 동사적 성질** ★★★★

to부정사는 부사의 수식을 받는다. 따라서 밑줄 친 부분은 올바르게 쓰였다.

② 적중 포인트 054 **분사 판별법 [현재분사 VS 과거분사]** ★★★★★

consisting of는 앞의 명사 The proposed new system을 수식하는 현재분사로, '~으로 구성된'이라는 능동의 의미를 가진다. 따라서 밑줄 친 부분은 올바르게 쓰였다.

④ 적중 포인트 045 **능동태와 수동태의 차이** ★★★★★
주어 a final decision은 결정되는 대상이며, 뒤에 목적어를 취하지 않고 있으므로 수동태로 써야 한다. 따라서 밑줄 친 부분은 올바르게 쓰였다.

지문해석

한 제안은 새로운 대중교통 시스템을 도입하는 것과 관련이 있으며, 이는 도로 위 개인 차량 수를 크게 줄일 것으로 기대된다. 제안된 새로운 시스템은 전기 버스와 확장된 지하철 노선으로 구성되며, 현재의 기반 시설보다 환경 친화적일 것이다. 그러나 시민들은 이 야심찬 프로젝트의 상당한 초기 비용을 장기적인 잠재적 이익과 비교해 신중히 평가해야 한다. 시의회는 광범위한 공청회 없이 최종 결정을 내리지 않겠다고 약속했다.

---

23 정답 ②

난이도 ▮▮▮▯

정답 해설

② 적중 포인트 068 **부정부사와 도치 구문** ★★★★★
부정부사 never가 문장 처음에 나왔으므로, '조동사＋주어'의 도치 구조를 취한다. 따라서 밑줄 친 부분의 he had faced를 had he faced로 고쳐야 한다.

오답 해설

① 적중 포인트 058 **분사를 활용한 표현 및 구문** ★★★★
'with＋명사＋분사' 구문으로 그의 손이 키를 '꽉 붙잡은' 상태를 나타내므로, 수동 의미의 과거분사로 써야 한다. 따라서 밑줄 친 부분은 올바르게 쓰였다.

③ 적중 포인트 056 **여러 가지 분사구문** ★★★★★
주절의 내용을 보충 설명하는 분사구문으로, 바다의 이치를 '배우면서'라는 능동 의미를 나타내며 뒤에 목적어를 취하고 있으므로 현재분사로 써야 한다. 따라서 밑줄 친 부분은 올바르게 쓰였다.

④ 적중 포인트 062 **to부정사의 부사적 역할** ★★
'결국 ～하게 되다'는 예상 밖의 결과를 나타내는 부사적 용법의 'only to 부정사' 구문으로 쓰였다. 따라서 밑줄 친 부분은 올바르게 쓰였다.

지문해석

그 경험 많은 선원은 폭풍 속에서 키를 꽉 붙잡은 채 배를 조종했다. 그는 수십 년 동안 이 바다를 항해했지만, 이처럼 거대한 폭풍을 맞이한 적은 한 번도 없었다. 그는 작은 해안 마을에서 자라며 아버지에게 바다의 길을 배웠다. 그는 젊은 시절 집을 떠났다가, 수많은 모험 이야기를 안고 수년 후 숙련된 선장으로 돌아왔다.

---

24 정답 ①

난이도 ▮▮▮▮

정답 해설

① 적중 포인트 069 **다양한 도치 구문** ★★★★
so를 포함한 도치 구문으로 앞선 문장이 긍정의 내용에 해당한다. and so 뒤로 '조동사＋주어'의 도치 구조를 취한다. 따라서 밑줄 친 부분에 들어갈 말로 가장 적절한 것은 ①이다.

지문해석

그의 공연은 뛰어났고, 공연에 참석한 다른 모든 사람들도 마찬가지였으며, 모두가 그의 재능과 무대 장악력에 매료되었다.

---

25 정답 ③

난이도 ▮▮▮▯

정답 해설

③ 적중 포인트 075 **혼합 가정법 공식** ★★★★
if절이 had collaborated로 과거 사실과 반대되는 상황을 가정하고, 주절에 today라는 현재 시점 부사가 있으므로 현재 결과에 대한 반대를 나타내는 혼합 가정법이다. 주절의 동사는 '조동사 과거형＋동사원형'으로 써야 한다. 따라서 밑줄 친 부분의 would have be를 would be로 고쳐야 한다.

오답 해설

① 적중 포인트 017 **어순에 주의해야 할 형용사와 부사** ★★★
such 뒤에는 'a＋형용사＋명사'의 어순으로 써야 한다. 따라서 밑줄 친 부분은 올바르게 쓰였다.

② 적중 포인트 082 **관계대명사의 선행사와 문장 구조** ★★★★
선행사 The manager가 사람이므로, 계속적 용법으로 쓰인 주격 관계대명사 who로 쓰였고, 뒤에 불완전 구조를 취하고 있다. 따라서 밑줄 친 부분은 올바르게 쓰였다.

④ 적중 포인트 045 **능동태와 수동태의 차이** ★★★★★
새로운 가이드라인은 '수립되는' 것이며, 뒤에 목적어가 없으므로 수동태로 써야 한다. 따라서 밑줄 친 부분은 올바르게 쓰였다.

지문해석

팀은 프로젝트 실패를 되돌아보았다. 이전에는 이토록 큰 좌절을 겪은 적이 없었다. 전적인 책임을 진 관리자는 무거운 마음으로 팀에게 말을 건넸다. 그는 '초기 단계에서 더 효율적으로 협력했더라면, 프로젝트는 오늘 훨씬 더 나은 위치에 있었을 것'이라고 말했다. 향후 문제를 방지하기 위해, 새로운 소통 지침이 즉시 마련되었다.

26 정답 ④

난이도 **IIII**

정답 해설

④ 적중 포인트 078 **등위접속사와 병렬 구조** ★★★★

등위접속사 or를 기준으로 앞의 동명사(taking)와 병렬 구조를 이뤄야 한다. 따라서 밑줄 친 부분의 to enjoy를 enjoying으로 고쳐야 한다.

오답 해설

① 적중 포인트 099 **최상급 구문** ★

'one of the+최상급+복수명사' 구문으로, '가장 ~한 것들 중 하나'라는 의미를 나타낸다. breathtaking은 3음절 이상의 형용사이므로 the most를 사용하여 최상급으로 적절하다. 따라서 밑줄 친 부분은 올바르게 쓰였다.

② 적중 포인트 043 **혼동하기 쉬운 주어와 동사 수 일치** ★★★★

주어는 its immense scale and intricate rock formations로 A and B 구조로 원칙적으로 복수 취급해서 복수 동사와 수 일치시켜야 한다. 따라서 밑줄 친 부분은 올바르게 쓰였다.

③ 적중 포인트 065 **조동사 뒤의 동사원형과 조동사의 부정형** ★

조동사 뒤에는 동사원형을 써야 한다. 따라서 밑줄 친 부분은 올바르게 쓰였다.

지문해석

그랜드 캐니언은 세계에서 가장 숨이 멎을 듯한 자연 경관 중 하나로, 매년 수백만 명의 관광객을 끌어들인다. 수백만 년에 걸쳐 콜로라도 강이 깎아 만든 이곳은 거대한 규모와 복잡한 암석 구조가 정말 장관을 이룬다. 관광객들은 수많은 트레일을 하이킹하거나, 강까지 내려가는 당나귀 타기, 또는 헬리콥터 투어를 즐기며 캐니언을 탐험할 수 있다.

27 정답 ③

난이도 **IIII**

정답 해설

③ 적중 포인트 082 **관계대명사의 선행사와 문장 구조** ★★★★

선행사가 사람(a candidate)이고, 관계대명사절 내에서 주어 역할을 하므로, 주격 관계대명사로 쓰고 뒤에 주어가 없는 불완전 구조를 취하고 있다. 따라서 밑줄 친 부분에 들어갈 말로 가장 적절한 것은 ③이다.

지문해석

회사는 디지털 마케팅 분야에서 풍부한 경험이 있고, 팀을 효과적으로 이끌어 야심찬 매출 목표를 달성할 수 있는 후보자를 찾고 있다.

28 정답 ④

난이도 **IIII**

정답 해설

④ 적중 포인트 084 **관계대명사 주의 사항** ★★★

주격 관계대명사 뒤에 주어+believe와 같은 삽입절이 들어갈 수 있다. 이때 삽입절을 제외하면 뒤따르는 동사(will guide)의 주어 역할을 해야 하므로, 목적격 관계대명사가 아닌 주격 관계대명사로 써야 한다. 따라서 밑줄 친 부분의 whom을 who로 고쳐야 한다.

오답 해설

① 적중 포인트 084 **관계대명사 주의 사항** ★★★

선행사가 사람이고, 주격 관계대명사 who 뒤에 삽입절(many board members thought)을 제외하면 주어가 없는 불완전 구조를 취하고 있다. 따라서 밑줄 친 부분은 올바르게 쓰였다.

② 적중 포인트 082 **관계대명사의 선행사와 문장 구조** ★★★★

계속적 용법의 관계대명사 which가 앞선 사물을 선행사로 받고 뒤에 불완전한 구조를 취하고 있다. 따라서 밑줄 친 부분은 올바르게 쓰였다.

③ 적중 포인트 082 **관계대명사의 선행사와 문장 구조** ★★★★

주격 관계대명사 that이 선행사 a process를 수식하며 뒤에 주어가 없는 불완전한 구조를 취하고 있다. 따라서 밑줄 친 부분은 올바르게 쓰였다.

지문해석

새로운 CEO는 많은 이사회 구성원들이 경험이 부족하다고 생각했지만, 곧 자신의 능력을 입증했다. 그는 여러 혁신적인 전략을 실행했으며, 이는 회사의 시장 지위를 크게 향상시켰다. 그의 핵심적인 이니셔티브 중 하나는 부서 구조를 재편하는 것이었는데, 이 과정은 신중한 계획과 소통을 필요로 했다. 그는 바로 우리가 믿기로 회사의 미래를 밝게 이끌 리더이다.

29 정답 ②

난이도 **IIII**

정답 해설

② 적중 포인트 089 **주의해야 할 전치사** ★★★

수동태 문장에서 행위자(혹은 영감을 준 출처)를 나타낼 때는 전치사 by가 자연스럽다. 따라서 밑줄 친 부분의 from을 by로 고쳐야 한다.

오답 해설

① 적중 포인트 063 **to부정사의 동사적 성질** ★★★★

주어인 a project(프로젝트)는 완성되는 대상이므로 수동의 의미를 나타내고 본동사의 시제와 같기 때문에 to be p.p.의 형태로 써야 한다. 따라서 밑줄 친 부분은 올바르게 쓰였다.

③ 적중 포인트 079 **명사절 접속사의 구분과 특징** ★★★

타동사 believe의 목적어로 쓰인 명사절 접속사 that은 뒤에 완전한 구조를 취하고 있다. 따라서 밑줄 친 부분은 올바르게 쓰였다.

④ 적중 포인트 034 **완료시제와 잘 쓰이는 시간 부사** ★★★

'지금까지'라는 의미의 부사구 so far는 현재완료 시제와 함께 잘 쓰인다. 따라서 밑줄 친 부분은 올바르게 쓰였다.

지문해석

프로젝트가 성공적으로 완료되기 위해서는 명확한 소통이 필수적이다. 초기 개념은 혁신적인 해결책을 강조한 유명 사례 연구에서 영감을 받았다. 우리는 우리의 혁신적인 접근 방식이 업계에서 새로운 기준을 세울 것이라고 믿는다. 지금까지 팀은 설정된 모든 마감일과 목표를 달성하기 위해 성실하게 노력해왔다.

30 정답 ① 난이도 ▮▮▮▯

정답 해설

① 적중 포인트 095 **라틴어 비교 구문과 전치사 to** ★★

prefer를 활용한 비교 구문에서는 'prefer A to B' 구문에서 A와 B는 동일한 형태로 병렬 구조를 이뤄야 한다. to를 기준으로 B 자리에 동명사(reading)를 취하고 있으므로 A 자리에도 동명사로 써야 한다. 따라서 밑줄 친 부분에 들어갈 말로 가장 적절한 것은 ①이다.

지문해석

디지털 미디어가 편리함에도 불구하고, 상당수의 독자는 촉각적 경험이 대체 불가능하다고 말하며, 여전히 전자책을 읽는 것보다 실제 책을 손에 들고 읽는 것을 선호한다.

◎ 연계교재 – 『단판승 문법 적중 포인트 100』

Answer

01 ①	02 ①	03 ③	04 ①	05 ②
06 ④	07 ①	08 ①	09 ③	10 ①
11 ①	12 ②	13 ②	14 ④	15 ③
16 ②	17 ③	18 ②	19 ①	20 ③
21 ①	22 ①	23 ③	24 ③	25 ④
26 ①	27 ②	28 ④	29 ③	30 ①

01 정답 ①

난이도 ▮▮▮

정답 해설

① 적중 포인트 003 **어순이 중요한 간접의문문 ★★★**
동사 asked의 직접목적어로 쓰인 간접의문문은 '의문사+주어+동사' 순서로 써야 한다. 따라서 밑줄 친 부분의 was the central post office는 the central post office was로 고쳐야 한다.

오답 해설

② 적중 포인트 079 **명사절 접속사의 구분과 특징 ★★★**
동사 know의 목적어절을 이끄는 접속사 if는 '~인지 아닌지'라는 의미로, 뒤에 완전한 문장을 취하고 있다. 따라서 밑줄 친 부분은 올바르게 쓰였다.

③ 적중 포인트 079 **명사절 접속사의 구분과 특징 ★★★**
동사 explained의 목적어절을 이끄는 접속사 that은 뒤에 완전한 문장을 취하고 있다. 따라서 밑줄 친 부분은 올바르게 쓰였다.

④ 적중 포인트 055 **감정 분사와 분사형 형용사 ★★★★★**
장소(landmarks)가 흥미를 불러일으키는 주체이므로 현재분사로 써야 한다. 따라서 밑줄 친 부분은 올바르게 쓰였다.

지문해석

상당히 당황한 표정의 외국인 관광객이 멈춰 서서 내게 중앙 우체국이 어디인지 물었다. 그는 자신의 지도는 오래되어 쓸 수 없다고 덧붙였다. 그는 또한 그곳이 도보로 갈 수 있는 거리에 있는지도 알고 싶어 했다. 나는 그곳이 현재 위치에서 도보로 단 10분 거리라고 설명하고, 가는 길에 들를 만한 다른 흥미로운 명소들도 몇 군데 추천해 주었다.

02 정답 ①

난이도 ▮▮▮

정답 해설

① 적중 포인트 006 **가산 명사의 종류와 특징 ★★**
'lawyer'는 가산 명사의 단수형이므로 한정사 없이 단독으로 쓸 수 없다. 이 문맥에서는 불특정한 한 명의 변호사를 의미하므로,

부정관사 'a'를 붙여야 한다. 따라서 밑줄 친 부분의 lawyer를 a lawyer로 고쳐야 한다.

오답 해설

② 적중 포인트 051 **동명사의 명사 역할 ★★★★★**
전치사 of 뒤에 명사나 동명사를 목적어로 취할 수 있다. 따라서 밑줄 친 부분은 올바르게 쓰였다.

③ 적중 포인트 043 **혼동하기 쉬운 주어와 동사 수 일치 ★★★★**
문장의 주어 'the journey'가 단수이므로, 동사도 단수 형태로 써야 한다. 따라서 밑줄 친 부분은 올바르게 쓰였다.

④ 적중 포인트 078 **등위접속사와 병렬 구조 ★★★★**
상관접속사 'both A and B' 구조에서 A와 B가 부사로 병렬 구조를 이루고 있다. 따라서 밑줄 친 부분은 올바르게 쓰였다.

지문해석

법조계에서의 경력은 뛰어난 분석 능력과 법 원리에 대한 깊은 이해를 필요로 한다. 성공하기 위해서는, 변호사는 훌륭한 의사소통 능력을 갖추어야 하며, 복잡한 주장을 명확하게 표현할 수 있어야 한다. 성공적인 변호사가 되기까지의 여정은 길고도 힘들지만, 그 보상은 직업적으로나 경제적으로 상당할 수 있다.

03 정답 ③

난이도 ▮▮▮

정답 해설

③ 적중 포인트 008 **주의해야 할 명사의 복수형 ★**
'trousers(바지)'는 항상 복수형으로 쓰이는 명사이다. 한 벌을 셀 때는 'a pair of'라는 단위를 사용한다. 따라서 밑줄 친 부분에 들어갈 말로 가장 적절한 것은 ③이다.

지문해석

그는 공식 행사에 입기 위해 새 바지를 한 벌 샀고, 그 바지가 그의 재킷과 완벽하게 어울려서 우아한 차림을 완성해 주는지 꼼꼼히 확인했다.

04 정답 ①

난이도 ▮▮▮

정답 해설

① 적중 포인트 019 **주어만 있으면 완전한 1형식 자동사 ★★★**
'~으로 구성되다'라는 의미의 'consist'는 자동사로, 뒤에 목적어를 바로 쓸 수 없고 전치사 of가 필요하다. 따라서 밑줄 친 부분의 consists를 consists of로 고쳐야 한다.

오답 해설

② 적중 포인트 090 원급 비교 구문 ★★★★
'~만큼 …한'이라는 의미의 원급 비교 구문은 'as ~ as' 형태로 as를 more로 쓰거나 than으로 쓰면 안된다. 따라서 밑줄 친 부분은 올바르게 쓰였다.

③ 적중 포인트 031 혼동하기 쉬운 자동사와 타동사 ★★★★★
lay는 '눕다, 놓여있다'라는 의미의 1형식 자동사 lie의 과거형이다. 문맥상 '누워 있었다'라는 의미가 되어야 자연스럽다. 따라서 밑줄 친 부분은 올바르게 쓰였다.

④ 적중 포인트 021 전치사가 필요 없는 대표 3형식 타동사 ★★★★
동사 enter가 물리적 장소에 '들어가다'라는 의미로 쓰일 때는 전치사 없이 목적어를 직접 취한다. 따라서 밑줄 친 부분은 올바르게 쓰였다.

지문해석

여러 전문가들로 구성된 선발 위원회는 어려운 결정을 내려야 한다. 최종 후보자는 전임자만큼 자신감이 있지만, 일부 위원들은 그가 한 번 중요한 면접 전에 로비 소파에 누워 있었다는 사실 때문에 우려하고 있다. 우리는 곧 회의실에 들어가 최종 결정을 내릴 것이다.

05 정답 ②　　난이도 ▮▮▮

정답 해설

② 적중 포인트 021 전치사가 필요 없는 대표 3형식 타동사 ★★★★
discuss는 '~에 대해 논의하다'라는 의미의 3형식 타동사로, 전치사 없이 바로 목적어를 취한다. 따라서 밑줄 친 부분의 about을 삭제해야 한다.

오답 해설

① 적중 포인트 019 주어만 있으면 완전한 1형식 자동사 ★★★
convene은 '소집되다, 회합하다'라는 의미의 1형식 자동사이며 조동사 뒤에는 동사원형을 써야 한다. 따라서 밑줄 친 부분은 올바르게 쓰였다.

③ 적중 포인트 082 관계대명사의 선행사와 문장 구조 ★★★★
선행사 the changes를 받는 주격 관계대명사 which는 뒤에 불완전 구조를 취한다. 따라서 밑줄 친 부분은 올바르게 쓰였다.

④ 적중 포인트 054 분사 판별법 [현재분사 VS 과거분사] ★★★★★
residents를 수식하는 현재분사 living은 '교외 지역에 사는'이라는 능동의 의미를 올바르게 전달한다. 따라서 밑줄 친 부분은 올바르게 쓰였다.

지문해석

시 의회는 다음 주 화요일에 회의를 열어 대중교통 시스템에 대한 제안된 변경 사항을 논의할 예정이다. 이 변경 사항에는 새로운 버스 노선 추가가 포함되며, 교외 지역에 거주하는 주민들의 접근성을 향상시키는 것이 목적이다.

06 정답 ④　　난이도 ▮▮

정답 해설

④ 적중 포인트 024 목적어를 두 개 취하는 4형식 수여동사 ★
4형식 수여동사 make는 '~에게 ~을 만들어주다'라는 의미로, 'make＋간접목적어(her colleagues)＋직접목적어(a handmade gift)'의 어순을 따른다. 따라서 밑줄 친 부분에 들어갈 말로 가장 적절한 것은 ④이다.

지문해석

감사를 표시하기 위해, 그녀는 어려운 프로젝트 동안 자신을 도와준 동료들에게 작은 수제 선물을 주기로 결정했다. 이 선물은 작지만 의미 있는 감사의 표시였다.

07 정답 ①　　난이도 ▮▮

정답 해설

① 적중 포인트 033 과거 시간을 나타내는 부사와 과거시제 ★★★
'yesterday'라는 명백한 과거를 나타내는 부사가 있으므로, 현재완료 시제로는 쓸 수 없고, 단순 과거시제로 써야 한다. 따라서 밑줄 친 부분의 have met을 met으로 고쳐야 한다.

오답 해설

② 적중 포인트 082 관계대명사의 선행사와 문장 구조 ★★★★
선행사(The main agenda item)를 수식하면서 뒤따르는 명사(importance)와의 소유 관계를 나타내는 소유격 관계대명사 whose는 적절하다. 따라서 밑줄 친 부분은 올바르게 쓰였다.

③ 적중 포인트 039 현재시제 동사와 be동사의 수 일치 ★★★★★
주어인 importance가 단수이므로 동사도 단수 형태를 사용하며, 주절이 과거 시제이므로 종속절 역시 과거 시제로 맞춰야 한다. 따라서 밑줄 친 부분은 올바르게 쓰였다.

④ 적중 포인트 049 5형식 동사의 수동태 구조 ★★★★
expect 동사가 수동태로 쓰일 때 목적격 보어였던 to부정사가 뒤에 그대로 쓰인다. 따라서 밑줄 친 부분은 올바르게 쓰였다.

지문해석

여러 부서장들이 어제 분기 예산을 논의하기 위해 만났다. CEO에 의해 그 중요성이 강조된 주요 안건은 새로운 프로젝트를 위한 자금 재배분과 관련된 것이었다. 회의는 세 시간 동안 이어졌으며, 최종 결정은 내일 발표될 예정이다.

08 정답 ①

난이도 ▐▐▐▐

정답 해설

① 적중 포인트 047 **다양한 3형식 동사의 수동태 구조 ★★★★**

3형식 타동사구 'speak of(~에 대해 말하다)'가 수동태로 쓰일 때, 뒤에 전치사가 있어야 한다. 따라서 밑줄 친 부분의 spoken을 spoken of로 고쳐야 한다.

오답 해설

② 적중 포인트 082 **관계대명사의 선행사와 문장 구조 ★★★★**

앞선 절의 내용(they decided to divide the work)을 선행사로 받는 계속적 용법의 관계대명사 which는 적절하다. 따라서 밑줄 친 부분은 올바르게 쓰였다.

③ 적중 포인트 045 **능동태와 수동태의 차이 ★★★★★**

문맥상 주어인 their efforts(그들의 노력)가 평가받는 대상이고 뒤에 목적어가 없으므로 수동태로 써야 한다. 따라서 밑줄 친 부분은 올바르게 쓰였다.

④ 적중 포인트 044 **주어 자리에서 반드시 단수 또는 복수 취급하는 특정 표현 ★★★**

Each는 단수 명사와 함께 쓰이므로 항상 단수 취급한다. 따라서 밑줄 친 부분은 올바르게 쓰였다.

지문해석

그 반은 기말 발표를 위해 복잡한 주제를 배정받았다. 학생들은 그 문제가 이전에 자세히 다뤄진 적이 없었기 때문에 걱정했다. 잠시 논의한 후, 그들은 작업을 분담하기로 결정했고, 이는 과제를 훨씬 더 수월하게 만들었다. 그들은 교수님이 자신의 노력을 인정해 주시길 바랐다. 각 학생은 서로 다른 부분을 맡아 책임졌다.

09 정답 ③

난이도 ▐▐▐▐

정답 해설

③ 적중 포인트 041 **부분을 나타내는 명사와 수 일치 ★★★★**

'All of+명사' 구문에서는 of 뒤의 명사에 맞춰 동사의 수를 일치시킨다. the information은 불가산 명사이므로 단수로 취급된다. 따라서 밑줄 친 부분에 들어갈 말로 가장 적절한 것은 ③이다.

지문해석

보고서에 제시된 모든 정보는, 그중 상당 부분이 광범위한 현장 조사를 통해 수집된 것인데, 출판되기 전에 독립 감사관에 의해 검증될 필요가 있다.

10 정답 ①

난이도 ▐▐▐▐

정답 해설

① 적중 포인트 040 **상관접속사와 수 일치 ★★★**

'both A and B' 구문은 원칙적으로 복수 취급을 해야 한다. 따라서 밑줄 친 부분의 has를 have로 고쳐야 한다.

오답 해설

② 적중 포인트 040 **상관접속사와 수 일치 ★★★**

'neither A nor B' 구문에서 동사는 B에 수 일치시킨다. B인 the prices가 복수형이므로 동사도 복수 형태로 써야 한다. 따라서 밑줄 친 부분은 올바르게 쓰였다.

③ 적중 포인트 040 **상관접속사와 수 일치 ★★★**

'B as well as A' 구문에서는 동사를 B에 일치시킨다. B인 A student representative가 단수형이므로 동사도 단수 형태로 써야 한다. 따라서 밑줄 친 부분은 올바르게 쓰였다.

④ 적중 포인트 018 **혼동하기 쉬운 부사 ★★**

further는 '더욱, 더 나아가'라는 의미의 부사로 동사 discuss를 수식한다. 따라서 밑줄 친 부분은 올바르게 쓰였다.

지문해석

새로운 구내식당 정책은 논란이 되어왔다. 학생들과 교수진 모두 이 문제에 대해 의견을 표현했다. 학교 당국은 음식의 품질도 가격도 변하지 않았다고 주장한다. 학생 대표는 교수 고문과 함께 이 문제를 더 논의하기 위해 이사회와 만날 예정이다.

11 정답 ①

난이도 ▐▐▐▐

정답 해설

① 적중 포인트 042 **A and B와 수 일치 ★**

주어 앞에 every나 each가 붙으면, and로 연결된 복수의 명사가 오더라도 주어는 단수 취급한다. 따라서 밑줄 친 부분의 are required를 is required로 고쳐야 한다.

오답 해설

② 적중 포인트 021 **전치사가 필요 없는 대표 3형식 타동사 ★★★★**

'접근하다'의 의미인 access는 전치사 없이 바로 목적어를 취할 수 있는 3형식 타동사이다. 따라서 밑줄 친 부분은 올바르게 쓰였다.

③ 적중 포인트 062 **to부정사의 부사적 역할 ★★**

'유지하기 위하여'라는 목적을 나타내는 to부정사의 부사적 용법으로 적절하다. 따라서 밑줄 친 부분은 올바르게 쓰였다.

④ 적중 포인트 088 **전치사와 명사 목적어 ★★★**

'~에 대한 예외'라는 의미로 전치사 to가 명사 policy와 함께 쓰였다. 따라서 밑줄 친 부분은 올바르게 쓰였다.

03

지문해석

학교 규정에 따르면, 모든 학생과 교직원은 캠퍼스 내에서 항상 신분증을 소지해야 한다. 이 규칙은 보안을 강화하고 인가된 인원만이 특정 시설에 접근할 수 있도록 설계되었다. 모두의 협조는 학습과 업무를 위한 안전하고 보안된 환경을 유지하는 데 필수적이다. 행정실은 이 정책에 예외가 없을 것이라고 발표했다.

---

12 **정답** ②   난이도 ▮▮▯▯▯

정답 해설

② 적중 포인트 056 **여러 가지 분사 구문** ★★★★★

'~이 있어서, ~이 없어서'를 의미할 때는 'there being 명사, there being no 명사'로 써야 한다. 문맥상 위원회는 그 제안을 거부했다는 것으로 보아 명확한 증거가 없다는 내용이 자연스럽다. 따라서 밑줄 친 부분에 들어갈 말로 가장 적절한 것은 ②이다.

지문해석

그 주장을 뒷받침할 명확한 증거가 없었기 때문에, 위원회는 그 제안을 승인하기를 거부했다.

---

13 **정답** ②   난이도 ▮▮▮▯▯

정답 해설

② 적중 포인트 046 **수동태 불가 동사** ★★★★

'~을 닮다'라는 의미의 타동사 'resemble'은 소유나 상태를 나타내므로 수동태로 쓸 수 없다. 따라서 밑줄 친 부분의 is resembled by를 resembles로 고쳐야 한다.

오답 해설

① 적중 포인트 020 **주격 보어가 필요한 2형식 자동사** ★★★

2형식 자동사 be는 주격 보어에 형용사와 명사를 쓸 수 있다. '인상적인'의 의미인 형용사 impressive는 주격 보어 자리에 올 수 있다. 따라서 밑줄 친 부분은 올바르게 쓰였다.

③ 적중 포인트 014 **형용사와 부사의 차이** ★★★★★

부사 equally가 형용사 stunning을 수식하고 있다. 따라서 밑줄 친 부분은 올바르게 쓰였다.

④ 적중 포인트 082 **관계대명사의 선행사와 문장 구조** ★★★★

주격 관계대명사 that의 선행사는 a vast atrium으로 단수형이므로 동사도 단수 형태로 써야 한다. 따라서 밑줄 친 부분은 올바르게 쓰였다.

지문해석

새로운 시청 건물은 건축적으로 인상적이다. 주요 구조는 강철과 유리로 이루어져 있어 현대적인 미감을 만들어 낸다. 그 곡선 형태와 우뚝 솟은 첨탑 때문에 배를 연상시키는 모습이다. 내부 역시 마찬가지로 놀라운데, 거대한 아트리움이 있어 자연광이 공간 전체를 가득 채운다.

---

14 **정답** ④   난이도 ▮▮▮▮▯

정답 해설

④ 적중 포인트 082 **관계대명사의 선행사와 문장 구조** ★★★★

선행사가 사물인 아닌 사람(the family)으로 관계대명사 which로 쓸 수 없다. 또한 family는 구성원 개개인을 의미할 때 복수 취급한다. 따라서 밑줄 친 부분의 which were waiting을 who were waiting으로 고쳐야 한다.

오답 해설

① 적중 포인트 037 **시제의 일치와 예외** ★

의사가 발표한(announced) 과거 시점보다 수술이 성공적이었던 것이 더 먼저 일어난 일이므로 과거완료 시제로 써야 한다. 따라서 밑줄 친 부분은 올바르게 쓰였다.

② 적중 포인트 049 **5형식 동사의 수동태 구조** ★★★★

5형식 동사 expect의 수동태 구조 뒤에는 목적격 보어 to부정사가 그대로 남아 있다. 따라서 밑줄 친 부분은 올바르게 쓰였다.

③ 적중 포인트 037 **시제의 일치와 예외** ★

주절의 동사가 과거시제이지만, '현대 의학 기술이 복잡한 수술을 더 안전하게 만든다'는 내용은 일반적인 사실에 해당하므로 현재 시제로 쓰는 것이 가능하다. 따라서 밑줄 친 부분은 올바르게 쓰였다.

지문해석

환자의 가족은 의사가 수술이 성공적으로 끝났고 환자가 완전히 회복될 것으로 예상된다고 발표했을 때 안도했다. 그는 현대 의학 기술이 과거에 비해 이러한 복잡한 수술을 훨씬 더 안전하게 만들어 준다고 설명했다. 몇 시간 동안 초조하게 기다리고 있던 가족에게 이 소식은 큰 위안을 안겨주었다.

---

15 **정답** ③   난이도 ▮▮▮▯▯

정답 해설

③ 적중 포인트 051 **동명사의 명사 역할** ★★★★★

문장에서 동사(opens, enhances)의 주어가 필요하므로, 명사 역할을 할 수 있는 동명사가 와야 한다. 동사원형은 주어 자리에 올 수 없으며, to부정사도 주어가 될 수 있으나 수동형으로 목적어를 취할 수 없다. 따라서 밑줄 친 부분에 들어갈 말로 가장 적절한 것은 ③이다.

새로운 언어를 배우는 것은 새로운 문화적 관점을 열어줄 뿐만 아니라 인지 능력도 향상시켜, 시간이 지남에 따라 뇌를 더욱 유연하고 회복력 있게 만든다.

16 정답 ②

난이도 [IIII]

정답 해설

② 적중 포인트 051 **동명사의 명사 역할** ★★★★★

'~하는 대신에'라는 의미의 'Instead of'에서 of는 전치사이므로 뒤에 목적어로 동명사가 와야 한다. 따라서 밑줄 친 부분의 to cram을 cramming으로 고쳐야 한다.

오답 해설

① 적중 포인트 044 **주어 자리에서 반드시 단수 취급하는 특정 표현** ★★★

문장의 'One of the most effective strategies'에서 진짜 주어는 One이므로 단수 동사로 써야 한다. 따라서 밑줄 친 부분은 올바르게 쓰였다.

③ 적중 포인트 080 **부사절 접속사의 구분과 특징** ★★★

'매우 ~해서 …하다'라는 의미의 'so ~ that …' 결과 부사절 접속사 that은 적절하다. 따라서 밑줄 친 부분은 올바르게 쓰였다.

④ 적중 포인트 051 **동명사의 명사 역할** ★★★★★

동명사는 문장에서 주어 역할로 쓰였다. 따라서 밑줄 친 부분은 올바르게 쓰였다.

지문해석

언어 학습에 가장 효과적인 전략 중 하나는 꾸준한 매일의 연습이다. 일주일에 한 번 몇 시간을 벼락치기식으로 공부하기보다는, 매일 짧은 시간을 내어 어휘를 복습하고 말하기를 연습하는 것이 전문가들의 권장 방법이다. 이 방법은 매우 효과적이어서 학습자들이 탄탄한 기초를 쌓고 정보를 훨씬 더 쉽게 기억할 수 있다. 이런 루틴을 받아들이면 벅차게 느껴지는 일이 관리 가능하고 즐거운 습관으로 바뀌게 된다.

17 정답 ③

난이도 [IIII]

정답 해설

③ 적중 포인트 054 **분사 판별법 [현재분사 VS 과거분사]** ★★★★★

주절의 주어(critics)가 이끄는 부수적인 상황을 나타내는 분사구문 자리이다. 문맥상 비평가들이 온기가 '부족하다'고 주장하는 능동의 의미이므로 현재분사로 써야 한다. 따라서 밑줄 친 부분의 lacked를 lacking으로 고쳐야 한다.

① 적중 포인트 099 **최상급 구문** ★

'one of the＋최상급＋복수 명사' 구문으로, '가장 ~한 것들 중 하나'를 의미한다. influential은 3음절 이상이므로 the most를 붙여 최상급을 만든다. 따라서 밑줄 친 부분은 올바르게 쓰였다.

② 적중 포인트 029 **명사나 형용사를 목적격 보어로 취하는 5형식 동사** ★★★

5형식 동사 find는 목적격 보어로 형용사를 취할 수 있다. and로 연결된 calm과 meditative는 모두 형용사로 적절하다. 따라서 밑줄 친 부분은 올바르게 쓰였다.

④ 적중 포인트 018 **혼동하기 쉬운 부사** ★★

highly는 '매우'라는 의미의 부사로 뒤에 있는 형용사를 수식한다. 따라서 밑줄 친 부분은 올바르게 쓰였다.

지문해석

현대 건축은 종종 미니멀리즘을 강조하는데, 이는 20세기 가장 영향력 있는 디자인 운동 중 하나로 여겨진다. 이 스타일은 단순하고 깔끔하며 단색을 사용하며, 건축가는 건물의 디자인을 필수 요소로만 구성해야 한다고 믿는다. 그 결과, 많은 사람들은 이러한 구조물이 차분하고 명상적인 느낌을 준다고 생각한다. 그러나 비평가들은 이 스타일이 전통적인 디자인이 가진 따뜻함이 부족하다고 주장한다. 논란에도 불구하고, 미니멀리즘은 현대 건축에서 여전히 매우 중요한 영향력을 가지고 있다.

18 정답 ②

난이도 [IIII]

정답 해설

② 적중 포인트 054 **분사 판별법 [현재분사 VS 과거분사]** ★★★★★

문장에는 이미 동사가 있고, 밑줄 친 부분은 명사를 수식하는 분사 자리에 해당한다. 문맥상 수식을 받는 명사 'The new city ordinance'(새로운 시 조례)는 스스로 '제안하는' 것이 아니라 시 의회 등에 의해 '제안된'의 수동의 의미를 나타내므로 과거분사로 써야한다. 따라서 밑줄 친 부분에 들어갈 말로 가장 적절한 것 ②이다.

지문해석

주거 지역의 소음 공해를 줄이기 위해 제안된 새로운 시 조례는 다음 주 월요일부터 시행될 예정이다.

19 정답 ①

난이도 [IIII]

정답 해설

① 적중 포인트 055 **감정 분사와 분사형 형용사** ★★★★★

주어인 The new employee가 혼란스러운 감정을 '느끼는' 주체이므로, 과거분사로 써야 한다. 따라서 밑줄 친 부분의 confusing을 confused로 고쳐야 한다.

오답 해설

② **적중 포인트 086** 관계부사의 선행사와 완전 구조 ★★★

선행사 the reason 뒤에 완전한 절을 이끄는 관계부사 why는 적절하다. 따라서 밑줄 친 부분은 올바르게 쓰였다.

③ **적중 포인트 066** 조동사 should의 3가지 용법과 생략 구조 ★★★★★

이성적 판단의 형용사 essential 뒤의 that절에는 '(should)+동사원형'을 써야 한다. 따라서 밑줄 친 부분은 올바르게 쓰였다.

④ **적중 포인트 091** 비교급 비교 구문 ★★★★

동사 read를 수식하는 부사 carefully의 비교급 형태는 more carefully가 적절하다. 따라서 밑줄 친 부분은 올바르게 쓰였다.

지문해석

그 신입 사원은 상사로부터 받은 상반된 지시 때문에 너무 혼란스러워서 어디서부터 일을 시작해야 할지 몰랐다. 이것이 프로젝트 초기 단계가 크게 지연된 주된 이유이다. 그는 지금부터 수정된 지침을 정확히 따라야 한다. 이번에는 같은 실수를 피하기 위해 매뉴얼을 더 주의 깊게 읽어야 한다.

---

20 **정답** ③　　　　　　난이도 ▮▮▮▮

정답 해설

③ **적중 포인트 055** 감정 분사와 분사형 형용사 ★★★★★

문맥상 줄거리가 사람을 '매료시키는' 감정을 유발하는 주체이므로 현재분사로 써야 한다. 따라서 밑줄 친 부분은 올바르게 쓰였다.

오답 해설

① **적중 포인트 074** 가정법 과거완료 공식 ★★★★★

가정법 과거완료의 if절은 'If+주어+had p.p.'의 형태를 취한다. 따라서 밑줄 친 부분의 If I had have를 If I had had로 고쳐야 한다.

② **적중 포인트 076** if 생략 후 도치된 가정법 ★★★★

가정법 미래(were to) 도치 구문은 주절에 주로 과거형 would, should, could, might를 써야 한다. 따라서 밑줄 친 부분의 will을 would로 고쳐야 한다.

④ **적중 포인트 060** to부정사의 명사적 역할 ★★★★

5형식 동사 find는 가목적어 it 뒤에 진목적어로 to부정사를 취한다. 따라서 밑줄 친 부분의 putting을 to put으로 고쳐야 한다.

지문해석

지난 주말에 시간이 더 있었더라면, 당신이 추천해 준 소설을 다 읽었을 텐데요. 안타깝게도 집안일로 바빴다. 곧 자유로운 날이 생긴다면, 반드시 끝까지 읽을 것이다. 줄거리가 너무 흥미진진해서 책을 내려놓기가 어렵다.

---

21 **정답** ①　　　　　　난이도 ▮▮▮▮

정답 해설

① **적중 포인트 059** 원형부정사의 용법과 관용 표현 ★★

5형식 사역동사 let은 목적어와 목적격 보어의 관계가 능동일 때, 목적격 보어로 원형부정사를 취한다. 문맥상 상대방이 직접 지시하는 능동의 의미이므로 원형부정사로 써야 한다. 따라서 밑줄 친 부분에 들어갈 말로 가장 적절한 것은 ①이다.

지문해석

격렬한 협상 동안, CEO는 법무팀의 철저한 검토 없이 상대방이 계약 조건을 지시하도록 허락하지 않았다.

---

22 **정답** ①　　　　　　난이도 ▮▮▮▮

정답 해설

① **적중 포인트 060** to부정사의 명사적 역할 ★★★★

5형식 동사 find가 목적어로 to부정사구를 취할 때, 가목적어 it을 목적어 자리에 두고 진목적어인 to부정사구를 뒤로 보낸다. 따라서 밑줄 친 부분의 balancing을 to balance로 고쳐야 한다.

오답 해설

② **적중 포인트 051** 동명사의 명사 역할 ★★★★★

suggest는 동명사를 목적어로 취하는 3형식 타동사이다. 따라서 밑줄 친 부분은 올바르게 쓰였다.

③ **적중 포인트 080** 부사절 접속사의 구분과 특징 ★★★

'만약 ~하지 않는다면'이라는 의미의 조건 부사절 접속사 Unless는 문맥상 적절하다. 따라서 밑줄 친 부분은 올바르게 쓰였다.

④ **적중 포인트 082** 관계대명사의 선행사와 문장 구조 ★★★★

계속적 용법의 관계대명사 which가 앞선 명사구(time for hobbies and relaxation)를 선행사로 받고 있으며, 이는 단일 개념으로 취급되므로 단수 동사로 써야 한다. 따라서 밑줄 친 부분은 올바르게 쓰였다.

지문해석

많은 사람들은 일과 개인 생활의 균형을 맞추는 것을 어렵게 느낀다. 전문가들은 시간을 효율적으로 관리하기 위해 명확한 일정을 세울 것을 권장한다. 업무의 우선순위를 정하지 않으면 압도당하는 기분을 느낄 수 있다. 또한 정신 건강에 매우 중요한 취미와 휴식 시간을 따로 마련하는 것이 좋다.

23 정답 ②

난이도 |||||

정답 해설

② 적중 포인트 065 **조동사 뒤의 동사원형과 조동사의 부정형** ★

조동사 will 뒤에는 반드시 동사원형이 와야 한다. 따라서 밑줄 친 부분의 현재분사 reviewing을 동사원형 review로 고쳐야 한다.

오답 해설

① 적중 포인트 065 **조동사 뒤의 동사원형과 조동사의 부정형** ★★★

조동사 must 뒤에 동사원형으로 써야 한다. 따라서 밑줄 친 부분은 올바르게 쓰였다.

③ 적중 포인트 082 **관계대명사의 선행사와 문장 구조** ★★★★

선행사 this policy가 3인칭 단수이므로 주격 관계대명사 which 뒤에 오는 동사도 단수 형태로 써야 한다, 따라서 밑줄 친 부분은 올바르게 쓰였다.

④ 적중 포인트 045 **능동태와 수동태의 차이** ★★★★★

주어인 any anticipated delays는 보고되는 대상이므로 수동태로 쓰고, 조동사 should 뒤에 동사원형으로 써야 한다. 따라서 밑줄 친 부분은 올바르게 쓰였다.

지문해석

사무실에서 원활한 업무 진행을 위해, 주간 진행 보고서를 제때 제출해야 한다. 직속 상사는 팀의 진행 상황을 확인하기 위해 매주 월요일 아침에 이를 검토할 것이다. 이 정책은 모든 부서에 예외 없이 적용되며, 협상 불가이고 엄격히 시행된다. 예상되는 지연 사항은 최소 24시간 전에 경영진에게 보고해야 한다.

24 정답 ③

난이도 |||||

정답 해설

③ 적중 포인트 068 **부정부사와 도치 구문** ★★★★★

부정부사 'Little'이 문장 앞에 위치하면 뒤에 도치 구조로 써야 한다. 또한 일반동사 과거 시제(knew)의 도치는 「did+주어+동사원형」의 형태를 따른다. 따라서 밑줄 친 부분에 들어갈 말로 가장 적절한 것은 ③이다.

지문해석

그가 그날 아침 내린 작은 결정이 자신의 인생 흐름을 그렇게 극적으로 바꿔놓을 것이라는 사실은 전혀 몰랐다.

25 정답 ④

난이도 |||||

정답 해설

④ 적중 포인트 072 **가정법 미래 공식** ★★★

가정법 미래(If you should find~)의 주절에는 조동사(can, will 등)를 사용하거나 명령문을 써야 한다. 따라서 is able을 can으로 바꾸거나, 'could potentially lead'와 같이 조동사를 써서 미래의 가능성을 나타내야 한다.

오답 해설

① 적중 포인트 072 **가정법 미래 공식** ★★★

'혹시라도 발견한다면'이라는 실현 가능성이 낮은 미래를 가정하므로 'If+주어+should+동사원형'은 적절하다. 따라서 밑줄 친 부분은 올바르게 쓰였다.

② 적중 포인트 072 **가정법 미래 공식** ★★★

가정법 미래 'If... should...' 구문의 주절에는 명령문을 사용할 수 있다. 따라서 밑줄 친 부분은 올바르게 쓰였다.

③ 적중 포인트 066 **조동사 should의 3가지 용법과 생략 구조**
★★★★★

'이성적 판단'의 형용사 essential 뒤의 that절에서는 (should) 동사원형을 써야 한다. 따라서 밑줄 친 부분은 올바르게 쓰였다.

지문해석

재무 보고서에서 어떤 오류라도 발견하게 되면, 즉시 회계 부서에 알려주시기 바랍니다. 최종 감사 전에 모든 수치가 정확한 것이 필수적입니다. 작은 실수 하나가 회사 전체에 큰 문제를 초래할 수 있습니다.

26 정답 ①

난이도 |||||

정답 해설

① 적중 포인트 074 **가정법 과거완료 공식** ★★★★★

주절이 'would have secured'로 가정법 과거완료 형태이므로, 과거 사실에 대한 반대를 가정하는 조건절 역시 과거완료 시제로 써야 한다. 따라서 밑줄 친 부분의 left를 had left로 고쳐야 한다.

오답 해설

② 적중 포인트 080 **부사절 접속사의 구분과 특징** ★★★

'so+형용사+that+절' 구문은 '너무 ~해서 ...하다'라는 결과를 나타내며, crowded는 장소의 상태를 설명하는 형용사로 적절하다. 따라서 밑줄 친 부분은 올바르게 쓰였다.

③ 적중 포인트 082 **관계대명사의 선행사와 문장 구조** ★★★★

선행사(One of my friends)가 사람이고, 뒤에 불완전 구조를 취하고 있으므로 주격 관계대명사 who를 써야 한다. 따라서 밑줄 친 부분은 올바르게 쓰였다.

④ 적중 포인트 055 **감정 분사와 분사형 형용사** ★★★★★

주어인 she가 만족감을 느끼는 주체이므로 과거분사로 써야 한다. 따라서 밑줄 친 부분은 올바르게 쓰였다.

지문해석

우리는 음악 축제에서 정말 즐거운 시간을 보냈다. 하지만 우리가 집을 단 30분만 더 일찍 나섰더라면, 무대 근처에서 훨씬 좋은 자리를 확보할 수 있었을 것이다. 행사장은 너무 붐벼서 사람들 사이를 돌아다니기가 어려웠다. 친구 중 한 명은, 그 헤드라이닝 밴드의 열렬한 팬으로, 거의 모든 판매용 상품을 구입했다. 모든 돈을 쓰고도 그녀는 새로 산 컬렉션에 꽤 만족한 듯 보였다. 우리 모두에게 기억에 남는 하루였다.

27 정답 ② 난이도 [IIII]

정답 해설

② 적중 포인트 078 **등위접속사와 병렬 구조** ★★★★

동사 instructed의 목적격 보어로 to부정사구(to finish···, present···, and ···)가 병렬로 연결되어 있다. to부정사가 병렬로 연결될 때 두 번째 이후는 to를 생략할 수 있으므로, 동사원형 present와 병렬을 이루는 동사원형을 써야 한다. 따라서 밑줄 친 부분에 들어갈 말로 가장 적절한 것은 ②이다.

지문해석

관리자는 팀에게 금요일까지 보고서를 마치고, 월요일에 결과를 발표하며, 다음 주를 위해 후속 회의를 잡도록 지시했다.

28 정답 ④ 난이도 [IIII]

정답 해설

④ 적중 포인트 082 **관계대명사의 선행사와 문장 구조** ★★★★

관계대명사 that은 콤마(,) 뒤에 계속적 용법으로 사용할 수 없다. 앞 문장 전체를 선행사로 받으므로 밑줄 친 부분의 that을 which로 고쳐야 한다.

오답 해설

① 적중 포인트 027 **5형식 지각동사의 목적격 보어** ★★★★★

지각동사 hear의 목적어(her name)와 목적격 보어의 관계가 '이름이 불리는' 수동 관계이므로 과거분사로 써야 한다. 따라서 밑줄 친 부분은 올바르게 쓰였다.

② 적중 포인트 060 **to부정사의 명사적 역할** ★★★★

stop은 동명사를 목적어로 취하여 '~하는 것을 멈추다'라는 의미로 문맥상 자연스럽다. 따라서 밑줄 친 부분은 올바르게 쓰였다.

③ 적중 포인트 055 **감정 분사와 분사형 형용사** ★★★★★

주어인 she가 혼란스러운 감정을 느끼는 것이므로 과거분사로 써야 한다. 따라서 밑줄 친 부분은 올바르게 쓰였다.

지문해석

붐비는 역을 걸어가던 중, 그녀는 갑자기 뒤에서 자신의 이름이 불리는 소리를 들었다. 그녀는 걸음을 멈추고 뒤를 돌아보며, 군중 속에서 얼굴들을 살피면서 다소 혼란스러움을 느꼈다. 알고 있는 사람은 아무도 보이지 않았고, 그 점이 상황을 더욱 혼란스럽게 만들었다.

29 정답 ③ 난이도 [IIII]

정답 해설

③ 적중 포인트 083 「**전치사＋관계대명사」 완전 구조** ★★★★

전치사 뒤에는 관계대명사 that을 사용할 수 없다. 따라서 밑줄 친 부분의 for that을 for which로 고쳐야 한다.

오답 해설

① 적중 포인트 085 **관계대명사 주의 사항** ★★★

the significance of which는 소유격 관계대명사의 형태로, "그들의 중요성"을 의미하며, 완전한 구조를 이루고 있다. 따라서 밑줄 친 부분은 올바르게 쓰였다.

② 적중 포인트 070 **양보 도치 구문과 장소 방향 도치 구문** ★★★

장소, 방향 부사구를 포함한 도치 구문은 '조동사＋주어' 순서로 쓰지 않고 '1형식 자동사＋주어' 구조로 써야 한다. 따라서 밑줄 친 부분은 올바르게 쓰였다.

④ 적중 포인트 083 「**전치사＋관계대명사」 완전 구조** ★★★★

선행사 a remote cave system을 수식하며 뒤에 완전한 구조를 취하고 있고, 장소를 나타내는 in which는 적절하다. 따라서 밑줄 친 부분은 올바르게 쓰였다.

지문해석

고고학 팀은 일련의 고대 유물을 발굴했는데, 그 중요성은 바로 드러나지 않았다. 발견물 중에는 전문가들이 용도를 파악할 수 없는 특이한 장치도 있었다. 또한 번역 키가 없어 해독할 수 없는 글이 적힌 원고도 발견되어, 매우 어려운 퍼즐이 되었다. 하지만 연구자들을 진정으로 당황하게 만든 것은 바로 발견 장소 자체였는데, 수세기 동안 인간이 들어간 적이 없는 외딴 동굴 시스템이었다.

30 정답 ① 난이도 [IIII]

정답 해설

① 적중 포인트 090 **원급 비교 구문** ★★★★

'~만큼 ···한'이라는 의미의 동등 비교를 나타내는 원급 비교 구문은 as＋형용사/부사 원급＋as의 형태로 써야 한다. 따라서 밑줄 친 부분에 들어갈 말로 가장 적절한 것은 ①이다.

지문해석

새로운 마케팅 전략은 소셜 미디어를 혁신적으로 활용했기 때문에, 이전 전략만큼, 아니면 그보다 더 넓은 관객에게 도달하는 데 효과적일 것으로 예상된다.

04 문법 실력 강화 연습문제 정답 및 해설

🎯 연계교재 – 『단판승 문법 적중 포인트 100』

Answer

01 ①	02 ①	03 ③	04 ④	05 ①
06 ②	07 ②	08 ①	09 ④	10 ②
11 ③	12 ①	13 ②	14 ②	15 ③
16 ②	17 ②	18 ③	19 ②	20 ③
21 ④	22 ②	23 ②	24 ②	25 ②
26 ①	27 ①	28 ②	29 ②	30 ②

01 정답 ①
난이도 ▮▮▮▯

정답 해설

① **적중 포인트 001** 문장의 구성요소 ★★★★

문장의 주어는 that이 이끄는 명사절(That the company ~ competition)이다. 명사절이나 명사구가 주어일 경우 단수로 취급한다. 따라서 밑줄 친 부분에 들어갈 말로 가장 적절한 것은 ①이다.

지문해석

회사가 치열한 경쟁에도 불구하고 수백만 달러 규모의 계약을 따낸 것은 전체 팀에게 중요한 성과였으며, 사기를 상당히 높여주었다.

02 정답 ①
난이도 ▮▮▮▯

정답 해설

① **적중 포인트 090** 원급 비교 구문 ★★★★

less는 불가산 명사에, fewer는 가산 명사에 사용된다. opportunities는 셀 수 있는 복수 명사이므로 수량을 비교할 때는 fewer를 써야 한다. 따라서 밑줄 친 부분의 less를 fewer로 고쳐야 한다.

오답 해설

② **적중 포인트 053** 암기해야 할 동명사 표현 ★★★★★

'look forward to'의 to는 전치사이므로 뒤에 동사원형이 아닌 동명사로 써야 한다. 따라서 밑줄 친 부분은 올바르게 쓰였다.

③ **적중 포인트 039** 현재시제 동사와 be동사의 수 일치 ★★★★★

집합 명사 staff는 구성원 개개인을 지칭할 때 복수 취급한다. 문맥상 직원 한 사람 한 사람이 희망을 느끼는 개별적인 상황을 나타내므로 복수 동사를 써야 한다. 따라서 밑줄 친 부분은 올바르게 쓰였다.

④ **적중 포인트 007** 불가산 명사의 종류와 특징 ★★★

information은 셀 수 없는 명사이므로 부정관사나 수사와 함께 쓰이지 않고 복수형을 만들 수 없다. 따라서 밑줄 친 부분은 올바르게 쓰였다.

지문해석

기업 조사에서는 승진 기회가 적은 직원들이 소외감을 느끼는 경우가 많다는 사실이 드러난다. 이를 해결하기 위해 경영진은 새로운 정책을 시행하는 것을 기대하고 있다. 변화가 복잡하긴 하지만, 직원들은 새로운 조치가 그들의 우려를 해결하고 신뢰를 회복해 줄 것이라는 희망을 가지고 있다. 회사는 이러한 민감한 정보를 신중하게 다뤄야 한다.

03 정답 ③
난이도 ▮▮▮▯

정답 해설

③ **적중 포인트 012** 지시대명사 this와 that ★★★★

비교 구문에서 앞서 언급된 명사(These principles)의 반복을 피하기 위해 지시대명사를 쓴다. 수식받는 명사가 복수이므로 복수 지시대명사로 써야 한다. 따라서 밑줄 친 부분의 that을 those로 고쳐야 한다.

오답 해설

① **적중 포인트 054** 분사 판별법 [현재분사 VS 과거분사] ★★★★★

주어(The architectural styles of ancient Greece)를 수식하는 분사구문으로, '특징 지어지는' 수동의 의미이므로 과거분사로 써야 한다. 따라서 밑줄 친 부분은 올바르게 쓰였다.

② **적중 포인트 034** 완료시제와 잘 쓰이는 시간 부사 ★★★

'for centuries'(수 세기 동안)라는 기간을 나타내는 부사구와 함께 쓰여 과거부터 현재까지 계속되는 영향을 나타내므로 현재완료 시제로 써야 한다. 따라서 밑줄 친 부분은 올바르게 쓰였다.

④ **적중 포인트 049** 5형식 동사의 수동태 구조 ★★★★

design 동사가 5형식으로 쓰일 때 목적격 보어로 to부정사를 취하며, 주어인 고대 이집트 건축이 '감탄받도록' 설계된 것이므로 수동태로 써야 한다. 따라서 밑줄 친 부분은 올바르게 쓰였다.

지문해석

고대 그리스의 건축 양식은 대칭과 질서가 특징이며, 수세기 동안 서양 건축에 영향을 미쳐왔다. 이러한 원칙은 거대한 규모를 우선시하고 비례적 조화보다는 장엄함을 강조하며 우아함으로 감탄받도록 설계되지 않은 고대 이집트 건축과는 상당히 다르다.

04 정답 ④
난이도 ▮▮▮▯

정답 해설

④ **적중 포인트 029** 명사나 형용사를 목적격 보어로 취하는 5형식 동사 ★★★

빈칸은 주어 뒤에 동사가 필요한 자리이고 선택지에 쓰인 think of는 5형식 동사로 목적격 보어 자리에 'as 명사' 형태를 쓸 수 있다. 'think of A as B'의 형태를 수동태로 쓰면 'A be thought of as B'로 쓸 수 있다. 따라서 밑줄 친 부분에 들어갈 말로 가장 적절한 것은 ④이다.

지문해석

> 비록 그 계획은 처음에 강한 반대에 부딪혔지만, 결국 교육 개혁을 향한 중요한 한 걸음으로 여겨졌다.

---

05 정답 ①
난이도 ▮▮▮▯

정답 해설

① **적중 포인트 028** **분사를 목적격 보어로 취하는 5형식 동사** ★★★

5형식 동사 leave는 목적어와 목적격 보어의 관계가 능동일 때 목적격 보어로 현재분사를 취할 수 있다. 문맥상 친구가 버스 정류장에 서 있는 능동적 상황을 묘사하므로 현재분사로 써야 한다. 따라서 밑줄 친 부분의 stood를 standing으로 고쳐야 한다.

오답 해설

② **적중 포인트 035** **미래를 대신하는 현재시제** ★★★★

'as soon as'와 같은 시간 부사절에서는 미래 시제 대신 현재 시제를 써야 한다. 따라서 밑줄 친 부분은 올바르게 쓰였다.

③ **적중 포인트 092** **비교 대상 일치** ★★★★

비교 구문에서 비교 대상은 문법적으로 동일해야 한다. 비교하는 대상은 인구라는 단수 명사이므로 those가 아니라 that으로 쓴다. 따라서 밑줄 친 부분은 올바르게 쓰였다.

④ **적중 포인트 084** **관계대명사 주의 사항** ★★★

'I think'가 삽입절로 사용된 관계대명사절이다. 삽입절을 제외하면 관계대명사는 뒤따르는 동사 'is'의 주어 역할을 하므로 주격 관계대명사로 써야 한다. 따라서 밑줄 친 부분은 올바르게 쓰였다.

지문해석

> 격렬한 말다툼 후, 그는 친구를 버스 정류장에 홀로 남겨두고 떠났으며, 서로 주고받은 거친 말들 때문에 화와 후회를 동시에 느꼈다. 그녀는 보고서를 마치는 대로 제출할 계획이다. 서울의 인구는 한국의 다른 어떤 도시보다 많다. 그는 내가 생각하기에 그 직위에 가장 적합한 후보인 남자이다.

---

06 정답 ②
난이도 ▮▮▮▯

정답 해설

② **적중 포인트 029** **명사나 형용사를 목적격 보어로 취하는 5형식 동사** ★★★

5형식 동사 make는 목적어의 상태를 설명할 때는 목적격 보어 자리에 형용사를 취한다. 따라서 밑줄 친 부분의 productively를 productive로 고쳐야 한다.

오답 해설

① **적중 포인트 082** **관계대명사의 선행사와 문장 구조** ★★★★

앞선 절 전체(He encourages open communication)를 선행사로 받는 계속적 용법의 주격 관계대명사 which가 적절하다. 따라서 밑줄 친 부분은 올바르게 쓰였다.

③ **적중 포인트 028** **분사를 목적격 보어로 취하는 5형식 동사** ★★★

5형식 동사 keep의 목적어와 목적격 보어의 관계가 수동일 때는 목적격 보어 자리에 과거분사로 써야 한다. 문맥상 '동기를 부여받는' 수동의 대상이므로 과거분사로 써야 한다. 따라서 밑줄 친 부분은 올바르게 쓰였다.

④ **적중 포인트 056** **여러 가지 분사구문** ★★★★★

주절의 내용에 대한 부가적인 결과를 나타내는 분사구문으로, 주체인 This approach가 '증명하는' 능동의 의미이므로 현재분사로 써야 한다. 따라서 밑줄 친 부분은 올바르게 쓰였다.

지문해석

> 새로운 CEO의 리더십 스타일은 회사 문화를 크게 변화시켰다. 그는 자유로운 의사소통을 장려하며, 이것이 직원들 간의 신뢰를 쌓는 데 도움이 되었다. 그는 긍정적인 근무 환경이 사람들을 그들의 역할에서 더 생산적이고 창의적으로 만든다고 믿는다. 그는 자주 "팀이 동기 부여를 유지하고 공동 목표에 집중하도록 하고 싶다"고 말한다. 이러한 접근 방식은 이미 더 나은 협업과 혁신적인 아이디어를 이끌어내며, 그의 전략이 장기적으로 효과적임을 증명하고 있다.

---

07 정답 ②
난이도 ▮▮▮▯

정답 해설

② **적중 포인트 100** **원급과 비교급을 이용한 최상급 대용 표현** ★★★★

비교급을 이용한 최상급 대용 표현이 나오면 단수 명사인지 복수 명사인지 확인해야 한다. 단수 명사를 쓸 때는 '비교급 than any other 단수 명사', 복수 명사를 쓸 때는 '비교급 than all the other 복수 명사'의 구조로 써야 한다. 따라서 밑줄 친 부분에 들어갈 말로 가장 적절한 것은 ②이다.

지문해석

> 이 연구는 그 연구소에서 수행된 다른 어떤 연구보다도 더 영향력이 큰데, 왜냐하면 그 연구가 국가 보건 정책을 변화시킬 잠재력을 지니고 있기 때문이다.

---

08 정답 ①
난이도 ▮▮▮▯

정답 해설

① **적중 포인트 044** **주어 자리에서 반드시 단수 또는 복수 취급하는 특정 표현** ★★★

'Each of the＋복수 명사(programs)' 구문이 주어 자리에 쓰일 경우, 단수 취급한다. 따라서 밑줄 친 부분의 are을 is로 고쳐야 한다.

② 적중 포인트 044 **주어 자리에서 반드시 단수**
　　　　　　　　　　　또는 복수 취급하는 특정 표현 ★★★
'the＋형용사'가 '~한 사람들'이라는 의미로 쓰일 때 복수 취급한다. 따라서 밑줄 친 부분은 올바르게 쓰였다.

③ 적중 포인트 044 **주어 자리에서 반드시 단수**
　　　　　　　　　　　또는 복수 취급하는 특정 표현 ★★★
'the＋형용사'가 복수 보통명사로 쓰이는 경우이므로, the elderly는 복수 주어이므로 동사도 복수 형태로 써야 한다. 따라서 밑줄 친 부분은 올바르게 쓰였다.

④ 적중 포인트 044 **주어 자리에서 반드시 단수**
　　　　　　　　　　　또는 복수 취급하는 특정 표현 ★★★
to부정사구(To fund these initiatives)가 주어일 경우 단수 취급한다. 따라서 밑줄 친 부분은 올바르게 쓰였다.

지문해석

새로운 커뮤니티 센터는 모두를 위해 봉사하는 것을 목표로 하지만, 특히 취약 계층을 위해 힘쓴다. 각 프로그램은 실질적인 기술과 지원을 제공하도록 설계되어 있다. 예를 들어, 실직자는 무료 구직 워크숍을 제공받고, 노인은 사회 활동에 참여할 수 있다. 이러한 사업을 지원하려면 지속적인 지역 사회의 지원과 기부가 필요하다.

09 정답 ④　　　　　　　　　　　　난이도 ▮▮▯▯

정답 해설

④ 적중 포인트 039 **현재시제 동사와 be동사의 수 일치 ★★★★★**
주어는 societies로 복수 명사이므로 동사도 복수 형태로 써야 한다. 따라서 밑줄 친 부분의 is를 are로 고쳐야 한다.

오답 해설

① 적중 포인트 044 **주어 자리에서 반드시 단수**
　　　　　　　　　　　또는 복수 취급하는 특정 표현 ★★★
'the＋형용사'(The young)가 '젊은 사람들'이라는 의미로 쓰일 때 복수 취급한다. 따라서 밑줄 친 부분은 올바르게 쓰였다.

② 적중 포인트 044 **주어 자리에서 반드시 단수**
　　　　　　　　　　　또는 복수 취급하는 특정 표현 ★★★
'Each＋단수 명사(generation)'가 주어일 경우 단수 취급한다. 따라서 밑줄 친 부분은 올바르게 쓰였다.

③ 적중 포인트 044 **주어 자리에서 반드시 단수**
　　　　　　　　　　　또는 복수 취급하는 특정 표현 ★★★
what이 이끄는 명사절이 주어일 경우 단수 취급한다. 따라서 밑줄 친 부분은 올바르게 쓰였다.

지문해석

젊은 세대는 종종 사회 변화의 최전선에 서서, 기존의 규범에 도전하고 더 나은 미래를 위해 목소리를 낸다. 각 세대는 세상의 문제에 대한 고유한 관점을 제공한다. 한 세대에게 불가능해 보이는 일도 다음 세대에게는 현실이 되는 경우가 많다. 이러한 역동성은 사회가 끊임없이 진화하고 적응하도록 보장한다.

10 정답 ②　　　　　　　　　　　　난이도 ▮▮▯▯

정답 해설

② 적중 포인트 083 **「전치사＋관계대명사」 완전 구조 ★★★★**
문장에서 빈칸은 앞의 내용을 연결하며 동사를 포함하는 관계대명사절이 필요한 자리이므로, 단순한 대명사가 아니라 관계대명사가 와야 한다. 관계대명사가 수식하는 선행사 graduates는 사람(복수)이므로, 사람을 지칭할 때 사용하는 whom이 적절하며, 동사 역시 복수형 were가 와야 문법적으로 일치한다. 따라서 밑줄 친 부분에 들어갈 말로 가장 적절한 것은 ②이다.

지문해석

그 대학은 연구 장학금 프로그램을 위해 30명의 우수한 졸업생을 선발했는데, 그중 일부는 이미 해외의 명문 기관에서 조교수로 일하고 있었다.

11 정답 ③　　　　　　　　　　　　난이도 ▮▮▯▯

정답 해설

③ 적중 포인트 039 **현재시제 동사와 be동사의 수 일치 ★★★★★**
전치사구(of these efforts)의 수식을 받는 주어는 단수 명사(The primary goal)이므로 동사도 단수 형태로 써야 한다. 따라서 밑줄 친 부분의 are를 is로 고쳐야 한다.

오답 해설

① 적중 포인트 039 **현재시제 동사와 be동사의 수 일치 ★★★★★**
'along with'가 이끄는 구문은 주어에 영향을 주지 않는다. 문장의 주어는 단수 명사 'The new marketing strategy'이므로 동사는 단수 형태로 써야 한다. 따라서 밑줄 친 부분은 올바르게 쓰였다.

② 적중 포인트 039 **현재시제 동사와 be동사의 수 일치 ★★★★★**
문장의 주어는 동명사구 'Developing this strategy'이다. 동명사구 주어는 단수 취급한다. 따라서 밑줄 친 부분은 올바르게 쓰였다.

④ 적중 포인트 026 **5형식 사역동사의 목적격 보어 ★★★★★**
make는 5형식 사역동사로 목적어와 목적격 보어의 관계가 능동이면 목적격 보어 자리에 원형부정사를 쓴다. 문맥상 그것(계획)이 겪게 하는 능동의 의미이므로 원형부정사를 써야 한다. 따라서 밑줄 친 부분은 올바르게 쓰였다.

지문해석

새로운 마케팅 전략은 상세한 분기별 보고서와 함께 지난주 이사회 승인을 위해 제출되었다. 이 전략을 개발하는 데는 다양한 부서 간의 수개월에 걸친 조사와 협력이 필요했다. 이러한 노력의 주요 목표는 경쟁이 치열한 시장 환경에서 시장 점유율을 높이는 것이다. 모두가 이사회가 계획을 크게 수정하지 않고 승인해 주기를 바라고 있다.

12 정답 ① 난이도

정답 해설

① 적중 포인트 048 **4형식 수여동사의 수동태 구조 ★★★**
4형식 동사 award의 수동태는 간접목적어(The loyal employee)가 주어로 오고 뒤에 직접목적어(a medal)가 남는 구조로 쓸 수 있다. 직원이 메달을 '수여받은' 것이므로 수동태가 적절하다. 따라서 밑줄 친 부분은 올바르게 쓰였다.

오답 해설

② 적중 포인트 043 **혼동하기 쉬운 주어와 동사 수 일치 ★★★★**
'A along with B' 구문에서는 동사를 A(His parents)에 수 일치시켜야 한다. 주어가 복수이므로 동사는 복수 형태로 써야 한다. 따라서 밑줄 친 부분의 is를 are로 고쳐야 한다.

③ 적중 포인트 074 **가정법 과거완료 공식 ★★★★★**
과거 사실에 대한 반대를 가정하는 가정법 과거완료의 if절에는 'had+p.p.'를 써야 한다. 따라서 밑줄 친 부분의 would have known을 had known으로 고쳐야 한다.

④ 적중 포인트 082 **관계대명사의 선행사와 문장 구조 ★★★★**
뒤에 있는 명사 research를 수식하며 소유의 관계를 나타내야 한다. 따라서 밑줄 친 부분의 'who is'의 축약형인 'who's'를 소유격 관계대명사 'whose'로 고쳐야 한다.

지문해석

충성스러운 직원은 연례 행사에서 회사에 대한 20년간의 헌신적인 근무를 인정받아 메달을 수여받았다. 그의 부모님은 여동생과 함께 휴일 동안 그를 방문할 계획이다. 내가 교통 체증을 미리 알았더라면, 지연을 피하기 위해 다른 경로를 택했을 것이다. 그는 연구가 의학 분야에서 중요한 돌파구를 이끈 뛰어난 과학자이다.

13 정답 ② 난이도

정답 해설

② 적중 포인트 049 **5형식 동사의 수동태 구조 ★★★★**
5형식 동사 consider가 수동태로 전환되면, 원래 목적격 보어였던 명사나 형용사가 뒤에 온다. 이때 보어 앞에는 to be를 사용할 수 있으며, to be는 생략 가능하다. 따라서 밑줄 친 부분에 들어갈 말로 가장 적절한 것은 ②이다.

지문해석

물리학 분야에 대한 그의 혁신적인 기여 덕분에, Aris 박사는 그의 세대에서 가장 뛰어난 인물 중 한 명으로 여겨졌다.

14 정답 ② 난이도

정답 해설

② 적중 포인트 050 **전치사에 유의해야 할 수동태 ★★★**
'~때문에 알려지다' 또는 '~로 유명하다'라는 의미를 나타낼 때는 be known for를 써야 한다. 반면, be known by는 "A man is known by the company he keeps(사람은 그가 사귀는 친구를 보면 알 수 있다)"처럼 판단의 근거를 나타낼 때 쓰인다. 따라서 밑줄 친 부분의 by를 for로 고쳐야 한다.

오답 해설

① 적중 포인트 050 **전치사에 유의해야 할 수동태 ★★★**
'~에 몰두하다'라는 의미로 쓰일 때 'be absorbed in'로 쓸 수 있다. 따라서 밑줄 친 부분은 올바르게 쓰였다.

③ 적중 포인트 050 **전치사에 유의해야 할 수동태 ★★★**
'~으로 가득 차다'라는 의미로 쓰일 때 'be filled with'로 쓸 수 있다. 따라서 밑줄 친 부분은 올바르게 쓰였다.

④ 적중 포인트 086 **관계부사의 선행사와 완전 구조 ★★★**
선행사 a creative space를 수식하며 뒤에 완전한 절을 이끄는 관계부사 where는 적절하다. 따라서 밑줄 친 부분은 올바르게 쓰였다.

지문해석

그 예술가는 최신 작품에 완전히 몰두하여 주변 세상에는 전혀 신경 쓰지 않았다. 그는 독특한 인상주의적 스타일과 생생한 색채 사용으로 유명했다. 그의 작업실은 항상 무수한 스케치와 미완성 캔버스로 가득 차 있었으며, 이는 그의 지칠 줄 모르는 근면성을 보여주는 증거였다. 그곳은 영감이 자연스럽게 샘솟는 창의적인 공간이었다.

15 정답 ③ 난이도

정답 해설

③ 적중 포인트 051 **동명사의 명사 역할 ★★★★★**
동사 involve는 목적어로 동명사를 취한다. 따라서 밑줄 친 부분의 to develop을 developing으로 고쳐야 한다.

오답 해설

① 적중 포인트 051 **동명사의 명사 역할 ★★★★★**
문장의 주어 역할을 할 때 동명사로 쓸 수 있다. 따라서 밑줄 친 부분은 올바르게 쓰였다.

04

② 적중 포인트 010 격에 따른 인칭대명사 ★★

가주어 it이 앞서 언급된 '악기를 마스터하는 것'을 가리킨다. 따라서 밑줄 친 부분은 올바르게 쓰였다.

④ 적중 포인트 051 동명사의 명사 역할 ★★★★★

문장의 주어가 필요한 자리로 동사원형 대신 동명사 또는 to부정사를 써야 한다. 따라서 밑줄 친 부분은 올바르게 쓰였다.

지문해석

악기 연주를 마스터하는 것은 인내심과 수천 시간의 연습을 필요로 한다. 많은 사람들에게 그것은 평생에 걸친 여정이다. 이 여정에서 가장 어려운 측면 중 하나는 근육 기억을 발달시키는 것과 관련된다. 이 과정은 때때로 좌절감을 줄 수 있지만, 끝까지 포기하지 않고 계속하면 큰 만족감과 자신과 타인을 위해 아름다운 음악을 창조할 수 있는 능력을 얻을 수 있다.

16 정답 ②

난이도 ▮▮▮▯

정답 해설

② 적중 포인트 052 동명사의 동사적 성질 ★★★★★

동명사 responding은 동사적 성질을 가지므로, 이를 수식할 때는 형용사가 아닌 부사를 써야 한다. 따라서 밑줄 친 부분에 들어갈 말로 가장 적절한 것은 ②이다.

지문해석

관리자는 직원이 고객의 긴급 요청에 신속하게 대응한 것을 칭찬했으며, 이는 중요한 거래 파트너와의 강력한 비즈니스 관계를 유지하는 데 도움이 되었다.

17 정답 ②

난이도 ▮▮▮▯

정답 해설

② 적중 포인트 058 분사를 활용한 표현 및 구문 ★★★★

'with+명사+분사' 구문에서, 명사(tears)와 분사(stream)의 관계는 눈물이 '흐르는' 능동의 의미이므로 현재분사를 써야 한다. 따라서 밑줄 친 부분의 streamed를 streaming으로 고쳐야 한다.

오답 해설

① 적중 포인트 056 여러 가지 분사구문 ★★★★★

'작은 무리가 손을 흔들도록 남겨두면서'라는 동시 상황을 나타내는 분사구문으로 현재분사로 써야 한다. 따라서 밑줄 친 부분은 올바르게 쓰였다.

③ 적중 포인트 054 분사 판별법 [현재분사 VS 과거분사] ★★★★★

명사 a journey를 뒤에서 수식하는 분사 자리이다. 여정은 흥분과 불안으로 '채워진' 것이므로 수동의 의미인 과거분사로 써야 한다. 따라서 밑줄 친 부분은 올바르게 쓰였다.

④ 적중 포인트 039 현재시제 동사와 be동사의 수 일치 ★★★★★

주격 관계대명사 that의 선행사는 뒤에 불완전한 구조를 이끌며, 주절이 과거 시제이므로 시제 역시 과거 동사로 맞추어야 한다. 따라서 밑줄 친 부분은 올바르게 쓰였다.

지문해석

기차는 정확히 시간에 맞춰 출발했고, 플랫폼에서 손을 흔드는 작은 군중을 남겨두었다. 안에서는 한 젊은 여성이 창밖을 바라보며, 눈물이 얼굴을 타고 흘렀다. 그녀는 처음으로 고향을 떠나는 중이었고, 설렘과 불안이 함께 섞인 여정이었다. 그녀는 표를 꼭 쥐고 있었는데, 그것은 붐비는 도시에서 기다리고 있는 새로운 삶과의 실질적인 연결고리였다.

18 정답 ③

난이도 ▮▮▮▮

정답 해설

③ 적중 포인트 054 분사 판별법 [현재분사 VS 과거분사] ★★★★★

and를 기준으로 a society that was highly literate와 병렬 구조를 이루어야 한다. 사회가 지적인 활동에 '투자된' 것이므로 수동의 의미를 나타내는 과거분사로 써야 한다. 따라서 밑줄 친 부분의 investing을 invested로 고쳐야 한다.

오답 해설

① 적중 포인트 096 배수 비교 구문에서 배수사의 위치 ★★

'~보다 몇 배 더 많은'이라는 의미를 나타낼 때, 배수사(twice)는 원급 비교 구문(as many scrolls as) 앞에 위치하며, more than은 수량을 강조하는 표현으로 쓸 수 있다. 따라서 밑줄 친 부분은 올바르게 쓰였다.

② 적중 포인트 025 to부정사를 목적격 보어로 취하는 대표 5형식 타동사 ★★★★

5형식 동사 force는 목적어와 목적격 보어의 관계가 능동이면 목적격 보어 자리에 to부정사를 쓴다. 문맥상 역사가가 제고하는 능동의 의미이므로 to부정사로 써야 한다. 따라서 밑줄 친 부분은 올바르게 쓰였다.

④ 적중 포인트 044 주어 자리에선 반드시 단수 또는 복수 취급하는 특정 표현 ★★★

관계대명사 what이 이끄는 명사절이 주어일 경우 단수 취급한다. 따라서 밑줄 친 부분은 올바르게 쓰였다.

지문해석

그 역사적 문서는 고대 도서관이 고고학자들이 이전에 추정한 것보다 두 배 이상 많은 두루마리를 보유하고 있었다는 사실을 밝혀냈다. 이 발견은 역사가들로 하여금 그 문명의 지식 보존 규모를 재고하도록 만들었다. 방대한 양의 문서는 문해율이 높고 지적 활동에 깊이 투자한 사회였음을 시사한다. 결과적으로, 우리가 이 문화에 대해 알고 있다고 생각했던 것들은 이 놀라운 발견을 계기로 재평가되고 있다.

19 정답 ②   난이도 ▮▮▯▯

정답 해설

② **적중 포인트 054** 분사 판별법 [현재분사 VS 과거분사] ★★★★★

수식받는 명사 'a series of burglaries'(일련의 절도 사건들)는 스스로 '믿는' 주체가 아니라, 경찰이나 다른 사람들에 의해 '~라고 믿어지는' 대상이다. 따라서 수동의 의미를 나타내는 과거분사 believed가 뒤에서 명사를 수식하는 것이 자연스럽다. 따라서 밑줄 친 부분에 들어갈 말로 가장 적절한 것은 ②이다.

지문해석

경찰은 지난 2주 동안 같은 사람에 의해 저질러진 것으로 여겨지는 일련의 절도 사건을 조사하고 있다.

20 정답 ③   난이도 ▮▮▯▯

정답 해설

③ **적중 포인트 055** 감정 분사와 분사형 형용사 ★★★★★

면접관이 감정을 '느끼는' 주체이므로, 감정을 느끼는 상태를 나타내는 과거분사로 써야 한다. 따라서 밑줄 친 부분의 satisfying을 satisfied로 고쳐야 한다.

오답 해설

① **적중 포인트 079** 명사절 접속사의 구분과 특징 ★★★

동사 asked의 직접목적어 역할을 하는 명사절을 이끈다. 접속사 what 뒤에 목적어가 없는 불완전한 구조를 취하고 있다. 따라서 밑줄 친 부분은 올바르게 쓰였다.

② **적중 포인트 079** 명사절 접속사의 구분과 특징 ★★★

동사 explained의 목적어 역할을 하는 명사절을 이끄는 접속사 that은 뒤에 완전한 구조를 취한다. 따라서 밑줄 친 부분은 올바르게 쓰였다.

④ **적중 포인트 053** 암기해야 할 동명사 표현 ★★★★★

'~에 대한 접근'이라는 의미의 'approach to'에서 to는 전치사이므로 뒤에 동명사로 써야 한다. 따라서 밑줄 친 부분은 올바르게 쓰였다.

지문해석

면접 동안, 후보는 자신이 생각하는 가장 큰 약점이 무엇인지 질문을 받았다. 그는 대중 연설에서 처음 느꼈던 수줍음을 극복하는 것이 큰 도전이었다고 설명했다. 그러나 그는 이를 개선하기 위해 열심히 노력했고, 이제는 더 자신감이 있다. 면접관은 그의 솔직한 답변과 문제를 적극적으로 해결하려는 접근 방식에 만족하는 듯 보였다.

21 정답 ④   난이도 ▮▮▯▯

정답 해설

④ **적중 포인트 059** 원형부사의 용법과 관용 표현 ★★

5형식 사역동사 have는 목적어와 목적격 보어의 관계가 능동이면 목적격 보어 자리에 원형부정사를 쓴다. 문맥상 모두가 팔짱을 끼는 능동의 의미이므로 원형부정사로 써야 한다. 따라서 밑줄 친 부분의 to link를 link로 고쳐야 한다.

오답 해설

① **적중 포인트 027** 5형식 지각동사의 목적격 보어 ★★★★★

지각동사 feel의 목적어와 목적격 보어의 관계가 능동이면 목적격 보어 자리에 원형부정사 또는 현재분사로 쓴다. 문맥상 첫 방울이 떨어지기 시작하는 능동의 의미이므로 원형부정사를 써야 한다. 따라서 밑줄 친 부분은 올바르게 쓰였다.

② **적중 포인트 014** 형용사와 부사의 차이 ★★★★★

형용사를 수식하는 것은 부사이다. 따라서 밑줄 친 부분은 올바르게 쓰였다.

③ **적중 포인트 082** 관계대명사의 선행사와 문장 구조 ★★★★

선행사 hiker를 수식하며 뒤에 완전한 구조를 이끄는 소유격 관계대명사 whose가 적절하다. 따라서 밑줄 친 부분은 올바르게 쓰였다.

지문해석

등산객들은 비가 내리기 시작하는 첫 방울을 느꼈고, 급히 피난처를 찾아야 한다는 것을 알았다. 얼마 지나지 않아, 부드럽던 소나기는 폭우로 변해 산길을 위험할 정도로 미끄럽게 만들었다. 발목이 약한 한 등산객은 거의 미끄러질 뻔했다. 그룹 리더는 모두에게 팔짱을 끼고 기지 캠프로 돌아가는 위험한 길을 안전하게 지나가도록 지시했다.

22 정답 ②   난이도 ▮▮▯▯

정답 해설

② **적중 포인트 076** if 생략 후 도치된 가정법 ★★★★

과거 사실에 반대되는 가정법 과거완료 구문에서 if가 생략되면 'Had 주어 p.p.~, 주어+would/should/could/might have p.p.'로 쓴다. 문맥상 '명사가 없었다면'의 의미로 쓸 때는 'If it had not been for+명사'로 쓰고 if가 생략되고 조동사 had가 앞으로 나오면서 도치가 된다. 따라서 밑줄 친 부분에 들어갈 말로 가장 적절한 것은 ②이다.

지문해석

의료팀의 신속한 개입이 없었더라면, 그 환자는 사고에서 살아남지 못했을 것이다.

23 정답 ③   난이도 ▮▮▮▮

정답 해설

③ 적중 포인트 078 **등위접속사와 병렬 구조** ★★★★
등위접속사가 나오면 병치 구조를 확인해야 한다. 등위접속사 and를 기준으로 'focus, memory retention'이 명사이므로 밑줄 친 부분도 명사형으로 써야 한다. 따라서 밑줄 친 부분의 produce를 productivity로 고쳐야 한다.

오답 해설

① 적중 포인트 017 **어순에 주의해야 할 형용사와 부사** ★★★
보통 부사 enough는 형용사나 부사를 후치 수식한다. 하지만 이 문장에서 enough는 형용사로 명사 rest를 수식하는 형태이다. 따라서 밑줄 친 부분은 올바르게 쓰였다.

② 적중 포인트 017 **어순에 주의해야 할 형용사와 부사** ★★★
문장의 주어를 목적어에 다시 언급해야 할 때는 '~self'나 '~selves' 형태로 쓰이는 재귀대명사를 써야 한다. 따라서 밑줄 친 부분은 올바르게 쓰였다.

④ 적중 포인트 044 **주어 자리에서 반드시 단수 또는 복수 취급하는 특정 표현** ★★★
'당뇨병'을 의미하는 diabetes는 단수 취급하지만, 항상 복수 형태로 써야 한다. 따라서 밑줄 친 부분은 올바르게 쓰였다.

지문해석

많은 사람들은 매일 밤 충분히 쉬는 것의 중요성을 과소평가한다. 실제로, 수면이 지속적으로 부족하다면 집중력, 기억력, 그리고 전반적인 생산성 면에서 어려움을 겪게 될 수도 있다. 시간이 지나면서 이러한 휴식 부족은 면역 체계를 약화시키고, 당뇨병이나 심장병 같은 만성 질환의 위험을 높일 수 있다.

24 정답 ②   난이도 ▮▮▮▮

정답 해설

② 적중 포인트 070 **양보 도치 구문과 장소·방향 도치 구문** ★★★
'형용사+as'를 사용한 양보 도치 구문에서는 '형용사+as+주어+동사'의 어순을 따라야 한다. 따라서 밑줄 친 부분의 as was she를 as she was로 고쳐야 한다.

오답 해설

① 적중 포인트 070 **양보 도치 구문과 장소·방향 도치 구문** ★★★
장소 부사구(In the corner of the dusty attic)가 문장 처음에 올 때는 도치 구문으로 써야 한다. 따라서 밑줄 친 부분은 올바르게 쓰였다.

③ 적중 포인트 055 **감정 분사와 분사형 형용사** ★★★★★
주어인 She가 감정을 느끼는 주체이므로 과거분사로 써야 한다. 따라서 밑줄 친 부분은 올바르게 쓰였다.

④ 적중 포인트 060 **to부정사의 명사적 역할** ★★★★

'약속하다'라는 의미의 promise는 to부정사를 목적어로 취하는 3형식 타동사이다. 따라서 밑줄 친 부분은 올바르게 쓰였다.

지문해석

먼지 쌓인 다락방 구석에는 잊혀진 편지와 사진으로 가득 찬 오래된 상자가 놓여 있었다. 아주 어린 나이였음에도, 그것을 발견한 소녀는 즉시 그 상자의 감정적 가치를 알아보았다. 그녀는 발견한 것을 할머니에게 보여주고 싶어 신이 났으며, 나중에 그 발견에 대해 모두 이야기하겠다고 약속했다.

25 정답 ②   난이도 ▮▮▮▮

정답 해설

② 적중 포인트 076 **if 생략 후 도치된 가정법** ★★★★
주절에 '주어+would have p.p.' 형태가 쓰였으므로, 이는 가정법 과거완료임을 알 수 있다. 빈칸에는 if절이 와야 하지만, 보기에는 if가 생략 후 도치된 가정법이 제시되어 있다. 따라서 밑줄 친 부분에 들어갈 말로 가장 적절한 것은 ②이다.

지문해석

그가 그 투자 기회를 더 일찍 알았다면, 잠재적 수익을 극대화하기 위해 자금을 다르게 배분했을 것이다.

26 정답 ①   난이도 ▮▮▮▮

정답 해설

① 적중 포인트 077 **기타 가정법** ★★★
as if 가정법으로 주절의 동사와 같은 시제의 반대로 가정할 때는 종속절에는 'as if 주어+과거시제 동사'의 형태로 쓰며 도치 구문으로 쓰지 않는다. 따라서 밑줄 친 부분의 were he를 he were로 고쳐야 한다.

오답 해설

② 적중 포인트 082 **관계대명사의 선행사와 문장 구조** ★★★★
선행사 several inconsistencies를 수식하며 that 뒤에 목적어가 없는 불완전한 구조를 취하고 있다. 따라서 밑줄 친 부분은 올바르게 쓰였다.

③ 적중 포인트 012 **지시대명사 this와 that** ★★★★
비교 구문에서 앞에 나온 복수 명사(The details)를 대신 받아야 하므로 복수 지시대명사로 써야 한다. 따라서 밑줄 친 부분은 올바르게 쓰였다.

④ 적중 포인트 045 **능동태와 수동태의 차이** ★★★★★
배심원단이 그를 유죄로 '판결한' 능동의 의미이므로 능동태로 써야 한다. 따라서 밑줄 친 부분은 올바르게 쓰였다.

피고인은 그날 밤의 사건을 마치 자신이 단순한 구경꾼이었던 것처럼, 참여자가 아닌 것처럼 이야기했다. 그러나 그의 증언에는 검사가 재빨리 지적한 몇 가지 모순점이 포함되어 있었다. 그의 알리바이 세부 사항은 다른 증인들의 것보다 설득력이 떨어졌다. 결국, 배심원단은 검찰이 제시한 압도적인 증거를 바탕으로 그를 유죄로 판결했다.

이 건물은 기초석이 200년 이상 전에 놓인 역사적인 건물로, 우리 도시의 랜드마크가 된다.

27 정답 ①

정답 해설

① 적중 포인트 079 **명사절 접속사의 구분과 특징 ★★★**
'~인지 아닌지'의 의미로, 완전한 절을 이끌어 주격 보어 역할을 하는 명사절 접속사 whether는 적절하다. 따라서 밑줄 친 부분은 올바르게 쓰였다.

오답 해설

② 적중 포인트 084 **관계대명사 주의 사항 ★★★**
주격 관계대명사 뒤에 동사는 선행사와 수 일치 한다. 선행사는 앞선 명사인 several factors로 복수이므로 동사도 복수 형태로 써야 한다. 따라서 밑줄 친 부분의 makes를 make로 고쳐야 한다.

③ 적중 포인트 079 **명사절 접속사의 구분과 특징 ★★★**
analyze의 목적어 역할을 하는 명사절이 와야 하며, 뒤따르는 절 (the potential risks are)에서 보어가 없는 불완전한 구조이므로 명사절 접속사 what을 써야 한다. 따라서 밑줄 친 부분의 that을 what으로 고쳐야 한다.

④ 적중 포인트 014 **형용사와 부사의 차이 ★★★★★**
뒤따르는 절을 수식하며 '얼마나 빨리'라는 의미를 전달해야 하므로 부사 quickly가 와야 하며, 의문부사 how와 함께 쓰여야 자연스럽다. 따라서 밑줄 친 부분의 quick을 how quickly로 고쳐야 한다.

지문해석

이사회 구성원들 사이에서 가장 큰 관심사는 제안된 합병이 장기적으로 회사에 이익이 될 여부이다. 고려해야 할 여러 요소가 있어, 결정을 내리는 것이 상당히 복잡하다. 진행하기 전에 잠재적 위험이 무엇인지를 분석하는 것이 필수적이다. 재무 자문들은 얼마나 빨리 결론에 도달할 수 있는지를 보고하도록 요청받았다.

28 정답 ②

정답 해설

② 적중 포인트 082 **관계대명사의 선행사와 문장 구조 ★★★★**
빈칸 뒤의 절(foundation stone was laid)은 완전한 구조를 이루고 있으며, 빈칸은 선행사(the historic building)의 '소유' 관계를 나타내야 한다. 따라서 소유격 관계대명사 whose가 들어가야 한다. 따라서 밑줄 친 부분에 들어갈 말로 가장 적절한 것은 ②이다.

29 정답 ②

정답 해설

② 적중 포인트 083 **「전치사＋관계대명사」 완전 구조 ★★★★**
문장에서 동사를 추가하기 위해서는 대명사가 아닌 관계대명사를 써야 한다. 따라서 밑줄 친 부분의 them을 선행사인 several candidates를 받을 수 있는 whom으로 고쳐야 한다.

오답 해설

① 적중 포인트 085 **유사관계대명사 as, but, than ★★★**
선행사에 such가 쓰였을 경우, 관계대명사로 as를 사용할 수 있다. 따라서 밑줄 친 부분은 올바르게 쓰였다.

③ 적중 포인트 091 **비교급 비교 구문 ★★★★**
'more A than B'(B라기보다는 A) 구문으로, than은 비교급 more와 함께 쓰인다. 따라서 밑줄 친 부분은 올바르게 쓰였다.

④ 적중 포인트 082 **관계대명사의 선행사와 문장 구조 ★★★★**
a candidate를 선행사로 하는 주격 관계대명사 who가 사용되었으며, 뒤의 동사 seemed와 자연스럽게 연결된다. 따라서 밑줄 친 부분은 올바르게 쓰였다.

지문해석

매니저는 복잡한 일정 관리와 기밀 서신을 효율적으로 처리할 수 있는 그런 조수를 찾고 있었다. 그는 적합한 사람을 찾는 것이 부서의 성공에 결정적으로 중요하다고 믿었다. 그는 여러 후보자를 면접했는데, 각 후보자마다 인상적인 자격과 관리 업무 관련 경험을 갖추고 있었다. 그러나 그는 단순히 좋은 이력서 이상의 것을 원했으며; 탁월한 문제 해결 능력과 적극적인 사고 방식을 가진 사람을 원했다. 결국 그는 그 역할에 완벽하게 어울리는 후보를 찾았다.

30 정답 ②

정답 해설

② 적중 포인트 097 **원급을 이용한 표현 ★★★**
'굉장히 ~한'이라는 의미의 원급 표현은 'as＋형용사＋as can be'로 쓸 수 있다. 따라서 밑줄 친 부분의 as happy so를 as happy as로 고쳐야 한다.

오답 해설

① 적중 포인트 007 **불가산 명사의 종류와 특징 ★★★**
machinery는 불가산 명사이므로 단수 취급하고 단수 동사와 수 일치한다. 따라서 밑줄 친 부분은 올바르게 쓰였다.

③ **적중 포인트 056** 여러 가지 분사구문 ★★★★★

주절의 동사(has decided)보다 먼저 일어난 일을 나타내는 완료 분사구문으로 써야 한다. 따라서 밑줄 친 부분은 올바르게 쓰였다.

④ **적중 포인트 054** 분사 판별법 [현재분사 VS 과거분사] ★★★★★

명사 everyone을 뒤에서 수식하는 분사 자리이다. 관련된 모든 사람들을 의미하며, 수동의 의미를 나타내므로 과거분사로 써야 한다. 따라서 밑줄 친 부분은 올바르게 쓰였다.

지문해석

공장의 오래된 기계는 끊임없이 고장이 나서, 생산에 상당한 지연을 초래하고 있다. 근로자들은 불만을 느끼고 있다. 왜냐하면 그 어린 소녀가 새 장난감으로 가능한 한 행복했기 때문이다. 문제를 인식한 경영진은 새 장비에 투자하기로 결정했다. 이번 업그레이드는 효율성을 향상시킬 뿐만 아니라 직장 내 안전을 강화하여, 관련된 모든 사람에게 더 나은 환경을 조성할 것으로 기대된다.

05 문법 실력 강화 연습문제 정답 및 해설

🎯 연계교재 - 『단판승 문법 적중 포인트 100』

Answer

01 ③	02 ③	03 ②	04 ②	05 ②
06 ①	07 ③	08 ②	09 ②	10 ①
11 ③	12 ①	13 ④	14 ②	15 ②
16 ②	17 ②	18 ②	19 ①	20 ①
21 ①	22 ②	23 ④	24 ②	25 ①
26 ①	27 ③	28 ②	29 ④	30 ①

01 정답 ③ 난이도 ▮▮▮▯

정답 해설

③ 적중 포인트 004 **주절의 주어와 동사가 중요한 부가의문문** ★★★

부가의문문의 주어는 주절의 주어를 받아야 한다. 주절의 주어인 The council은 문맥상 위원회 구성원들을 의미하며 바로 다음 문장에서 they로 받고 있으므로, 부가의문문의 주어도 they가 되어야 한다. 동사는 believes이므로 부가의문문은 don't they?가 되어야 한다. 따라서 doesn't it을 don't they로 고쳐야 한다.

오답 해설

① 적중 포인트 082 **관계대명사의 선행사와 문장 구조** ★★★★

계속적 용법의 관계대명사 which는 앞 문장 전체를 선행사로 받을 수 있으며, 뒤에 주어가 없는 불완전한 구조를 취하고 있다. 따라서 밑줄 친 부분은 올바르게 쓰였다.

② 적중 포인트 054 **분사 판별법 [현재분사 VS 과거분사]** ★★★★★

businesses를 후치 수식하는 분사로, 사업체들이 비용을 '걱정하는' 것이므로 수동의 의미를 지닌 과거분사로 써야 한다. 따라서 밑줄 친 부분은 올바르게 쓰였다.

④ 적중 포인트 078 **등위접속사와 병렬 구조** ★★★★

등위접속사 and를 기준으로 attract와 동사원형으로 병렬 구조를 이뤄야 한다. 따라서 밑줄 친 부분은 올바르게 쓰였다.

지문해석

시의회는 새로운 재활용 프로그램을 시행하기로 결정했으며, 이 프로그램은 매립 폐기물을 크게 줄일 것으로 예상된다. 그러나 이 프로그램은 추가 비용에 대해 우려하는 지역 기업들의 반대에 직면해 있다. 시의회는 장기적인 이익이 단기적인 비용보다 더 크다고 믿는다. 그들은 더 깨끗한 환경이 더 많은 관광객을 끌어들이고, 모든 주민의 삶의 질을 향상시킬 것이라고 주장한다.

02 정답 ③ 난이도 ▮▮▮▮

정답 해설

③ 적중 포인트 013 **부정대명사의 활용** ★

정해지지 않은 다른 일부를 지칭하는 대명사로 쓰일 때는 other가 아닌 others를 써야 한다. 따라서 밑줄 친 부분의 other를 others로 고쳐야 한다.

오답 해설

① 적중 포인트 013 **부정대명사의 활용** ★

'A is one thing, and B is another'는 'A와 B는 별개의 것이다'라는 의미의 관용 표현으로 쓸 수 있다. 따라서 밑줄 친 부분은 올바르게 쓰였다.

② 적중 포인트 058 **분사를 활용한 표현 및 구문** ★★★★

시간, 조건, 양보 접속사는 주어와 동사 완전한 절을 취하거나 분사구문과 함께 쓰일 수 있다. 따라서 밑줄 친 부분은 올바르게 쓰였다.

④ 적중 포인트 014 **형용사와 부사의 차이** ★★★★★

형용사는 명사를 수식할 수 있으므로 밑줄 친 부분의 형용사 no 뒤에 명사(one)가 쓰였다. 따라서 밑줄 친 부분은 올바르게 쓰였다.

지문해석

언어를 알고 있는 것과 그것을 가르칠 수 있는 것은 전혀 다른 문제이다. 가르칠 때는 학생들의 다양한 학습 방식을 고려하는 것이 중요하다. 어떤 학생들은 듣기를 통해 가장 잘 배우는 반면, 다른 학생들은 직접 해보면서 배우는 경우가 많아, 효과적인 교육을 위해서는 유연한 접근 방식이 필요하다. 따라서 좋은 교사는 교실 내 각 학생의 필요에 맞게 교수 방법을 조정할 수 있어야 하며, 누구도 학습 과정에서 뒤처지지 않도록 해야 한다.

03 정답 ② 난이도 ▮▮▮▯

정답 해설

② 적중 포인트 014 **형용사와 부사의 차이** ★★★★★

빈칸은 뒤에 있는 형용사 steep와 rocky를 수식하는 자리로 부사이다. 따라서 밑줄 친 부분에 들어갈 말로 가장 적절한 것은 ②이다.

지문해석

그 산길은 매우 가파르고 바위투성이여서, 예상보다 등산이 더 힘들었다.

04 정답 ②

난이도 ▮▮▮▯

정답 해설

② 적중 포인트 019 **주어만 있으면 완전한 1형식 자동사 ★★★**

arise는 '(문제·어려움 등이) 발생하다, 생기다'라는 의미의 1형식 자동사로 수동태로 쓸 수 없다. 따라서 밑줄 친 부분의 was arisen을 arose로 고쳐야 한다.

오답 해설

① 적중 포인트 045 **능동태와 수동태의 차이 ★★★★★**

conclude는 '끝내다, 마치다'라는 타동사이다. 주어인 conference는 스스로 끝내는 것이 아니라 끝마쳐지는 대상이므로 수동태로 써야 한다. 따라서 밑줄 친 부분은 올바르게 쓰였다.

③ 적중 포인트 053 **암기해야 할 동명사 표현 ★★★★★**

'take responsibility for'는 '~에 대해 책임지다'라는 의미의 관용 표현으로 쓸 수 있다. 따라서 밑줄 친 부분은 올바르게 쓰였다.

④ 적중 포인트 056 **여러 가지 분사구문 ★★★★★**

문장의 주어(They)가 상황을 설명하는 능동의 주체이므로, 부대 상황을 나타내므로 현재분사로 써야 한다. 따라서 밑줄 친 부분은 올바르게 쓰였다.

지문해석

회의는 기조 연설자의 폐회사와 함께 성공적으로 마무리되었다. 그러나 등록 데이터가 유출된 사실이 발견되면서, 얼마 지나지 않아 중대한 문제가 발생했다. 주최 측은 즉시 위반에 대한 책임을 지고, 보다 강력한 보안 조치를 시행하겠다고 약속했다. 또한 모든 참가자에게 상황을 설명하고 문제 해결을 위해 취해지는 조치를 안내하는 이메일을 발송했다.

05 정답 ②

난이도 ▮▮▮▯

정답 해설

② 적중 포인트 020 **주격 보어가 필요한 2형식 자동사 ★★★**

prove는 '~임이 판명되다'라는 의미의 2형식 자동사로 사용될 때, 주격 보어로 형용사를 취한다. 따라서 밑줄 친 부분의 부사 valuably를 형용사 valuable로 고쳐야 한다.

오답 해설

① 적중 포인트 082 **관계대명사의 선행사와 문장 구조 ★★★★**

선행사 the ancient manuscript를 수식하며 뒤에 주어가 없는 불완전한 구조를 취하고 있다. 따라서 밑줄 친 부분은 올바르게 쓰였다.

③ 적중 포인트 056 **여러 가지 분사구문 ★★★★★**

주절의 주어(Experts)의 행동에 대한 부수적인 상황을 설명하는 분사구문이다. as they believed에서 접속사와 주어를 생략하고 동사를 현재분사로 써야 한다. 따라서 밑줄 친 부분은 올바르게 쓰였다.

④ 적중 포인트 061 **to부정사의 형용사적 역할 ★★**

to부정사가 앞의 명사 plans를 수식하는 형용사적 용법으로 쓸 수 있다. 따라서 밑줄 친 부분은 올바르게 쓰였다.

지문해석

그 고대 원고는 수세기 동안 잃어버렸던 것이었으나, 마침내 한 고고학자 팀에 의해 발견되었다. 그 문서는 이전에는 역사가들에게 알려지지 않았던 정보를 담고 있어 매우 가치 있는 것으로 판명되었다. 전문가들은 이 발견에 흥분하며, 이 원고가 초기 역사의 상당 부분을 새로 쓰게 할 수 있을 것이라고 믿었다. 대학은 이 원고를 전시할 상세 계획을 발표하며, 전 세계 학자와 애호가들이 이 독특한 역사적 자료를 연구하고 감상하기를 기대했다.

06 정답 ①

난이도 ▮▮▮▯

정답 해설

① 적중 포인트 087 **관계사, 의문사, 복합관계사의 구분 ★★**

복합관계대명사는 명사절이나 부사절을 이끌 수 있다. 이 문장에서는 명사절을 이끄는 형태로 사용되었다. 빈칸 뒤의 you think는 삽입절이며, 그 뒤의 will bring에는 주어가 없는 불완전한 구조로 쓰였다. 이 구조를 완성해 줄 주격 복합관계대명사 whoever가 적절하다. 따라서 밑줄 친 부분에 들어갈 말로 가장 적절한 것은 ①이다.

지문해석

당신은 그룹에서 가장 큰 창의성과 헌신을 가져올 것이라고 생각하는 사람이라면 누구든지 선택할 수 있지만, 그 선택 기준을 위원회에 명확히 설명해야 한다.

07 정답 ③

난이도 ▮▮▮▯

정답 해설

③ 적중 포인트 037 **시제의 일치와 예외 ★**

주절의 동사가 과거시제(thought)이므로, 종속절의 동사는 과거 관련 시제로 일치시켜야 한다. 미래를 나타내는 조동사 will은 과거형으로 써야 한다. 따라서 밑줄 친 부분의 will을 would로 고쳐야 한다.

오답 해설

① 적중 포인트 037 **시제의 일치와 예외 ★**

주절의 동사가 과거형(announced)이므로, 종속절의 조동사도 시제 일치를 위해 과거형을 써야 한다. 따라서 밑줄 친 부분은 올바르게 쓰였다.

② 적중 포인트 014 **형용사와 부사의 차이 ★★★★★**

be동사 뒤 보어 자리에는 형용사를 써야 한다. 따라서 밑줄 친 부분은 올바르게 쓰였다.

④ 적중 포인트 029 **명사나 형용사를 목적격 보어로 취하는 5형식 동사** ★★★

5형식 동사 consider의 수동태에서는 뒤에 목적격 보어였던 형용사(crucial)가 바로 올 수 있다. 따라서 밑줄 친 부분은 올바르게 쓰였다.

지문해석

CEO는 회사가 늘어나는 소비자 수요를 충족시키기 위해 새로운 제품 라인을 출시할 것이라고 발표했다. 마케팅 팀은 다가오는 캠페인을 위해 홍보 자료를 준비하느라 바빴다. 사무실의 모든 사람들은 새 전략이 더 많은 고객을 유치하고 매출을 크게 증가시킬 것이라고 생각했다. 이번 출시의 성공은 회사의 미래 성장에 매우 중요하다고 여겨진다.

---

08 정답 ②　난이도 ▮▮▮▯▯

정답 해설

② 적중 포인트 039 **현재시제 동사와 be동사의 수 일치** ★★★★★
문장의 주어는 동격의 that절의 수식을 받는 명사(The fact)가 단수형이므로 동사도 단수 형태로 써야 한다. 따라서 밑줄 친 부분의 highlight를 highlights로 고쳐야 한다.

오답 해설

① 적중 포인트 039 **현재시제 동사와 be동사의 수 일치** ★★★★★
동격절 내의 주어는 'many startup companies'로 복수이므로 동사도 복수 형태로 써야 한다. 따라서 밑줄 친 부분은 올바르게 쓰였다.

③ 적중 포인트 078 **등위접속사와 병렬 구조** ★★★★
등위접속사 and를 기준으로 동명사구가 병렬 구조를 이루고 있고 이 두 개의 동명사구가 주어이므로 동사도 복수 동사로 수 일치시켜야 한다. 따라서 밑줄 친 부분은 올바르게 쓰였다.

④ 적중 포인트 082 **관계대명사의 선행사와 문장 구조** ★★★★
문장의 주어(those)가 복수형이므로 동사도 복수 형태로 써야 한다. 따라서 밑줄 친 부분은 올바르게 쓰였다.

지문해석

많은 스타트업 기업들이 혁신적인 아이디어와 열정적인 팀을 갖추고 있음에도 불구하고, 종종 장기적인 자금을 확보하는 데 어려움을 겪는다는 사실은 벤처 자본주의의 내재적 위험을 부각시킨다. 이러한 어려운 환경에서는 가장 회복력 있고 전략적으로 탄탄한 기업만이 살아남는다. 따라서 시장 동향을 이해하고 탄탄한 사업 계획을 갖추는 것은 모든 신생 기업에게 매우 중요하다. 성공하는 기업들은 예기치 못한 도전에 빠르게 적응함으로써 성공하는 경우가 많다.

---

09 정답 ②　난이도 ▮▮▮▯▯

정답 해설

② 적중 포인트 060 **to부정사의 명사적 역할** ★★★★
5형식 동사 make는 'it' 가목적어 'to부정사' 진목적어 구문을 취할 수 있다. 'make+it+형용사/명사+(for 목적어)+to부정사'의 구문으로 쓸 수 있다. 따라서 밑줄 친 부분에 들어갈 말로 가장 적절한 것은 ②이다.

지문해석

그 연구는 참가자의 높은 비율이 지속적인 디지털 알림에 노출된 후 집중하는 데 어려움을 겪는다는 것을 발견했다.

---

10 정답 ①　난이도 ▮▮▮▯▯

정답 해설

① 적중 포인트 040 **상관접속사와 수 일치** ★★★
'both A and B' 구문이 주어로 사용될 경우 항상 복수 취급한다. 따라서 밑줄 친 부분의 needs를 need로 고쳐야 한다.

오답 해설

② 적중 포인트 040 **상관접속사와 수 일치** ★★★
'B as well as A' 구문에서는 동사를 B에 일치시킨다. B인 The event coordinator가 단수이므로 동사도 단수 형태로 써야 한다. 따라서 밑줄 친 부분은 올바르게 쓰였다.

③ 적중 포인트 066 **조동사 should의 3가지 용법과 생략 구조** ★★★★★
이성적 판단의 형용사 imperative 뒤의 that절에서는 동사로 '(should) 동사원형'을 써야 한다. 따라서 밑줄 친 부분은 올바르게 쓰였다.

④ 적중 포인트 028 **분사를 목적격 보어로 취하는 5형식 동사** ★★★
keep은 5형식 동사로 목적어와 목적격 보어의 관계가 수동이면 목적격 보어 자리에 과거분사로 쓴다. 문맥상 팀이 동기를 부여받는 대상이므로 과거분사로 써야 한다. 따라서 밑줄 친 부분은 올바르게 쓰였다.

지문해석

다가오는 축제를 위해 아직 상당한 작업이 남아 있다. 마케팅 전략과 운영 계획은 이번 주 말까지 최종 확정되어야 한다. 이벤트 코디네이터는 자원봉사자들과 함께 마감일을 맞추기 위해 초과 근무를 하고 있다. 마지막 순간의 문제를 피하기 위해 모든 세부 사항을 꼼꼼히 점검하는 것이 필수적이다. 성공적인 행사는 모두가 목표로 삼는 것이며, 이 공동의 목표가 팀의 동기를 유지시킨다.

11 정답 ③

정답 해설

③ 적중 포인트 043 **혼동하기 쉬운 주어와 동사 수 일치** ★★★★
문장의 주어(the actual implementation)가 단수이므로 동사도 단수 형태로 써야 한다. 따라서 밑줄 친 부분의 remain을 remains로 고쳐야 한다.

오답 해설

① 적중 포인트 043 **혼동하기 쉬운 주어와 동사 수 일치** ★★★★
'many a+단수 명사'는 단수 동사와 수 일치시켜야 한다. 따라서 밑줄 친 부분은 올바르게 쓰였다.

② 적중 포인트 082 **관계대명사의 선행사와 문장 구조** ★★★★
주격 관계대명사 who가 선행사 voters를 수식하고 있으며, 선행사가 복수이므로 동사도 복수 형태로 써야 한다. 따라서 밑줄 친 부분은 올바르게 쓰였다.

④ 적중 포인트 079 **명사절 접속사의 구분과 특징** ★★★
be동사의 보어 역할을 하는 명사절을 이끌며 선행사를 포함하는 관계대명사 what은 뒤에 주어가 없는 불완전한 구조를 취하고 있다. 따라서 밑줄 친 부분은 올바르게 쓰였다.

지문해석

선거 운동 동안 많은 정치인들이 경제적 불평등이라는 시급한 문제를 해결하겠다고 약속해왔다. 그들은 높아지는 생활비로 어려움을 겪고 있는 유권자들을 설득하기 위해 정교한 계획을 제시한다. 그러나 많은 시민들에게는 약속뿐만 아니라 실제 정책 시행이 가장 중요한 관심사로 남는다. 이러한 말과 행동 사이의 간극이 종종 대중의 환멸을 초래하는 이유가 된다.

12 정답 ①

정답 해설

① 적중 포인트 045 **능동태와 수동태의 차이** ★★★★★
문장의 주어(all necessary safety precautions)가 조치를 취하는 주체가 아니라 취해져야 할 대상이므로 수동태로 써야 한다. 또한 문맥상 의무를 나타내므로 조동사 must와 결합해야 자연스럽다. 따라서 밑줄 친 부분에 들어갈 말로 가장 적절한 것은 ①이다.

지문해석

실험실 내 모든 사람의 안전과 안녕을 보장하기 위해, 새로운 실험이 공식적으로 시작되기 전에 모든 필요한 안전 조치가 취해져야 한다.

13 정답 ④

정답 해설

④ 적중 포인트 045 **능동태와 수동태의 차이** ★★★★★
문장의 주어(The new plots of land)가 할당하는 주체가 아니라 할당되는 대상이므로 수동태로 써야 한다. 따라서 밑줄 친 부분의 will allocate를 will be allocated로 고쳐야 한다.

오답 해설

① 적중 포인트 061 **to부정사의 형용사적 역할** ★★
앞의 명사 a space를 수식하는 to부정사의 형용사적 용법으로 쓸 수 있다. 따라서 밑줄 친 부분은 올바르게 쓰였다.

② 적중 포인트 039 **현재시제 동사와 be동사의 수 일치** ★★★★★
문장의 주어(A series)가 단수이므로 동사도 단수 형태로 써야 한다. 따라서 밑줄 친 부분은 올바르게 쓰였다.

③ 적중 포인트 066 **조동사 should의 3가지 용법과 생략 구조** ★★★★★

요구 동사 request 뒤의 that절에는 '(should) 동사원형'을 써야 한다. 따라서 밑줄 친 부분은 올바르게 쓰였다.

지문해석

지역사회 정원 프로젝트는 작년에 큰 성공을 거두었다. 이 프로젝트는 주민들에게 자신의 채소를 재배하고 공동체 유대감을 형성할 수 있는 공간을 제공하기 위해 시작되었다. 초보 정원사들에게 실질적인 기술을 지원하기 위해 유기농 재배 관련 일련의 워크숍도 개최되었다. 올해에는 조직 위원회가 프로젝트를 더 확대하기를 희망하고 있다. 그들은 더 많은 공공 토지가 시의회에 의해 제공되기를 요청했다. 만약 시의회에서 승인된다면, 새로운 토지 구획은 현재 대기 명단에 있는 가정들에게 배정될 것이다.

14 정답 ②

정답 해설

② 적중 포인트 047 **다양한 3형식 동사의 수동태 구조** ★★★★
타동사구 'take care of(~를 돌보다)'의 수동태 구조는 'be taken care of'로 뒤에 전치사가 있어야 한다. 문맥상 주어(any animal)가 돌봄을 받는 대상이므로 수동태로 써야 한다. 따라서 밑줄 친 부분의 taken care를 taken care of로 고쳐야 한다.

오답 해설

① 적중 포인트 046 **수동태 불가 동사** ★★★★
suffer from(~으로 고통받다)은 특정 3형식 타동사 수동태 구조가 불가능하므로 반드시 능동태 구조로 써야 한다. 따라서 밑줄 친 부분은 올바르게 쓰였다.

③ 적중 포인트 045 **능동태와 수동태의 차이** ★★★★★
타동사 뒤에 목적어가 없을 때 수동태로 쓰고 문장의 주어(The volunteers)가 복수이므로 동사도 복수 형태로 써야 한다. 따라서 밑줄 친 부분은 올바르게 쓰였다.

④ 적중 포인트 080 **부사절 접속사의 구분과 특징 ★★★**

뒤에 절(their efforts are commendable)이 쓰였으므로 접속사 전치사가 아닌 접속사를 써야 한다. 따라서 밑줄 친 부분은 올바르게 쓰였다.

지문해석

많은 길고양이와 길개들이 거리를 돌아다니며, 종종 배고픔과 질병으로 고통받는다. 다행히 헌신적인 자원봉사자들이 있으며, 어려움에 처한 동물은 지역 보호소에서 즉시 그들에 의해 돌봄을 받는다. 자원봉사자들은 동물이 의료 서비스를 받고 음식도 제공받도록 한다. 그들의 노력이 칭찬받을 만함에도 불구하고, 보호소는 사명을 계속 수행하기 위해 항상 더 많은 자원과 공공의 지원이 필요하다.

15 정답 ② 난이도 ▮▮▯▯

정답 해설

② 적중 포인트 053 **암기해야 할 동명사 표현 ★★★★★**

'be accustomed to'는 '~에 익숙하다'라는 의미의 관용 표현으로 to는 전치사이므로 뒤에 명사 또는 동명사를 취할 수 있다. 타동사 뒤에 목적어가 없으므로 수동태의 형태로 써야 한다. 따라서 밑줄 친 부분에 들어갈 말로 가장 적절한 것은 ②이다.

지문해석

그 오래된 교실은 이제 수업보다는 창고로 사용되는 것에 익숙한데, 이는 학교가 현대식 시설을 갖춘 새로운 건물을 지어 대부분의 수업을 그곳으로 옮겼기 때문이다.

16 정답 ② 난이도 ▮▮▮▮

정답 해설

② 적중 포인트 054 **분사 판별법 [현재분사 VS 과거분사] ★★★★★**

'data'를 수식하는 자리에 분사가 필요한데, 데이터는 스스로 수집하는 것이 아니라 수집되는 대상이므로 수동의 의미의 과거분사로 써야 한다. 따라서 밑줄 친 부분의 collecting을 collected로 고쳐야 한다.

오답 해설

① 적중 포인트 060 **to부정사의 명사적 역할 ★★★★**

be unable to부정사'는 '~할 수 없다'라는 의미로, to부정사가 be unable의 목적어 역할을 한다. 따라서 밑줄 친 부분은 올바르게 쓰였다.

③ 적중 포인트 020 **주격 보어가 필요한 2형식 자동사 ★★★**

remain은 2형식 동사로 주격 보어로 형용사를 취할 수 있다. 따라서 밑줄 친 부분은 올바르게 쓰였다.

④ 적중 포인트 064 **to부정사의 관용 구문 ★★★★**

'have no choice but to부정사'는 '~할 수밖에 없다'는 의미의 관용 표현으로 쓸 수 있다. 따라서 밑줄 친 부분은 올바르게 쓰였다.

지문해석

철저한 연구와 설득력 있는 주장을 펼쳤음에도 불구하고, 교수는 회의적인 심사위원단을 설득하지 못했다. 그는 5년에 걸쳐 수집한 데이터를 제시했는데, 이는 그의 논문을 명확히 뒷받침했다. 그러나 한 심사위원은 여전히 납득하지 못한 채, 연구에서 사용된 방법론을 문제 삼았다. 교수는 마침내 우려를 해소하고 획기적인 연구 결과를 입증하기 위해, 수정된 접근 방식으로 후속 연구를 약속할 수밖에 없었다.

17 정답 ② 난이도 ▮▮▮▯

정답 해설

② 적중 포인트 055 **감정 분사와 분사형 형용사 ★★★★★**

'결과(result)'는 실망스러운 감정을 유발하는 원인이므로, 현재분사가 명사를 수식한다. 따라서 밑줄 친 부분의 disappointed를 disappointing으로 고쳐야 한다.

오답 해설

① 적중 포인트 035 **미래를 대신하는 현재시제 ★★★★**

조건의 부사절 접속사 if 뒤에는 미래 시제 대신 현재 시제를 써야 한다. 따라서 밑줄 친 부분은 올바르게 쓰였다.

③ 적중 포인트 078 **등위접속사와 병렬 구조 ★★★★**

'not just A but also B' 구문에서 A와 B는 문법적으로 대등한 형태여야 한다. A가 동명사(supervising)이므로 B도 동명사의 형태로 써야 한다. 따라서 밑줄 친 부분은 올바르게 쓰였다.

④ 적중 포인트 092 **비교 대상 일치 ★★★★**

비교 대상은 'The morale of our team'과 'the morale of the competing team'이다. 단수 명사인 morale을 대신하기 위해 that을 써야 한다. 따라서 밑줄 친 부분은 올바르게 쓰였다.

지문해석

이번 주말에 비가 많이 오면 회사 소풍을 취소해야 할 것이다. 많은 직원들이 이 행사를 기대하고 있었기 때문에, 모두에게 정말 실망스러운 결과가 될 것이다. 나의 주요 역할은 단순히 팀을 감독하는 것뿐만 아니라, 팀원들이 잠재력을 최대한 발휘하도록 동기를 부여하는 것이다. 우리 팀의 사기는 협력적인 환경 덕분에 경쟁 팀보다 훨씬 높다.

18 정답 ② 난이도 ▮▮▮▯

정답 해설

② 적중 포인트 057 **분사의 동사적 성질 ★★★★**

주절의 동사(was able to leave)가 일어난 시점보다 분사구문의 동작(모든 준비를 마친 것)이 더 이전에 발생했으므로, 완료형 분사구문으로 써야 한다. 따라서 밑줄 친 부분에 들어갈 말로 가장 적절한 것은 ②이다.

지문해석

> 전날 밤에 모든 필요한 준비를 마쳤기 때문에, 그녀는 아침에 서두르지 않고 여행을 떠날 수 있었다.

19 정답 ① 난이도 ▮▮▮

정답 해설

① 적중 포인트 058 **분사를 활용한 표현 및 구문** ★★★★

'엄밀히 말하면'이라는 의미의 독립 분사구문은 'Strictly speaking'의 형태로 써야 한다. 따라서 밑줄 친 부분의 spoken을 speaking으로 고쳐야 한다.

오답 해설

② 적중 포인트 063 **to부정사의 동사적 성질** ★★★★

문맥상 저자가 문서를 간과한 것이므로 완료형 능동태를 사용하여 "이전에 간과했던 것 같다"는 의미를 전달해야 한다. 따라서 밑줄 친 부분은 올바르게 쓰였다.

③ 적중 포인트 054 **분사 판별법 [현재분사 VS 과거분사]** ★★★★★

뒤에 있는 명사 the events를 수식하는 분사 자리이다. 사건들(events)은 묘사되는 대상이므로 수동 의미의 과거분사로 써야 한다. 따라서 밑줄 친 부분은 올바르게 쓰였다.

④ 적중 포인트 080 **부사절 접속사의 구분과 특징** ★★★

뒤에 완전한 절 구조를 취하며 '~하기 위해서'라는 목적을 나타낼 때는 부사절 접속사 so that을 써야 한다. 따라서 밑줄 친 부분은 올바르게 쓰였다.

지문해석

> 엄밀히 말하면, 그 역사적 기록에는 독자를 오도할 수 있는 여러 부정확한 내용이 포함되어 있다. 저자는 평판이 좋은 역사학자이지만, 연구 과정에서 몇몇 중요한 문서를 간과한 것으로 보인다. 이러한 누락은 사건의 맥락을 바꾸기 때문에 책에서 서술된 사건의 이해에 중요한 영향을 미친다. 보다 정확하고 균형 잡힌 관점을 대중에게 제공하기 위해 수정판이 필요하다.

20 정답 ① 난이도 ▮▮▮

정답 해설

① 적중 포인트 060 **to부정사의 명사적 역할** ★★★★

want는 to부정사를 목적어로 취하는 3형식 타동사이다. 따라서 밑줄 친 부분의 improving을 to improve로 고쳐야 한다.

오답 해설

② 적중 포인트 025 **to부정사를 목적격 보어로 취하는 대표 5형식 타동사** ★★★★

동사 allow는 목적어와 목적격 보어의 관계가 능동이면 목적격 보어 자리에 to부정사를 쓴다. 문맥상 직원들이 선택을 하는 능동의

의미이므로 to부정사로 써야 한다. 따라서 밑줄 친 부분은 올바르게 쓰였다.

③ 적중 포인트 051 **동명사의 명사 역할** ★★★★★

동명사구가 문장의 주어로 쓰였고, 이미 일어난 상황을 나타내므로 동사는 과거 시제로 쓴다. 따라서 밑줄 친 부분은 올바르게 쓰였다.

④ 적중 포인트 078 **등위접속사와 병렬 구조** ★★★★

not only A but also B 구문에서 boosted와 led to가 과거 시제 동사로 병렬 구조를 이루고 있다. 따라서 밑줄 친 부분은 올바르게 쓰였다.

지문해석

> 새로운 관리자는 팀의 생산성을 향상시키고자 유연 근무제를 도입했다. 이 정책은 직원들이 자신의 업무를 완료하는 한, 근무 시간을 스스로 선택할 수 있도록 허용했다. 처음에는 일부 팀원들이 주저했지만, 곧 그 혜택을 깨달았다. 근무 일정에 대한 더 많은 통제권이 그들이 더 나은 일과 삶의 균형을 유지하는 데 도움을 주었다. 관리자는 이러한 변화가 사기를 높였을 뿐만 아니라 전체 생산량의 상당한 증가로 이어진 것을 보고 기뻐했다.

21 정답 ① 난이도 ▮▮▮

정답 해설

① 적중 포인트 061 **to부정사의 형용사적 역할** ★★

to부정사가 앞의 명사(armchair)를 수식하는 형용사적 용법으로 쓰였다. 문맥상 'sit in an armchair(안락의자에 앉다)'의 의미를 나타내므로, 반드시 전치사 in이 필요하다. 따라서 밑줄 친 부분에 들어갈 말로 가장 적절한 것은 ①이다.

지문해석

> 메인 요리를 다 먹은 후, 할아버지는 편안하게 앉아 파이프 담배를 즐길 수 있는 안락의자를 찾으셨다.

22 정답 ② 난이도 ▮▮▮

정답 해설

② 적중 포인트 067 **주의해야 할 조동사와 조동사 관용 표현** ★★★

'~했어야 했다'는 과거 행위에 대한 후회나 유감을 나타낼 때는 should have p.p.를 써야 한다. 그러나 문맥상 과거 사실에 대한 강한 확신, 즉 '틀림없이 ~했을 것이다'라는 의미를 전달하므로 밑줄 친 부분의 should have passed를 must have passed로 고쳐야 한다.

오답 해설

① 적중 포인트 056 **여러 가지 분사구문** ★★★★★

주절의 주어(I)가 피곤함을 느끼는 주체이며, 주절과 같은 시점에 일어난 일을 설명하는 분사구문이므로 현재분사로 써야 한다. 따라서 밑줄 친 부분은 올바르게 쓰였다.

③ 적중 포인트 099 **최상급 구문 ★**

'가장 ~한 것 중 하나'라는 의미로 쓸 때는 'one of the 최상급＋복수명사' 구문으로 쓸 수 있다. 따라서 밑줄 친 부분은 올바르게 쓰였다.

④ 적중 포인트 060 **to부정사의 명사적 역할 ★★★★**

resolve는 to부정사를 목적어로 취하는 3형식 타동사이다. 따라서 밑줄 친 부분은 올바르게 쓰였다.

지문해석

시험 결과를 받고 나서, 나는 여러 부주의한 실수를 저질렀다는 것을 깨달았다. 완전히 지친 상태에서, 나는 시험지를 다시 검토하며 명백한 오류들을 확인했다. 95점을 받았기에 완벽한 점수에 아주 가까웠다. 나는 시험을 훌륭하게 통과했어야 했지만, 집중력 부족 때문에 그러지 못했다. 이것은 학창 시절 가장 답답했던 경험 중 하나였으며, 나는 앞으로 더 주의하기로 결심했다.

23 정답 ④

④ 적중 포인트 071 **강조 구문과 강조를 위한 표현 ★**

'It is ~ that ...' 강조 구문에서 부사구(for this reason)를 강조하고 있으므로, 관계대명사 which가 아니라 that을 써야 한다. 따라서 밑줄 친 부분의 which를 that으로 고쳐야 한다.

오답 해설

① 적중 포인트 054 **분사 판별법 [현재분사 VS 과거분사] ★★★★★**

성(The ancient castle)은 절벽 위에 '자리 잡고 있는' 것이므로, 수동 의미를 가진 과거분사 perched가 명사를 뒤에서 수식한다. 따라서 밑줄 친 부분은 올바르게 쓰였다.

② 적중 포인트 071 **강조 구문과 강조를 위한 표현 ★**

명사 spot을 강조하기 위해 사용된 very는 '바로 그'라는 의미로 쓰였다. 따라서 밑줄 친 부분은 올바르게 쓰였다.

③ 적중 포인트 080 **부사절 접속사의 구분과 특징 ★★★**

'너무 ~해서 …하다'라는 의미를 나타내는 'so ~ that'의 결과 부사절 구문으로 쓰였다. 따라서 밑줄 친 부분은 올바르게 쓰였다.

지문해석

그 고대 성은 절벽 위 높게 자리 잡고 있어, 계곡 전체를 내려다보고 있다. 전설에 따르면, 바로 이 장소에서 수세기 전 결정적인 전투가 벌어졌다고 한다. 성의 역사는 너무 매혹적이어서 매년 수천 명의 관광객을 끌어들인다. 이런 이유로, 성 안에 전용 박물관이 세워졌다.

24 정답 ②

② 적중 포인트 068 **부정부사와 도치 구문 ★★★★★**

부정부사 'Under no circumstances'가 문장 처음에 올 경우, '조동사＋주어'의 도치 구조인 'be＋주어 (동사원형 ✕)'의 형태로 써야 한다. 따라서 밑줄 친 부분에 들어갈 말로 가장 적절한 것은 ②이다.

지문해석

어떠한 경우에도 적절한 허가 없이 제한 구역에 들어가는 것은 허용되지 않는다, 관련 위험이 매우 높기 때문이다.

25 정답 ①

① 적중 포인트 077 **기타 가정법 ★★★**

'as if' 뒤에는 가정법 시제가 와야 한다. 주절의 동사(looked)와 같은 시점에서 사실과 반대되는 가정을 나타내므로 과정법 과거형으로 써야 한다. 따라서 밑줄 친 부분의 belongs를 belonged로 고쳐야 한다.

오답 해설

② 적중 포인트 054 **분사 판별법 [현재분사 VS 과거분사] ★★★★★**

분사의 수식을 받는 명사가 행동한다는 능동의 의미인 경우 현재분사로 써야 한다. 따라서 밑줄 친 부분은 올바르게 쓰였다.

③ 적중 포인트 054 **분사 판별법 [현재분사 VS 과거분사] ★★★★★**

앞선 명사 Each room을 수식하는 분사구문으로, 방이 가구로 '채워진' 상태를 나타내므로, 수동 의미의 과거분사로 써야 한다. 따라서 밑줄 친 부분은 올바르게 쓰였다.

④ 적중 포인트 077 **기타 가정법 ★★★**

더 오래 탐험할 수 없었던 과거 상황에 대한 유감을 나타내므로 과거 사실에 대한 후회나 유감을 나타내는 가정법 과거완료의 형태로 써야 한다. 따라서 밑줄 친 부분은 올바르게 쓰였다.

지문해석

그 오래된 성은 언덕 위에 서 있었고, 그 탑들은 구름을 향해 솟아 있었다. 성은 마치 다른 시대에 속한 것처럼 보였다. 내부에는 조상들의 초상화가 벽을 따라 걸려 있었으며, 그들의 눈은 방문객을 따라다니는 듯했다. 각 방에는 골동품 가구와 바랜 태피스트리로 가득 차 있는 과거의 울림이 있었다. 나는 좀 더 오래 탐험할 수 있기를 바랐지만, 날이 어두워지고 있었다.

26 정답 ①

난이도 ▐▐▐▐

정답 해설

① **적중 포인트 080 부사절 접속사의 구분과 특징 ★★★**

Because of는 전치사이므로 뒤에 명사(구)가 와야 한다. 뒤에 동사를 포함한 절을 이끌므로 접속사를 써야 한다. 따라서 밑줄 친 부분의 because of를 because로 고쳐야 한다.

오답 해설

② **적중 포인트 082 관계대명사의 선행사와 문장 구조 ★★★★**

계속적 용법의 관계대명사 which는 앞선 명사 the flexibility를 선행사로 받아 주어 역할을 한다. 따라서 밑줄 친 부분은 올바르게 쓰였다.

③ **적중 포인트 066 조동사 should의 3가지 용법과 생략 구조 ★★★★★**

'요구하다'라는 의미의 동사 require 뒤의 that절에는 '(should) 동사원형'으로 써야 한다. 따라서 밑줄 친 부분은 올바르게 쓰였다.

④ **적중 포인트 014 형용사와 부사의 차이 ★★★★★**

동사 affected를 수식하는 것은 형용사가 아닌 부사로 수식해야 한다. 따라서 밑줄 친 부분은 올바르게 쓰였다.

지문해석

회사가 새로운 원격 근무 정책을 시행했기 때문에, 직원 만족도가 눈에 띄게 향상되었다. 많은 직원들이 더 나은 일과 삶의 균형을 가능하게 하는 유연성을 높이 평가한다. 그러나 이 정책은 모든 직원이 핵심 근무 시간 동안 온라인으로 접속할 수 있어야 함을 요구한다. 이는 변화로 인해 팀워크와 소통이 부정적인 영향을 받지 않도록 보장하며, 직원들에게 더 큰 자율성을 제공하면서 생산성을 유지한다.

27 정답 ③

난이도 ▐▐▐▐

정답 해설

③ **적중 포인트 086 관계부사의 선행사와 완전 구조 ★★★**

빈칸 뒤의 문장(the decisive battle… was fought)은 주어와 수동태 동사로 이루어진 완전한 구조를 취하고 있다. 선행사 a historical site가 장소를 나타내므로 관계부사 where이 들어가야 한다. 따라서 밑줄 친 부분에 들어갈 말로 가장 적절한 것은 ③이다.

지문해석

이곳은 전쟁의 결정적 전투가 벌어져 나라의 역사와 미래를 영원히 바꾼 역사적 장소다.

28 정답 ②

난이도 ▐▐▐▐

정답 해설

② **적중 포인트 087 관계사, 의문사, 복합관계사의 구분 ★★**

의문사 what이 이끄는 간접의문문이 consider의 목적어 역할을 하며, 의문사＋주어＋동사의 어순으로 써야 한다. 따라서 밑줄 친 what effects the long-term을 what the long-term effects로 고쳐야 한다.

오답 해설

① **적중 포인트 079 명사절 접속사의 구분과 특징 ★★★**

보어 자리로 뒤에 완전 구조를 취하고 있으므로 접속사 whether를 쓸 수 있다. 따라서 밑줄 친 부분은 올바르게 쓰였다.

③ **적중 포인트 083 「전치사＋관계대명사」 완전 구조 ★★★★**

선행사 'development and preservation'는 두 가지 요소를 의미하며, 그 중 하나가 다른 것보다 우선시되는 상황을 나타낸다. 따라서 일반 대명사 them을 사용하여 one of them으로 표현하는 것이 명확하며, 뒤의 동사 is도 단수로 시제도 일치한다, 따라서 밑줄 친 부분은 올바르게 쓰였다.

④ **적중 포인트 084 관계대명사 주의 사항 ★★★**

주격 관계대명사 뒤에 동사는 선행사와 수 일치 한다. 선행사 (solutions)가 복수형이므로 동사도 복수 형태로 써야 한다. 따라서 밑줄 친 부분은 올바르게 쓰였다.

지문해석

현대 도시 계획에서 중심 문제는 단순히 더 많은 주택이 필요한지 여부가 아니라, 지속 가능하고 살기 좋은 공동체를 어떻게 만들어야 하는가이다. 계획자는 자신들의 결정이 환경에 미칠 장기적인 영향이 무엇일지를 고려해야 한다. 이 과정은 개발과 보존 사이의 미묘한 균형을 요구하며, 경제적 압박 때문에 종종 한쪽이 다른 쪽보다 우선시 되기도 한다. 따라서 이러한 논의에 대중을 참여시키는 것은 주민들의 진정한 필요를 반영한 해결책을 개발하는 데 매우 중요하다.

29 정답 ④

난이도 ▐▐▐▐

정답 해설

④ **적중 포인트 064 to부정사의 관용 구문 ★★★★**

문맥상 '과거에 ~하곤 했다'라는 과거의 습관이나 상태를 나타낼 때는 'used to＋동사원형'으로 써야 한다. 따라서 밑줄 친 부분의 to imagining을 to imagine으로 고쳐야 한다.

오답 해설

① **적중 포인트 054 분사 판별법 [현재분사 VS 과거분사] ★★★★★**

과거분사 covered가 앞의 명사 the mountaintop을 수식하며, '눈으로 덮인'이라는 수동 의미를 나타내고 있다. 따라서 밑줄 친 부분은 올바르게 쓰였다.

② **적중 포인트 089** **주의해야 할 전치사** ★★★

during은 특정 사건이나 기간을 나타내는 명사 앞에 쓰여 '~동안'
의 의미를 가진다. 반면 for는 숫자를 포함한 막연한 기간과 함께
쓰인다. 여기서 **my stay**는 특정 기간을 나타내므로 during으로
써야 한다. 따라서 밑줄 친 부분은 올바르게 쓰였다.

③ **적중 포인트 080** **부사절 접속사의 구분과 특징** ★★★

'so＋형용사/부사＋that＋주어＋동사' 구문은 '매우 ~해서 …하
다'라는 의미를 가지며, be동사의 보어 역할을 하기 때문에 형용
사로 쓴다. 따라서 밑줄 친 부분은 올바르게 쓰였다.

지문해석

그 여행은 잊을 수 없는 경험이었다. 눈으로 뒤덮인 산 정상에서 바라
본 풍경은 숨이 멎을 듯 아름다웠다. 그 그림 같은 마을에 머무는 동
안, 나는 많은 친절한 지역 주민들을 만나는 즐거움을 누렸다. 지역
문화는 너무 달라서 짧은 시간 안에 많은 것을 배울 수 있었다. 내가
이전에 상상하던 것과는 전혀 달랐다.

30 **정답** ①   난이도 ▐▐▐▐▐

정답 해설

① **적중 포인트 097** **원급을 이용한 표현** ★★★

'~나 다름없는[마찬가지인]'의 의미를 가진 원급 관용 표현은 as
good as이다. 문맥상 '자동차가 새 것과 마찬가지로 보였다'라는
의미를 전달한다. 따라서 밑줄 친 부분에 들어갈 말로 가장 적절
한 것은 ①이다.

지문해석

광범위한 복원 작업 후, 그 빈티지 자동차는 새 것과 마찬가지로 보였
고, 완벽한 상태로 자동차 쇼에 참석한 모든 사람을 감동시켰다.

문법 실력 강화 연습문제 정답 및 해설

🎯 연계교재 – 『단판승 문법 적중 포인트 100』

Answer

01 ②	02 ④	03 ①	04 ①	05 ③
06 ②	07 ③	08 ③	09 ②	10 ③
11 ①	12 ④	13 ②	14 ③	15 ③
16 ④	17 ①	18 ④	19 ③	20 ④
21 ①	22 ②	23 ②	24 ③	25 ①
26 ②	27 ③	28 ④	29 ④	30 ③

01 정답 ②
난이도 ▮▮▮▯

정답 해설

② 적중 포인트 025 **to부정사를 목적격 보어로 취하는 대표 5형식 타동사** ★★★★

cause는 5형식 타동사로 목적어와 목적격 보어의 관계가 능동일 때는 목적격 보어 자리에 to부정사로 쓴다. 문맥상 부모들이 참여를 하는 능동의 의미이므로 to부정사로 써야 한다. 따라서 밑줄 친 부분의 participate를 to participate로 고쳐야 한다.

오답 해설

① 적중 포인트 055 **감정 분사와 분사형 형용사** ★★★★★

'힘든, 요구가 많은'을 의미하는 demanding은 분사형 형용사로 명사(jobs)를 수식하고 있다. 따라서 밑줄 친 부분은 올바르게 쓰였다.

③ 적중 포인트 043 **혼동하기 쉬운 주어와 동사 수 일치** ★★★★

'there'를 사용한 도치 구문으로 주어(a great need)가 단수형이므로 동사도 단수 형태로 써야 한다. 따라서 밑줄 친 부분은 올바르게 쓰였다.

④ 적중 포인트 073 **명사절 접속사의 구분과 특징** ★★★

목적어 역할을 하는 명사절 접속사 that은 뒤에 완전 구조를 이끈다. 따라서 밑줄 친 부분은 올바르게 쓰였다.

지문해석

오늘날처럼 빠르게 돌아가는 사회에서 많은 부모들은 힘든 직장 생활과 가정의 책임 사이에서 균형을 잡기 위해 고군분투한다. 이러한 압박감은 부모들이 자녀의 삶에 덜 참여하게 만들 수 있지만, 여전히 부모가 자녀의 교육에 적극적으로 관여하는 것은 매우 중요하다. 연구에 따르면 부모가 자녀의 학습에 적극적인 관심을 보일수록 학생들의 학업 성취도와 사회적 기술이 향상된다고 꾸준히 밝혀지고 있다.

02 정답 ④
난이도 ▮▮▮▮

정답 해설

④ 적중 포인트 015 **주의해야 할 형용사** ★★★

단위를 나타내는 명사가 수사(three)와 함께 다른 명사를 수식할 때는 하이픈(-)을 사용하고, 수식하는 명사는 항상 단수형을 써야 한다. 따라서 밑줄 친 부분의 years를 year로 고쳐야 한다.

오답 해설

① 적중 포인트 060 **to부정사의 명사적 역할** ★★★★

decide는 to부정사를 목적어로 취하는 3형식 타동사이다. 따라서 밑줄 친 부분은 올바르게 쓰였다.

② 적중 포인트 084 **관계대명사 주의 사항** ★★★

주격 관계대명사 뒤에 동사는 선행사와 수 일치 한다. 선행사가 단수형이므로 동사는 단수 형태로 써야 한다. 따라서 밑줄 친 부분은 올바르게 쓰였다.

③ 적중 포인트 022 **4형식으로 착각하기 쉬운 3형식 타동사** ★★★★

suggest는 3형식 동사로 4형식 구조(간접목적어＋직접목적어)로 쓸 수 없다. 간접목적어에 해당하는 내용은 전치사 to와 함께 쓰인다. 따라서 밑줄 친 부분은 올바르게 쓰였다.

지문해석

우리 팀 회의 중에 우리는 예산을 즉시 논의하지 않기로 결정했다. 매니저는 여러 면에서 아버지를 닮았는데, 그는 나에게 다른 일정을 제안했다. 현재 우리의 주요 초점은 시급한 관심을 필요로 하는 3년 된 프로젝트에 있다.

03 정답 ①
난이도 ▮▮▮▯

정답 해설

① 적중 포인트 015 **주의해야 할 형용사** ★★★

동사 keep은 5형식에서 목적격 보어로 형용사를 받는다. 문맥상 빈칸은 목적어 the patient의 상태를 나타내므로, 'alive'(살아 있는)가 가장 자연스럽다. 따라서 밑줄 친 부분에 들어갈 말로 가장 적절한 것은 ①이다.

지문해석

구급대원의 노력에도 불구하고, 그들은 환자가 병원에 도착할 때까지 살아 있도록 지켜낼 수 없었다.

04 | 정답 ① | 난이도 ▮▮▮▯▯

정답 해설

① | 적중 포인트 024 | **목적어를 두 개 취하는 4형식 수여동사 ★**
4형식 수여동사 give는 'give＋간접목적어(사람)＋직접목적어(사물)'의 구조를 취한다. 또한 직접목적어가 간접목적어보다 먼저 올 때는 전치사 to를 써서 3형식 구조로도 바꿀 수 있다. 따라서 밑줄 친 부분의 every employee를 to every employee로 고쳐야 한다.

오답 해설

② | 적중 포인트 062 | **to부정사의 부사적 역할 ★★**
'~하기 위해서'라는 목적을 나타내는 to부정사의 부사적 용법으로 쓰였다. 따라서 밑줄 친 부분은 올바르게 쓰였다.

③ | 적중 포인트 058 | **분사를 활용한 표현 및 구문 ★★★★**
'~에 따라'라는 의미로 'depending on'의 독립 분사구문을 쓸 수 있다. 따라서 밑줄 친 부분은 올바르게 쓰였다.

④ | 적중 포인트 045 | **능동태와 수동태의 차이 ★★★★★**
모든 기준은 '설명되는' 대상이므로 수동의 의미를 나타내고 뒤에 목적어가 없으므로 수동태 구조로 쓴다. 따라서 밑줄 친 부분은 올바르게 쓰였다.

지문해석

우리 회사의 방침은 성과 목표를 달성한 모든 직원에게 연간 보너스를 지급할 것이다. 이 인센티브는 직원들을 동기부여하고 그들의 노고를 인정하기 위해 고안된 것이다. 보너스의 금액은 개인과 팀의 성과에 따라 달라진다. 보너스에 관한 모든 기준은 직원용 안내서에 명확히 설명되어 있다.

05 | 정답 ③ | 난이도 ▮▮▮▯▯

정답 해설

③ | 적중 포인트 025 | **to부정사를 목적격 보어로 취하는 대표 5형식 타동사 ★★★★**
require는 5형식 동사로 목적어와 목적격 보어 사이의 관계가 능동일 때 목적격 보어 자리에 to부정사를 쓴다. 문맥상 사용자가 수락하는 능동의 의미이므로 to부정사로 써야 한다. 따라서 밑줄 친 부분의 accept를 to accept로 고쳐야 한다.

오답 해설

① | 적중 포인트 025 | **to부정사를 목적격 보어로 취하는 대표 5형식 타동사 ★★★★**
allow는 5형식 동사로 목적어와 목적격 보어 사이의 관계가 능동일 때 목적격 보어 자리에 to부정사를 쓴다. 문맥상 사용자가 설정하는 능동의 의미이므로 to부정사를 써야 한다. 따라서 밑줄 친 부분은 올바르게 쓰였다.

② | 적중 포인트 039 | **현재시제 동사와 be동사의 수 일치 ★★★★★**
문장의 주어(The system)가 3인칭 단수이므로 동사도 단수 형태로 써야 한다. 따라서 밑줄 친 부분은 올바르게 쓰였다.

④ | 적중 포인트 082 | **관계대명사의 선행사와 문장 구조 ★★★★**
선행사 a point를 수식하며 뒤에 동사 has의 주어 역할을 하는 주격 관계대명사 that은 올바르게 쓰였다. 따라서 밑줄 친 부분은 올바르게 쓰였다.

지문해석

새로운 소프트웨어 업데이트에는 여러 가지 유용한 기능이 있다. 사용자들이 인터페이스를 쉽게 맞춤 설정할 수 있도록 해준다. 이 시스템은 이전 것보다 훨씬 빨라서 모든 기기에서 원활하게 실행된다. 그러나 회사는 설치 전에 사용자가 새로운 서비스 약관을 수락할 것을 요구하는데, 이 점이 사용자 커뮤니티 내에서 약간의 논란을 일으켰다.

06 | 정답 ② | 난이도 ▮▮▮▯▯

정답 해설

② | 적중 포인트 026 | **5형식 사역동사의 목적격 보어 ★★★★★**
사역동사 have는 목적어와 목적격 보어의 관계가 수동이면 과거분사로 쓴다. 문맥상 목적어(all the interior walls)가 '다시 칠해지는' 수동의 의미이므로 과거분사로 써야 한다. 따라서 밑줄 친 부분에 들어갈 말로 가장 적절한 것은 ②이다.

지문해석

집을 팔기 전에, 집주인은 모든 내부 벽을 다시 칠하게 해서 잠재적 구매자들에게 신선하고 현대적이며 더 매력적인 분위기를 주기로 결정했다.

07 | 정답 ③ | 난이도 ▮▮▮▯▯

정답 해설

③ | 적중 포인트 037 | **시제의 일치와 예외 ★**
문맥상 박물관이 1925년에 설립되었다는 것은 과거에 발생한 역사적 사실은 주절의 시제와 상관없이 항상 과거시제로 써야 한다. 따라서 밑줄 친 부분의 is founded를 was founded로 고쳐야 한다.

오답 해설

① | 적중 포인트 032 | **목적어 뒤에 특정 전치사를 수반하는 3형식 타동사 ★★**
'알리다'라는 의미의 inform은 목적어 뒤에 that절을 취할 수 있다. 따라서 밑줄 친 부분은 올바르게 쓰였다.

② | 적중 포인트 014 | **형용사와 부사의 차이 ★★★★★**
형용사(popular)를 수식하는 것은 부사이다. 따라서 밑줄 친 부분은 올바르게 쓰였다.

06

④ 적중 포인트 037 시제의 일치와 예외 ★

주절의 동사가 과거시제(said)이므로 시제 일치에 따라 조동사 will도 과거형으로 써야 한다. 따라서 밑줄 친 부분은 올바르게 쓰였다.

지문해석

여행 가이드는 우리에게 박물관이 매일 오후 6시에 문을 닫지만, 금요일에는 더 늦게까지 문을 연다고 알려주었다. 그녀는 고대 유물 특별 전시가 특히 인기가 있다고 말하며 우리가 그것을 먼저 보기를 권했다. 우리는 그 박물관이 1925년에 설립되었음을 알게 되었고, 그것이 이 도시에서 가장 오래된 문화 기관 중 하나가 되게 했다. 투어가 끝난 뒤 그녀는 우리가 가질 수 있는 어떤 질문에도 답변할 수 있을 것이라고 말했다.

08 정답 ③
난이도 ▮▮▮▯▯

정답 해설

③ 적중 포인트 043 혼동하기 쉬운 주어와 동사 수 일치 ★★★★

'the number of+복수 명사'는 '명사의 수'라는 의미로 단수 동사로 수 일치시키셔야 한다. 따라서 밑줄 친 부분의 have를 has로 고쳐야 한다.

오답 해설

① 적중 포인트 043 혼동하기 쉬운 주어와 동사 수 일치 ★★★★

뒤에 복수 명사와 복수 동사가 쓰인 것으로 보아 '많은 명사'라는 의미의 'a number of'가 적절하다. 따라서 밑줄 친 부분은 올바르게 쓰였다.

② 적중 포인트 084 관계대명사 주의 사항 ★★★

계속적 용법의 주격 관계대명사 which는 선행사 new equipment를 수식하고 있으며, 선행사가 불가산 명사이므로 단수 취급한다. 따라서 밑줄 친 부분은 올바르게 쓰였다.

④ 적중 포인트 056 여러 가지 분사구문 ★★★★★

앞 문장의 결과를 나타내는 분사구문으로, '~하면서' 또는 '그리고 ~하다'의 의미를 전달하고 뒤에 목적어를 취하고 있으므로 현재분사로 써야 한다. 따라서 밑줄 친 부분은 올바르게 쓰였다.

지문해석

공장에서 생산성을 높이기 위해 많은 새로운 기계가 최근에 설치되었다. 이 새로운 장비는 조립 라인을 효율화할 것으로 기대되며, 훨씬 더 효율적으로 작동한다. 그러나 안타깝게도 작업장 사고 건수는 다소 증가했으며, 이로 인해 전면적인 안전 점검이 진행되고 있다.

09 정답 ②
난이도 ▮▮▮▯▯

정답 해설

② 적중 포인트 064 to부정사의 관용 구문 ★★★★

'~할 사람이 아니다, ~할 정도로 어리석지 않다'의 의미를 나타낼 때는 'know better than to부정사'의 형태로 쓸 수 있다. 따라서 밑줄 친 부분에 들어갈 말로 가장 적절한 것은 ②이다.

지문해석

그녀는 의심스러운 이메일에 답장하지 않았는데, 왜냐하면 낯선 발신자의 링크를 클릭할 만큼 어리석지 않다는 것을 알고 있었기 때문이다.

10 정답 ③
난이도 ▮▮▮▮▯

정답 해설

③ 적중 포인트 039 현재시제 동사와 be동사의 수 일치 ★★★★★

문장의 주어(the final decision)가 단수형이므로 동사도 단수 형태로 써야 한다. 따라서 밑줄 친 부분의 rest를 rests로 고쳐야 한다.

오답 해설

① 적중 포인트 039 현재시제 동사와 be동사의 수 일치 ★★★★★

문장의 주어(The committee)가 단수형이므로 동사도 단수 형태로 써야 한다. 따라서 밑줄 친 부분은 올바르게 쓰였다.

② 적중 포인트 043 혼동하기 쉬운 주어와 동사 수 일치 ★★★★

「There be 동사/1형식 자동사」는 뒤에 나온 명사와 수 일치 한다. 뒤에 나온 명사(several viable options)가 복수형이므로 복수 동사로 수 일치한다. 따라서 밑줄 친 부분은 올바르게 쓰였다.

④ 적중 포인트 065 조동사 뒤의 동사원형과 조동사의 부정형 ★

조동사 뒤에는 항상 동사원형을 써야 한다. 따라서 밑줄 친 부분은 올바르게 쓰였다.

지문해석

위원회는 다양한 배경을 가진 구성원들로 이루어져 있으며, 현재 지난달 제출된 제안서를 검토하고 있다. 테이블 위에는 몇 가지 실행 가능한 선택지가 있는 것으로 보인다. 그러나 어떤 제안을 수락할지에 대한 최종 결정은 전적으로 의장에게 달려 있으며, 의장은 다음 주에 결과를 발표할 예정이다.

11 정답 ①
난이도 ▮▮▮▯▯

정답 해설

① 적중 포인트 040 상관접속사와 수 일치 ★★★

'not only A but also B' 구문이 주어일 때 동사는 B에 수 일치시킨다. B에 해당하는 'every single expense report'가 단수형이므로 동사도 단수 형태로 써야 한다. 따라서 밑줄 친 부분의 were을 was로 고쳐야 한다.

② 적중 포인트 040 **상관접속사와 수 일치** ★★★

'B as well as A' 구문에서는 동사를 B에 일치시킨다. B에 해당하는 'The department head'가 단수형이므로 동사도 단수 형태로 써야 한다. 따라서 밑줄 친 부분은 올바르게 쓰였다.

③ 적중 포인트 079 **명사절 접속사의 구분과 특징** ★★★

선행사를 포함하며 '~하는 것'으로 해석되는 관계대명사 what은 뒤에 불완전한 구조를 취하며, is의 주격 보어 역할을 하는 명사절로 쓰였다. 따라서 밑줄 친 부분은 올바르게 쓰였다.

④ 적중 포인트 045 **능동태와 수동태의 차이** ★★★★★

주어인 which(the thoroughness of the preparation)는 입증하는 주체가 아니라 입증되는 대상이므로 수동태로 써야 한다. 따라서 밑줄 친 부분은 올바르게 쓰였다.

지문해석

감사 준비를 위해 재무부서는 성실히 업무를 수행했다. 지난 1년간의 송장뿐만 아니라 모든 지출 보고서가 정확성을 위해 꼼꼼히 검토되었다. 재무부서장과 신입 회계사들도 전체 과정 동안 작업을 감독하기 위해 자리에 있었다. 이러한 수준의 철저한 검토가 회사의 재무 기록을 신뢰할 수 있게 만드는 요소이다. 감사원들은 재무제표에 대한 종합적인 검토에서 오류가 발견되지 않은 점을 통해 나타난 철저함에 깊은 인상을 받았다.

12 정답 ④　　　　난이도 ▮▮▮▯

정답 해설

④ 적중 포인트 047 **다양한 3형식 동사의 수동태 구조** ★★★★

동사 know는 that절을 목적어로 취하는 3형식 타동사이므로, 수동태로 바꿀 때는 가주어 it을 사용하여 It is known that ~의 형태로 표현한다. 이 문장은 '널리 알려져 있다'는 현재의 일반적인 사실을 말하므로, 현재 시제 수동태로 써야 자연스럽다. 또한 부사 widely는 be동사와 과거분사 사이에 위치한다. 따라서 밑줄 친 부분에 들어갈 말로 가장 적절한 것은 ④이다.

지문해석

규칙적인 운동과 균형 잡힌 식단이 결합되면 신체 건강뿐만 아니라 전반적인 정신 건강 개선에도 크게 기여한다는 사실은 널리 알려져 있다.

13 정답 ②　　　　난이도 ▮▮▮▯

정답 해설

② 적중 포인트 048 **4형식 수여동사의 수동태 구조** ★★★

4형식 동사 send의 수동태 문장에서 직접목적어인 A detailed report가 주어로 사용될 경우, 간접목적어인 the CEO 앞에는 전치사 to가 필요하다. 따라서 밑줄 친 부분의 the CEO 를 to the CEO로 고쳐야 한다.

① 적중 포인트 090 **원급 비교 구문** ★★★★

'as ~ as possible' 또는 'as ~ as 주어 can/could'는 '가능한 한 ~하게'라는 의미를 나타내는 원급 비교 구문으로 쓸 수 있다. 따라서 밑줄 친 부분은 올바르게 쓰였다.

③ 적중 포인트 066 **조동사 should의 3가지 용법과 생략 구조** ★★★★★

제안동사 suggest 뒤의 that절에서는 당위성을 나타낼 때 '(should) 동사원형'을 써야 한다. 따라서 밑줄 친 부분은 올바르게 쓰였다.

④ 적중 포인트 099 **최상급 구문** ★

'one of the 최상급+복수 명사'는 '가장 ~한 것들 중 하나'라는 의미의 구문으로 뒤에 복수 명사를 써야 한다. 따라서 밑줄 친 부분은 올바르게 쓰였다.

지문해석

그는 할 수 있는 한 빨리 달렸지만, 여전히 마지막 기차를 놓쳤다. 상세한 보고서는 어제 밤 위원회에 의해 CEO에게 전달되었으며, 재무 전망을 설명하고 있다. 의사는 내가 더 많은 운동을 하도록 권고했다. 그녀는 내가 이제까지 본 사람 중 가장 재능 있는 예술가 중 한 명이다.

14 정답 ③　　　　난이도 ▮▮▮▯

정답 해설

③ 적중 포인트 049 **5형식 동사의 수동태 구조** ★★★★

5형식 동사 expect가 수동태 구조로 쓰일 때는 목적격 보어로 to부정사를 취한다. 하지만 이 문장의 주어인 it(a new community center)은 '완공하는 주체'가 아니라 '완공되는 대상'이므로 수동의 의미를 나타내므로 수동태로 써야 한다. 따라서 밑줄 친 부분의 to complete를 to be completed로 고쳐야 한다.

① 적중 포인트 082 **관계대명사의 선행사와 문장 구조** ★★★★

선행사 The old factory를 수식하는 계속적 용법의 관계대명사 which와, 공장이 철거된 시점보다 더 이전에 '버려져 있었던' 상태임을 나타내므로 과거완료 수동태로 써야 한다. 따라서 밑줄 친 부분은 올바르게 쓰였다.

② 적중 포인트 047 **다양한 3형식 동사의 수동태 구조** ★★★★

that절을 목적어로 취하는 3형식 타동사 report의 수동태(It be reported that절) 구조로 쓸 수 있다. 따라서 밑줄 친 부분은 올바르게 쓰였다.

④ 적중 포인트 083 **「전치사+관계대명사」 완전 구조** ★★★★

'부분을 나타내는 명사 of 관계대명사'의 구조는 사람 선행사일 때 whom으로 써야 한다. 따라서 밑줄 친 부분은 올바르게 쓰였다.

오래된 공장은 수년간 버려져 있었으나, 마침내 철거되었다. 그 건물이 구조적으로 안전하지 않다는 보도가 있었다. 그 부지에는 이제 새로운 커뮤니티 센터가 건설 중이며, 내년까지 완공될 것으로 예상된다. 이 결정은 주민들에게 환영받았는데, 그들 대부분은 오랫동안 방치된 건물에 대해 불만을 제기해 왔다.

15 정답 ③

정답 해설

③ **적중 포인트 053 암기해야 할 동명사 표현 ★★★★★**

'~은 말할 필요도 없다'라는 의미를 나타낼 때는 'It goes without saying that절' 동명사 관용 구문으로 쓸 수 있다. 이 구문에서 that은 접속사로 뒤에 완전한 구조를 취해야 한다. 빈칸 부분은 주어 자리로 주어 역할을 하는 동명사가 적절하다. 따라서 밑줄 친 부분에 들어갈 말로 가장 적절한 것은 ③이다.

지문해석

건강한 식단을 유지하고 규칙적으로 운동하는 것이 신체적·정신적 건강을 유지하는 데 기본이라는 것은 두말할 필요도 없다.

16 정답 ④

정답 해설

④ **적중 포인트 051 동명사의 명사 역할 ★★★★★**

문장의 주어는 동명사구인 'living an honest life'이다. 동명사 주어는 단수 동사와 수 일치한다. 따라서 밑줄 친 부분의 lead를 leads로 고쳐야 한다.

오답 해설

① **적중 포인트 047 다양한 3형식 동사의 수동태 구조 ★★★★**

believe는 that절 목적어를 취하는 3형식 타동사이다. 따라서 밑줄 친 부분은 올바르게 쓰였다.

② **적중 포인트 017 어순에 주의해야 할 형용사와 부사 ★★★**

so는 'so+형용사+a+명사'의 어순으로 써야 한다. 따라서 밑줄 친 부분은 올바르게 쓰였다.

③ **적중 포인트 028 분사를 목적격 보어로 취하는 5형식 동사 ★★★**

5형식 동사 find는 목적어와 목적격 보어의 관계가 능동일 때 목적격 보어 자리에 현재분사로 쓴다. 문맥상 내가 스스로 떠올리는 능동의 의미이므로 현재분사로 써야 한다. 따라서 밑줄 친 부분은 올바르게 쓰였다.

지문해석

할아버지는 항상 정직이 최선의 방책이라는 말을 해주셨으며, 이는 그가 평생 지켜온 원칙이었다. 그는 어떤 문제도 정직과 성실한 노력으로 극복할 수 없는 정도로 크지 않다고 믿었다. 그의 지혜는 나에게 길잡이가 되었으며, 나는 어려운 상황에서 종종 그의 말을 떠올리곤 한다. 그는 정직하게 사는 삶이 항상 쉽지는 않지만, 진정한 자존감과 마음의 평화를 가져다준다는 것을 보여주었다.

17 정답 ①

정답 해설

① **적중 포인트 058 분사를 활용한 표현 및 구문 ★★★★**

with 분사구문의 목적격 보어 자리에 동사원형을 쓸 수 없다. 문맥상 '그녀의 목소리가 흥분으로 약간 떨리면서'라는 동시 상황을 나타내고 목소리가 떨리는 능동의 의미이므로 현재분사로 써야 한다. 따라서 밑줄 친 부분의 shake를 shaking으로 고쳐야 한다.

오답 해설

② **적중 포인트 054 분사 판별법 [현재분사 VS 과거분사] ★★★★★**

명사 Her research를 뒤에서 수식하는 분사 자리이다. 수식받는 명사가 '수행된' 것이므로 수동의 의미를 나태므로 과거분사로 써야 한다. 따라서 밑줄 친 부분은 올바르게 쓰였다.

③ **적중 포인트 058 분사를 활용한 표현 및 구문 ★★★★**

'Though (it was) praised by many~'에서 주어와 be동사가 생략된 접속사 분사구문이다. 연구가 칭찬받는 수동의 의미이므로 과거분사로 써야 한다. 따라서 밑줄 친 부분은 올바르게 쓰였다.

④ **적중 포인트 078 등위접속사와 병렬 구조 ★★★★**

등위접속사 and를 기준으로 앞의 형용사 confident와 병렬 구조를 이루는 과거분사형 형용사로 써야 한다. 따라서 밑줄 친 부분은 올바르게 쓰였다.

지문해석

그 과학자는 국제 학회에서 자신의 연구 결과를 발표했으며, 흥분으로 목소리가 약간 떨리기도 했다. 그녀의 연구는 5년에 걸쳐 수행되었으며, 기후 변화에 대한 새로운 관점을 제시했다. 철저함으로 많은 사람들의 찬사를 받았지만, 일부 비평가들은 여전히 회의적이어서 그녀의 결론을 뒷받침할 추가 데이터를 요구했다. 그녀는 자신의 연구의 타당성을 확신하며 침착하게 질문에 답했고, 자신의 연구 방법을 방어할 준비가 되어 있었다.

18 정답 ④

정답 해설

④ **적중 포인트 054 분사 판별법 [현재분사 VS 과거분사] ★★★★★**

수식을 받는 명사 'the candidates'(지원자들)는 면접을 '보는' 주체처럼 보일 수 있지만, 문맥상 면접관에 의해 '면접을 당하는' 대상으로 수동의 의미를 나타내므로 과거분사로 써야 한다. 따라서 밑줄 친 부분에 들어갈 말로 가장 적절한 것은 ④이다.

지문해석

최종 라운드에 면접을 본 후보자들 중, 성과와 경력을 기준으로 단지 세 명만 그 직위에 선발될 것이다.

19 **정답** ③　　　　　　　　　　　　　　　　　난이도 ▮▮▮▮

정답해설

③ **적중 포인트 055** **감정 분사와 분사형 형용사** ★★★★★

'challenging'은 '도전적인, 힘든'이라는 의미의 분사형 형용사로, 명사 task를 앞에서 수식하는 역할로 올바르게 쓰였다. 따라서 밑줄 친 부분은 올바르게 쓰였다.

오답해설

① **적중 포인트 021** **전치사가 필요 없는 대표 3형식 타동사** ★★★★

동사 enter가 '~에 들어가다'라는 물리적 이동의 의미로 쓰일 때 타동사이므로 전치사 into 없이 바로 목적어를 취한다. 따라서 밑줄 친 부분의 enter into를 enter로 고쳐야 한다.

② **적중 포인트 040** **상관접속사와 수 일치** ★★★

'neither A nor B' 구문에서 동사는 B(the team members)에 수 일치시킨다. B에 해당하는 내용이 복수형이므로 복수 동사로 써야 한다. 따라서 밑줄 친 부분의 was를 were로 고쳐야 한다.

④ **적중 포인트 053** **암기해야 할 동명사 표현** ★★★★★

'object to'에서 to는 전치사이므로 뒤에 동명사가 와야 한다. 따라서 밑줄 친 부분의 accept를 accepting으로 고쳐야 한다.

지문해석

팀은 민감한 데이터를 회수하기 위해 제한 구역에 들어가야 했다. 프로젝트 매니저도 팀원들도 관련된 위험을 완전히 인식하지 못했다. 그것은 최고의 정밀함과 용기가 요구되는 도전적인 임무였다. 수석 연구원은 임무 일정에 어떤 지연도 용납할 수 없다고 반대했다.

20 **정답** ④　　　　　　　　　　　　　　　　　난이도 ▮▮▮▮

정답해설

④ **적중 포인트 056** **여러 가지 분사구문** ★★★★★

앞에 "understanding its eventual decline is just as important"에 대한 부수적인 결과를 나타내는 분사구문이다. 문맥상 쇠퇴를 이해하는 것이 교훈적인 이야기로서 '역할을 하는' 능동의 의미이므로 현재분사로 써야 한다. 따라서 밑줄 친 부분의 served를 serving으로 고쳐야 한다.

오답해설

① **적중 포인트 051** **동명사의 명사 역할** ★★★★★

동명사 주어는 단수 동사와 수 일치한다. 따라서 밑줄 친 부분은 올바르게 쓰였다.

② **적중 포인트 099** **최상급 구문** ★

'가장 ~한 것 중 하나'라는 의미는 'one of the＋최상급＋복수 명사' 구문으로 쓸 수 있다. 따라서 밑줄 친 부분은 올바르게 쓰였다.

③ **적중 포인트 041** **부분을 나타내는 명사와 수 일치** ★★★★

문장의 주어(Its contributions)가 복수형이므로 동사도 복수 형태로 써야 한다. 따라서 밑줄 친 부분은 올바르게 쓰였다.

지문해석

이러한 고대 문화를 연구하는 것은 인간 경험에 대한 깊은 통찰을 제공한다. 그중 로마 제국은 지금까지 존재했던 가장 강력하고 영향력 있는 문명 중 하나로 자주 언급된다. 법, 건축, 언어에 대한 로마 제국의 공헌은 현대 세계를 계속해서 형성하고 있다. 그러나 로마 제국의 최종적인 쇠퇴를 이해하는 것도 매우 중요한데, 이는 광대한 제국을 유지하는 것이 얼마나 복잡한지를 경고하는 교훈으로 작용한다.

06

21 **정답** ①　　　　　　　　　　　　　　　　　난이도 ▮▮▮▮

정답해설

① **적중 포인트 062** **to부정사의 부사적 역할** ★★

문맥상 빈칸에는 '의식 수준을 높이기 위해'라는 목적의 의미를 나타내야 하므로 부사적 용법의 to부정사를 쓰는 것이 자연스럽다. 문맥상 '어떤 목적을 가지고 캠페인을 시작했는지'를 분명하게 설명해 주며 to부정사는 동사 launched를 수식한다. 따라서 밑줄 친 부분에 들어갈 말로 가장 적절한 것은 ①이다.

지문해석

마케팅 팀은 환경을 생각하는 소비자들 사이에서 새로운 친환경 제품 라인에 대한 인지도를 높이기 위해 광범위한 온라인 캠페인을 시작했다.

22 **정답** ②　　　　　　　　　　　　　　　　　난이도 ▮▮▮▮

정답해설

② **적중 포인트 064** **to부정사의 관용 구문** ★★★★

난이 형용사 구문은 'It be동사＋난이 형용사＋(for 목적어) to부정사'의 형태로 쓸 수 있다. 따라서 밑줄 친 부분의 believing을 to believe로 고쳐야 한다.

오답 해설

① **적중 포인트 063 to부정사의 동사적 성질 ★★★★**

주절 동사인 현재형 claims보다 '몰랐던 일'이 더 과거의 일이므로 완료 부정사의 형태로 써야 한다. 따라서 밑줄 친 부분은 올바르게 쓰였다.

③ **적중 포인트 082 관계대명사의 선행사와 문장 구조 ★★★★**

사물 선행사(documents)를 수식하며 뒤에 불완전 구조를 취하고 있으므로 관계대명사 that은 올바르게 쓰였다. 따라서 밑줄 친 부분은 올바르게 쓰였다.

④ **적중 포인트 014 형용사와 부사의 차이 ★★★★★**

형용사(untenable)을 수식하는 것은 부사이다. 따라서 밑줄 친 부분은 올바르게 쓰였다.

지문해석

피고인은 불법 활동을 알지 못했다고 주장한다. 그러나 배심원단이 그의 증언을 뒷받침하는 증거 없이 믿는 것은 어렵다. 검사는 그의 진술과 모순되는 것으로 보이는 문서를 제시하여, 그의 입장을 점점 더 유지하기 어려운 상태로 만들었다.

23 **정답** ② 난이도 ▮▮▯▯

정답 해설

② **적중 포인트 067 주의해야 할 조동사와 조동사 관용 표현 ★★★**

'아무리 ~해도 지나치지 않다'는 의미의 관용 표현은 'cannot ~ too'로 쓸 수 있다. 따라서 밑줄 친 부분의 enough careful을 too careful로 고쳐야 한다.

오답 해설

① **적중 포인트 056 여러 가지 분사구문 ★★★★★**

접속사가 생략된 시간의 분사구문으로, 주어(you)가 인터넷을 사용하는 능동의 의미이므로 현재분사로 써야 한다. 따라서 밑줄 친 부분은 올바르게 쓰였다.

③ **적중 포인트 066 조동사 should의 3가지 용법과 생략 구조 ★★★★★**

'It is essential that ~' 구문에서 that절의 동사는 당위성을 나타내므로 '(should) 동사원형'을 쓴다. 따라서 밑줄 친 부분은 올바르게 쓰였다.

④ **적중 포인트 082 관계대명사의 선행사와 문장 구조 ★★★★**

사람 선행사(hackers)를 수식하며 뒤의 절에서 주어 역할을 하는 주격 관계대명사 who는 올바르게 쓰였다. 따라서 밑줄 친 부분은 올바르게 쓰였다.

지문해석

인터넷을 사용할 때, 개인 정보에 대해 충분히 조심할 수 없다. 온라인에서 개인 정보를 제공하는 것은 심각한 보안 위험으로 이어질 수 있다. 비밀번호를 보호하고 신원을 훔치려는 해커가 보낸 의심스러운 이메일을 주의하는 것이 필수적이다. 잠깐의 부주의가 장기적인 문제를 초래할 수 있으므로, 끊임없는 주의가 필요하다.

24 **정답** ③ 난이도 ▮▮▮▮

정답 해설

③ **적중 포인트 069 다양한 도치 구문 ★★★★**

'so 형용사/부사 that절'을 포함한 도치 구문으로, '조동사+주어'의 도치 구조로 쓴다. 또한 타동사 뒤에 목적어가 없고 그림이 디자인되는 수동의 의미이므로 수동태 구조로 써야 한다. 따라서 밑줄 친 부분에 들어갈 말로 가장 적절한 것은 ③이다.

지문해석

그 그림은 너무 정교하게 디자인되어, 미술사가가 모든 세부 사항과 상징성을 완전히 이해하는 데 몇 주가 걸렸다.

25 **정답** ① 난이도 ▮▮▯▯

정답 해설

① **적중 포인트 073 가정법 과거 공식**

주절에 '조동사 과거형+동사원형(would complete)'이 쓰여 현재 사실에 반대되는 상황을 가정하고 있으므로, 이는 가정법 과거 형태이다. 따라서 if절에는 과거시제 동사를 써야 한다. 따라서 밑줄 친 부분의 had cooperated를 cooperated로 써야 한다.

오답 해설

② **적중 포인트 079 명사절 접속사의 구분과 특징**

선행사를 포함하며 'the thing which'의 의미를 가지는 관계대명사 what은 주격 보어절을 이끈다. 따라서 밑줄 친 부분은 올바르게 쓰였다.

③ **적중 포인트 088 전치사와 명사 목적어**

전치사 despite는 뒤에 명사구(this challenge)를 목적어로 취한다. 따라서 밑줄 친 부분은 올바르게 쓰였다.

④ **적중 포인트 076 if 생략 후 도치된 가정법**

주절에 '조동사 과거형+동사원형(would achieve)'이 쓰인 것으로 보아, 이 문장은 가정법 과거 형태이다. 또한 'If we were more aligned~'에서 if가 생략되고 주어와 동사가 도치된 형태로 나타난 가정법 과거 도치 구문이다. 따라서 밑줄 친 부분은 올바르게 쓰였다.

지문해석

모두가 좀 더 효과적으로 협력했더라면, 우리는 이 프로젝트를 예정된 일정보다 앞서 마칠 수 있었을 것이다. 팀워크의 부족이 바로 우리의 진척을 더디게 하는 원인이다. 이런 어려움에도 불구하고, 각 구성원은 개별적으로 열심히 일하고 있다. 우리가 좀 더 하나로 조화를 이루고 있다면, 지금보다 훨씬 더 좋은 결과를 낼 수 있을 것이다.

26 정답 ②

난이도 ▮▮▮▯▯

정답 해설

② 적중 포인트 072 **가정법 미래 공식** ★★★

문맥상 '지적인 외계 생명체가 발견된다면'이라는 실현 불가능한 미래를 가정할 때는 'If 주어 were to부정사'의 형태로 쓸 수 있고, 뒤에 '주어+would/should/could/might+동사원형'으로 써야 한다. 따라서 밑줄 친 부분의 will을 would로 고쳐야 한다.

오답 해설

① 적중 포인트 072 **가정법 미래 공식** ★★★

문맥상 '지적인 외계 생명체가 발견된다면'이라는 실현 불가능한 미래를 가정할 때는 'If 주어 were to부정사'의 형태로 쓸 수 있다. 따라서 밑줄 친 부분은 올바르게 쓰였다.

③ 적중 포인트 067 **주의해야 할 조동사와 조동사 관용 표현** ★★★

need가 일반동사로 쓰일 때는 뒤에 to부정사로 쓸 수 있다. 따라서 밑줄 친 부분은 올바르게 쓰였다.

④ 적중 포인트 055 **감정 분사와 분사형 형용사** ★★★★★

명사(response)를 수식하는 것은 형용사이다. '조정된'이라는 의미의 분사형 형용사로 밑줄 친 부분은 올바르게 쓰였다.

지문해석

만약 먼 행성에서 지적인 외계 생명체가 발견된다면, 그것은 우주와 그 안에서 우리의 위치에 대한 이해를 근본적으로 바꿀 것이다. 그 발견은 인류가 수천 년 동안 숙고해 온 심오한 철학적·신학적 질문을 제기할 것이다. 과학자들은 소통을 위한 새로운 절차를 개발해야 할 것이며, 평화롭고 조정된 대응을 보장하기 위해 국제 협력이 필수적일 것이다.

27 정답 ③

난이도 ▮▮▮▮▯

정답 해설

③ 적중 포인트 080 **부사절 접속사의 구분과 특징** ★★★

빈칸 뒤에는 'the sudden and heavy downpour'라는 명사구가 나오므로 전치사가 들어가야 한다. 문맥상 '~때문에'이라는 내용이 자연스러우므로 due to가 들어가야 한다. 따라서 밑줄 친 부분에 들어갈 말로 가장 적절한 것은 ③이다.

지문해석

야외 행사는 예정 시작 한 시간 전에 시작된 갑작스럽고 강한 폭우 때문에 연기되었다.

28 정답 ④

난이도 ▮▮▮▯▯

정답 해설

④ 적중 포인트 083 「**전치사+관계대명사」 완전 구조** ★★★★

「전치사+관계대명사」가 나오면 전치사에 유의하고 뒤에 완전 구조인지 확인한다. 주어진 문장의 경우 뒤에 완전 구조를 취하고는 있지만 전치사가 적절하지 않다. '~할 수 있다'의 뜻으로 쓰일 때 'be capable of'의 형태로 쓸 수 있으므로 전치사 of가 자연스럽다. 따라서 밑줄 친 부분의 in which를 of which로 고쳐야 한다.

오답 해설

① 적중 포인트 088 **전치사와 명사 목적어** ★★★

전치사는 뒤에 명사나 동명사를 목적어로 취할 수 있다. 따라서 밑줄 친 부분은 올바르게 쓰였다.

② 적중 포인트 078 **명사절 접속사의 구분과 특징** ★★★

의문 대명사 what은 '무엇인지'의 의미로 명사절을 이끄는 역할을 한다. what은 의문사이면서 동시에 접속사적 기능을 하며, 뒤에는 불완전한 구조를 취한다. 따라서 밑줄 친 부분은 올바르게 쓰였다.

③ 적중 포인트 060 **to부정사의 명사적 역할** ★★★★

'결정하다'의 의미인 determine은 to부정사를 목적어로 취하는 3형식 타동사이다. 따라서 밑줄 친 부분은 올바르게 쓰였다.

지문해석

많은 사람들은 자신의 강점과 약점을 진지하게 성찰하지 않은 채 인생을 살아간다. 그들은 모호한 목표를 세우고, 남들을 따라가며, 어려움에 직면했을 때 종종 길을 잃는다. 하지만 반대로, 네 자신을 알고 네 능력이 무엇인지 이해하며, 그리고 네가 할 수 있는 모든 것을 이루기로 결심한다면, 너는 분명 훨씬 더 큰 성공의 기회를 얻게 될 것이다.

29 정답 ④

난이도 ▮▮▮▮▯

정답 해설

④ 적중 포인트 083 「**전치사+관계대명사」 완전 구조** ★★★★

전치사 without 뒤에는 관계대명사 that을 쓸 수 없다. 선행사가 사물(a process)을 가리키므로 without which로 써야 한다. 따라서 밑줄 친 부분의 that을 which로 고쳐야 한다.

오답 해설

① 적중 포인트 055 **감정 분사와 분사형 형용사** ★★★★★

명사(impact)를 수식하는 것은 형용사이다. '파괴적인'이라는 의미의 분사형 형용사로 밑줄 친 부분은 올바르게 쓰였다.

② **적중 포인트 045** **능동태와 수동태의 차이** ★★★★★

'전치사＋관계대명사'의 구조 뒤에는 완전 구조를 취하고 문장의 주어(vast areas)가 복수형이므로 동사도 복수 형태로 쓰고 뒤에 목적어가 없으므로 수동태 구조로 써야 한다. 따라서 밑줄 친 부분은 올바르게 쓰였다.

③ **적중 포인트 084** **관계대명사 주의 사항** ★★★

'many of which'의 선행사(challenges)가 복수형이므로 동사도 복수 형태로 써야 한다. 따라서 밑줄 친 부분은 올바르게 쓰였다.

지문해석

이것은 자연의 미묘한 균형과, 농업과 벌목을 위해 광범위한 숲이 벌채되는 과정이 가져오는 파괴적인 영향을 강조했다. 촬영팀은 수많은 어려움에 직면했으며, 그중 많은 문제는 혹독한 환경 조건과 관련이 있었다. 감독은 이 영화가 시청자들에게 행동을 촉구하기를 바랐지만, 동시에 이 중요한 생태계의 미래가 심각한 위험에 처할 것이라는 점을 경고하고자 했다.

30 **정답** ③   난이도 ▐▐▐▐▐

정답 해설

③ **적중 포인트 098** **비교급을 이용한 표현** ★★★

문맥상 '수하물의 무게가 기껏해야(많아야) 10kg을 넘지 않아야 한다'라는 의미가 들어가야 가장 자연스럽다. '기껏해야, 많아야'라는 의미로 쓸 때는 'not more than' 또는 'at (the) most'의 비교급을 이용한 표현으로 쓸 수 있다. 따라서 밑줄 친 부분에 들어갈 말로 가장 적절한 것은 ③이다.

지문해석

항공사의 기내 반입 수하물 정책에 따르면, 선반은 약 10킬로그램만 수용할 수 있기 때문에, 보관이 허용되는 단일 가방의 무게는 많아야 10킬로그램을 넘지 않아야 한다.

문법 실력 강화 연습문제 정답 및 해설

🎯 연계교재 – 『단판승 문법 적중 포인트 100』

Answer

01 ①	02 ①	03 ①	04 ②	05 ③
06 ①	07 ③	08 ③	09 ①	10 ③
11 ③	12 ①	13 ①	14 ①	15 ①
16 ②	17 ③	18 ①	19 ④	20 ①
21 ③	22 ④	23 ③	24 ③	25 ③
26 ④	27 ②	28 ②	29 ②	30 ①

01 정답 ①   난이도 ▮▮▮▮

정답 해설

① 적중 포인트 004 **주절의 주어와 동사가 중요한 부가의문문 ★★★**

부가의문문은 주절과 반대 상황으로 만들고 부가의문문의 동사는 주절의 동사에 종류와 시제를 맞춘다. 주절에 부정부사 never가 있으므로 부정문이므로 부가의문문은 긍정 형태가 와야 한다. 주절의 동사는 현재완료 have been이므로, 부가의문문은 have you로 써야 한다. 따라서 밑줄 친 부분에 들어갈 말로 가장 적절한 것은 ①이다.

지문해석

당신은 이전에 파리에 가본 적이 없지요? 봄철에는 특히 아름다운 도시라고 들었어요.

02 정답 ①   난이도 ▮▮▮

정답 해설

① 적중 포인트 016 **수량 형용사와 명사의 수 일치 ★★★**

information은 불가산 명사로 복수 가산 명사를 수식하는 many로 쓸 수 없다. 따라서 밑줄 친 부분의 many를 much로 고쳐야 한다.

오답 해설

② 적중 포인트 054 **분사 판별법 [현재분사 VS 과거분사] ★★★★★**

문맥상 소프트웨어는 '업데이트되는' 대상이므로 수동의 의미이므로 과거분사로 써야 한다. 따라서 밑줄 친 부분은 올바르게 쓰였다.

③ 적중 포인트 060 **to부정사의 명사적 역할 ★★★★**

'결정하다'라는 의미의 decided는 to부정사를 목적어로 취하는 3형식 타동사이다. 따라서 밑줄 친 부분은 올바르게 쓰였다.

④ 적중 포인트 082 **관계대명사의 선행사와 문장 구조 ★★★★**

사물 선행사 a broader strategy를 수식하며 뒤에 주어가 없는 불완전한 구조를 취하므로 주격 관계대명사 that은 올바르게 쓰였다.

지문해석

그 발표는 투자자들에게 시장 동향을 이해하는 데 도움이 되는 많은 유용한 정보를 제공했다. 업데이트된 소프트웨어에는 사용자 경험을 향상시키기 위해 설계된 여러 새로운 기능이 포함되어 있다. 데이터를 검토한 후, 회사는 연구개발에 더 많은 투자를 하기로 결정했다. 이 결정은 장기적으로 효과가 입증된 보다 넓은 전략의 일환이었다.

03 정답 ①   난이도 ▮▮▮

정답 해설

① 적중 포인트 017 **어순에 주의해야 할 형용사와 부사 ★★★**

'such+a(n)+형용사+명사'의 어순으로 써야 한다. 따라서 밑줄 친 부분의 intelligent a을 an intelligent으로 고쳐야 한다.

오답 해설

② 적중 포인트 061 **to부정사의 형용사적 역할 ★★**

추상명사(ability) 뒤에 to부정사가 쓰여 형용사적 역할을 하고 있다. 따라서 밑줄 친 부분은 올바르게 쓰였다.

③ 적중 포인트 045 **능동태와 수동태의 차이 ★★★★★**

문맥상 동료들이 영감을 받은 것이므로, 주어가 동작을 당하는 수동의 의미이므로 수동태 구조로 써야 한다. 따라서 밑줄 친 부분은 올바르게 쓰였다.

④ 적중 포인트 025 **to부정사를 목적격 보어로 취하는 대표 5형식 타동사 ★★★★**

encourage는 목적어와 목적격 보어의 관계가 능동이면 목적격 보어 자리에 to부정사를 쓴다. 문맥상 동료들이 고정관념을 깨는 능동의 의미이므로 to부정사로 써야 한다. 따라서 밑줄 친 부분은 올바르게 쓰였다.

지문해석

그녀는 너무나 지적인 여성이어서 복잡한 문제도 쉽게 해결할 수 있었다. 상황을 분석하고 효과적인 전략을 세우는 그녀의 능력은 팀에게 매우 소중한 자산이 되었다. 많은 동료들이 그녀의 헌신과 직업 윤리에 감명을 받았다. 그녀는 항상 동료들이 고정관념을 깨고 창의적으로 문제에 접근하도록 격려했다.

04 정답 ②   난이도 **IIII**

정답 해설

② **적중 포인트 026** 5형식 사역동사의 목적격 보어 ★★★★★

사역동사 let은 목적어와 목적격 보어의 관계가 수동이면 목적격
보어 자리에 'be p.p.'를 쓴다. 문맥상 정보가 '숨겨지는' 수동의
의미이므로 be p.p.로 써야 한다. 따라서 밑줄 친 부분에 들어갈
말로 가장 적절한 것은 ②이다.

지문해석

내부 고발자는 진실이 반드시 밝혀져야 한다고 강력히 주장하며, 중
요한 정보가 대중의 감시로부터 숨겨지도록 가만히 두지 않겠다고 단
언했다.

05 정답 ③   난이도 **IIII**

정답 해설

③ **적중 포인트 027** 5형식 지각동사의 목적격 보어 ★★★★★

지각동사 watch의 목적어와 목적격 보어의 관계가 능동이면 목
적격 보어 자리에 원형부정사 또는 현재분사를 쓴다. 문맥상 새가
'날아가는' 능동의 의미이므로 원형부정사 또는 현재분사를 써야
한다. 따라서 밑줄 친 부분의 to fly를 fly 또는 flying으로 고쳐야
한다.

오답 해설

① **적중 포인트 033** 과거 시간을 나타내는 부사와 과거시제 ★★★

명백한 과거를 나타내는 과거 시간 부사(last 시점)가 나오면 주절
의 동사는 과거시제로 써야 한다. 따라서 밑줄 친 부분은 올바르
게 쓰였다.

② **적중 포인트 014** 형용사와 부사의 차이 ★★★★★

be동사의 주격 보어 자리에 형용사를 쓸 수 있다. 따라서 밑줄 친
부분은 올바르게 쓰였다.

④ **적중 포인트 056** 여러 가지 분사구문 ★★★★★

주절의 주어(we)가 즐기는 능동의 의미이므로 현재분사로 써야
한다. 따라서 밑줄 친 부분은 올바르게 쓰였다.

지문해석

지난 주말, 우리 가족은 고요한 호수 근처로 캠핑을 갔는데, 그곳은
내가 이제까지 방문한 곳 중 가장 아름다운 장소 중 하나였다. 경치는
정말 숨이 멎을 정도로 아름다웠고, 우리는 오후 내내 물가에서 그냥
휴식을 취하며 시간을 보냈다. 나는 새들이 하늘을 가로질러 날아가
는 모습을 지켜보았고, 그들의 날개는 지는 해의 황금빛을 반사하고
있었다. 우리는 어두워지고 별들이 하나씩 나타날 때까지 그곳에서
몇 시간 동안 자연의 평화와 고요함을 즐기며 머물렀다.

06 정답 ①   난이도 **IIII**

정답 해설

① **적중 포인트 028** 분사를 목적격 보어로 취하는 5형식 동사 ★★★

'~한 상태로 두다'라는 의미의 leave는 목적어와 목적격 보어의
관계가 수동이면 과거분사로 쓴다. 문맥상 공원이 쓰레기로 뒤덮
인 것은 수동적인 의미이므로 과거분사로 써야 한다. 따라서 밑줄
친 부분의 to litter를 littered로 고쳐야 한다.

오답 해설

② **적중 포인트 084** 관계대명사 주의 사항 ★★★

'one of the+복수명사+who/that' 구문에서는 관계대명사절의
동사가 선행사인 복수 명사(those people)와 수 일치시킨다. 따
라서 밑줄 친 부분은 올바르게 쓰였다.

③ **적중 포인트 068** 부정부사와 도치 구문 ★★★★★

부정부사 little이 문장 처음에 나오면 '조동사+주어'의 도치 구조
로 써야 한다. 따라서 밑줄 친 부분은 올바르게 쓰였다.

④ **적중 포인트 053** 암기해야 할 동명사 표현 ★★★★★

'~해도 소용없다'라는 의미일 때는 'It is no use ‐ing'의 동명사
관용 구문으로 쓸 수 있다. 따라서 밑줄 친 부분은 올바르게 쓰였다.

지문해석

축제 주최자들은 콘서트가 끝난 후 공원을 플라스틱 병과 봉지로 쓰
레기 투성이로 남겨두었다. 그녀는 항상 낙관적인 사람들 중 한 명이
다. 그는 자신의 작은 친절한 행동이 이렇게 깊은 영향을 미칠 줄은
전혀 몰랐다. 이미 엎질러진 우유에 대해 울어봤자 소용없다.

07 정답 ③   난이도 **IIII**

정답 해설

③ **적중 포인트 038** 시제 관련 표현 ★★★★

'~이 되어 (비로소) …하다'라는 의미일 때 'Not until~'이 문장
처음에 나오면 'Not until 주어+동사' 뒤에 주절에는 '조동사+주
어'의 도치 구조로 써야 한다. 주절의 동사가 일반동사 원형이고,
종속절이 과거형이므로 조동사 did를 써야 한다. 따라서 밑줄 친
부분에 들어갈 말로 가장 적절한 것은 ③이다.

지문해석

관리자가 분기별 매출 수치를 검토하고 나서야 비로소 그는 새로운
지역에서 마케팅 팀이 거둔 성공의 전모를 깨달았다.

08 정답 ③

난이도

정답 해설

③ 적중 포인트 041 **부분을 나타내는 명사와 수 일치 ★★★★**

부분을 나타내는 명사(some)가 나오면 of 뒤에 나오는 명사를 확인해서 동사와 수 일치한다. 명사 information은 불가산 명사이므로 단수 동사와 수 일치한다. 따라서 밑줄 친 부분의 were를 was로 고쳐야 한다.

오답 해설

① 적중 포인트 082 **관계대명사의 선행사와 문장 구조 ★★★★**

사물인 선행사 program이 가진 '목표'라는 소유를 나타내야 하므로, 소유격 관계대명사 whose를 써야 한다. 따라서 밑줄 친 부분은 올바르게 쓰였다.

② 적중 포인트 089 **주의해야 할 전치사 ★★★**

문맥상 줄어드는 '수치의 정도'를 나타낼 때는 전치사 by로 표현할 수 있다. 따라서 밑줄 친 부분은 올바르게 쓰였다.

③ 적중 포인트 060 **to부정사의 명사적 역할 ★★★★**

promise는 to부정사를 목적어로 취하는 3형식 타동사이다. 따라서 밑줄 친 부분은 올바르게 쓰였다.

지문해석

이 도시의 새로운 재활용 프로그램은 목표가 매립 폐기물을 50% 줄이는 것이며, 초기 성과를 거두고 있다. 그러나 대중에게 제공된 일부 정보는 혼란스러워서 재료가 잘못 분류되는 결과를 초래했다. 시 의회는 다음 달 더 명확한 교육 캠페인을 시작하여 이 문제를 해결하겠다고 약속했다.

09 정답 ①

난이도

정답 해설

① 적중 포인트 041 **부분을 나타내는 명사와 수 일치 ★★★★**

'the rest of'가 주어로 쓰일 때 동사는 of 뒤의 명사에 수 일치시켜야 한다. 명사(product samples)가 복수형이므로 동사도 복수 형태로 써야 한다. 따라서 밑줄 친 부분의 was를 were로 고쳐야 한다.

오답 해설

② 적중 포인트 008 **주의해야 할 명사의 복수형 ★**

data는 datum의 복수형이므로 동사도 복수 형태로 써야 한다. 따라서 밑줄 친 부분은 올바르게 쓰였다.

③ 적중 포인트 058 **분사를 활용한 표현 및 구문 ★★★★**

'with+명사+분사구문'에서 문맥상 99%의 아이템들이 테스트를 '통과하는' 능동의 의미이므로 현재분사로 써야 한다. 따라서 밑줄 친 부분은 올바르게 쓰였다.

④ 적중 포인트 055 **감정 분사와 분사형 형용사 ★★★★★**

문맥상 엔지니어가 만족감을 '느끼는' 것으로 감정을 느낀다는 의미이며 사람을 수식할 경우 과거분사로 써야 한다. 따라서 밑줄 친 부분은 올바르게 쓰였다.

지문해석

품질 관리 과정의 최종 단계에서 나머지 제품 샘플들은 자동화 시스템에 의해 결함 여부를 꼼꼼히 검사받았다. 초기 데이터는 유망했으며, 99% 이상의 제품이 테스트를 통과했다. 수석 엔지니어는 결과에 만족한 듯 보였다.

10 정답 ③

난이도

정답 해설

③ 적중 포인트 044 **주어 자리에서 반드시 단수 또는 복수 취급하는 특정 표현 ★★★**

동명사구(analyzing market trends)가 문장의 주어로 쓰일 경우 단수 취급하므로 단수 동사로 써야 한다. 문맥상 '~하기 위해'라는 목적의 의미를 나타낼 때는 전치사 for가 가장 자연스럽다. 따라서 밑줄 친 부분에 들어갈 말로 가장 적절한 것은 ③이다.

지문해석

경제학 분야에서 시장 동향을 분석하는 것은 현명한 투자 결정을 내리기 위해 매우 중요하다.

11 정답 ③

난이도

정답 해설

③ 적중 포인트 043 **혼동하기 쉬운 주어와 동사 수 일치 ★★★★**

'There 1형식 자동사'는 뒤에 나온 명사와 수 일치한다. 명사(a fundamental shift)가 단수형이므로 동사도 단수 형태로 써야 한다. 따라서 밑줄 친 부분의 seem을 seems로 고쳐야 한다.

오답 해설

① 적중 포인트 043 **혼동하기 쉬운 주어와 동사 수 일치 ★★★★**

'many a+단수 명사'는 단수 동사로 수 일치한다. 따라서 밑줄 친 부분은 올바르게 쓰였다.

② 적중 포인트 043 **혼동하기 쉬운 주어와 동사 수 일치 ★★★★**

the number of 뒤에 복수 명사를 쓰고 단수 동사를 써야 한다. 따라서 밑줄 친 부분은 올바르게 쓰였다.

④ 적중 포인트 086 **관계부사의 선행사와 완전 구조 ★★★**

뒤에 완전한 구조를 취하고 있으며, 앞에서 언급된 a fundamental shift in corporate culture라는 상황을 설명할 때 관계부사 where은 올바르게 쓰였다.

07

많은 회사들이 일과 삶의 균형의 중요성을 인식하기 시작했다. 그 결과, 원격 근무 일자리 공고의 수가 꾸준히 증가하고 있다.기업 문화에 근본적인 변화가 있는 것으로 보이며, 많은 직원들이 이제 자신의 역할에서 더 큰 자율성과 유연성을 기대하고 있다.

12 정답 ①

난이도 ▮▮▮▮

정답 해설

① 적중 포인트 049 **5형식 동사의 수동태 구조 ★★★★**

사역동사 make를 수동태 구조로 쓰면 목적격 보어였던 원형부정사가 to부정사로 바뀐다. 따라서 밑줄 친 부분의 clean을 to clean으로 고쳐야 한다.

오답 해설

② 적중 포인트 048 **4형식 수여동사의 수동태 구조 ★★★**

4형식 수여동사 tell을 수동태 구조로 쓰면 직접목적어로 that절이 뒤에 남을 수 있다. 따라서 밑줄 친 부분은 올바르게 쓰였다.

③ 적중 포인트 056 **여러 가지 분사구문 ★★★★★**

although는 접속사로 뒤에 동사를 포함한 절을 이끈다. 따라서 밑줄 친 부분은 올바르게 쓰였다.

④ 적중 포인트 056 **여러 가지 분사구문 ★★★★★**

주절의 주어(The teacher)의 부수적인 행동을 설명하는 분사구문으로, 선생님이 학생들을 '격려하는' 능동의 의미이므로 현재분사로 써야 한다. 따라서 밑줄 친 부분은 올바르게 쓰였다.

학생들은 그들의 잘못된 행동에 대한 벌로 교실 전체를 청소하도록 시키게 되었다. 그들은 앞으로 이러한 행동이 용납되지 않을 것이라고 들었다. 비록 벌에 불만이 있었지만, 그들은 왜 이러한 조치가 필요한지 이해했다. 선생님은 이번 사건이 교훈이 되어 그들이 더 책임감 있게 행동하도록 격려하기를 원했다.

13 정답 ①

난이도 ▮▮▮▮

정답 해설

① 적중 포인트 046 **수동태 불가 동사 ★★★★**

'일어나다, 발생하다'라는 의미의 동사 occur는 1형식 자동사로 명사 목적어를 취할 수 없고, 수동태 구조로도 쓸 수 없다. 문맥상 과거에 발생한 사건을 나타내므로, 과거시제 동사로 써야 한다. 따라서 밑줄 친 부분에 들어갈 말로 가장 적절한 것은 ①이다.

팀이 모든 결과를 예측하기 위해 최선을 다했음에도 불구하고, 제품 출시 최종 단계에서 예상치 못한 기술 문제가 발생하여 약간의 지연이 생겼다.

14 정답 ①

난이도 ▮▮▮▮

정답 해설

① 적중 포인트 050 **전치사에 유의해야 할 수동태 ★★★**

'~에 직면하다'의 의미로 쓸 때는 be faced with으로 써야 하므로, 뒤에 전치사는 with이 되어야 한다. 따라서 밑줄 친 부분의 on을 with으로 고쳐야 한다.

오답 해설

② 적중 포인트 025 **to부정사를 목적격 보어로 취하는 대표 5형식 타동사 ★★★★**

ask를 수동태 구조로 쓰면 목적격 보어였던 to부정사가 뒤에 그대로 쓰인다. 따라서 밑줄 친 부분은 올바르게 쓰였다.

③ 적중 포인트 050 **전치사에 유의해야 할 수동태 ★★★**

수동태 구조 뒤에 전치사에 따라 의미가 달라지므로 전치사를 확인해야 한다. '~에 관심[흥미]이 있다, ~에 관계가 있다'라는 의미로 쓸 때는 be concerned with으로, '~에 대해 걱정[염려]하다, ~에 관심을 가지다'라는 의미로 쓸 때는 전치사 about을 써야 한다. 문맥상 CEO가 염려한다는 내용이 자연스럽다. 따라서 밑줄 친 부분은 올바르게 쓰였다.

④ 적중 포인트 010 **격에 따른 인칭대명사 ★★**

make 뒤에 목적격 보어(clear)와 진목적어(that절)가 나오므로, 가목적어 it을 쓴다. 따라서 밑줄 친 부분은 올바르게 쓰였다.

경영진 전체는 다음 회계연도의 예산 삭감안과 관련하여 어려운 결정을 내려야 하는 상황에 직면했다. 각 부서장은 예상 지출과 삭감 가능한 분야를 상세히 정리한 보고서를 제출하도록 요청받았다. CEO는 직원들의 사기에 미칠 잠재적 부정적 영향에 깊이 염려했는데, 이는 광범위한 불만과 생산성 저하로 이어질 수 있다고 걱정했기 때문이다. 그는 회의에서 회사가 어려운 전환 기간 동안 직원들을 지원하기 위해 가능한 모든 노력을 다할 것임을 분명히 밝혔다.

15 정답 ①

난이도 ▮▮▮▮

정답 해설

① 적중 포인트 052 **동명사의 동사적 성질 ★★★**

주절의 동사 시점보다 마라톤을 완주한 것이 더 이전에 일어난 일이므로, 단순 동명사가 아닌 완료 동명사로 써야 한다. 따라서 밑줄 친 부분의 finishing을 having finished로 고쳐야 한다.

오답 해설

② 적중 포인트 055 **감정 분사와 분사형 형용사** ★★★★★
'헌신적인' 훈련이라는 의미로, 명사 training을 수식하는 분사형 형용사 dedicated는 올바르게 쓰였다.

③ 적중 포인트 025 **to부정사의 명사적 역할** ★★★★
aim은 to부정사를 목적어로 취하는 3형식 타동사이다. 따라서 밑줄 친 부분은 올바르게 쓰였다.

④ 적중 포인트 055 **감정 분사와 분사형 형용사** ★★★★★
'도전적인' 경주라는 의미로, 명사 race를 수식하는 분사형 형용사 challenging은 올바르게 쓰였다.

지문해석

그는 작년에 마라톤을 완주한 것을 자랑스럽게 여겼는데, 이는 수개월간의 헌신적인 훈련이 필요한 성취였다. 이제 그는 이전 기록을 뛰어넘고 다른 사람들에게 자신의 건강 목표를 추구하도록 영감을 주기 위해, 훨씬 더 도전적인 경주에 참가하는 것을 목표로 하고 있다.

16 정답 ②   난이도 ▮▮▮▯▯

정답 해설

② 적중 포인트 055 **감정 분사와 분사형 형용사** ★★★★★
문맥상 강의(The lecture)가 학생들을 '매혹시키는' 감정을 유발시킨다는 의미이고, 사물을 수식하므로 감정 동사의 현재분사로 써야 한다. 따라서 밑줄 친 부분에 들어갈 말로 가장 적절한 것은 ②이다.

지문해석

양자 물리학에 관한 강의는 너무 매혹적이어서, 이전에는 어렵다고 생각했던 주제에 많은 학생들이 마음을 빼앗겼다.

17 정답 ③   난이도 ▮▮▮▯▯

정답 해설

③ 적중 포인트 054 **분사 판별법 [현재분사 VS 과거분사]** ★★★★★
문장에 이미 동사가 있는데, 콤마 뒤에 접속사 없이 동사를 또 쓸 수 없으므로 분사구문으로 쓰고, 타동사가 목적어를 취하고 있으므로 현재분사로 써야 한다. 따라서 밑줄 친 부분의 allows를 allowing으로 고쳐야 한다.

오답 해설

① 적중 포인트 063 **to부정사의 동사적 성질** ★★★★
to부정사를 부정할 때는 to 앞에 not을 붙인다. 따라서 밑줄 친 부분은 올바르게 쓰였다.

② 적중 포인트 063 **to부정사의 동사적 성질** ★★★★
주절의 동사 시점보다 현명한 예방조치였던 것이 더 이전의 일이므로 완료부정사의 형태로 써야 한다. 따라서 밑줄 친 부분은 올바르게 쓰였다.

④ 적중 포인트 005 **단어의 8품사** ★★★★
형용사 just 뒤에 명사를 쓸 수 있다. 따라서 밑줄 친 부분은 올바르게 쓰였다.

지문해석

나는 진행 중인 사건에 대해 언론과 이야기하지 말라는 조언을 받았다. 조기 발언이 법적 전략을 위태롭게 할 수 있었기 때문에, 이는 현명한 예방 조치였던 것 같다. 변호사는 증거가 결국 우리의 무죄를 입증할 것이며, 이를 통해 우리의 명예를 회복할 수 있을 것이라고 확신하고 있다. 이번 상황은 스트레스를 주었지만, 우리는 공정한 결과를 기대하며 희망을 잃지 않고 있다.

18 정답 ①   난이도 ▮▮▮▮▯

정답 해설

① 적중 포인트 058 **분사를 활용한 표현 및 구문** ★★★★
'~이라 할지라도, ~을 인정하더라도'라는 의미로 쓸 때는 독립분사구문 'Granting that'의 형태로 써야 한다. 따라서 밑줄 친 부분은 올바르게 쓰였다.

오답 해설

② 적중 포인트 082 **관계대명사의 선행사와 문장 구조** ★★★★
관계부사 where 뒤에 완전 구조를 이끈다. 문장의 뒤에 주어가 없는 불완전 구조를 취하므로, 사물 선행사를 수식할 수 있는 관계대명사 which로 써야 한다. 따라서 밑줄 친 부분의 where를 which로 고쳐야 한다.

③ 적중 포인트 032 **의미와 구조에 주의해야 할 타동사** ★★
동사 help는 목적어로 동명사가 아닌 to부정사나 동사원형을 취한다. 따라서 밑줄 친 부분의 rebuilding을 to rebuild 또는 rebuild로 고쳐야 한다.

④ 적중 포인트 057 **분사의 동사적 성질** ★★★★
분사구문의 의미상 주어는 such interpersonal issues이다. 문맥상 문제들은 '확인되지 않은 채로 남겨지는' 수동의 의미이므로 과거분사로 써야 한다. 따라서 밑줄 친 부분의 Leaving을 Left로 고쳐야 한다.

지문해석

그의 사과가 진심으로 보인다고 인정하더라도, 일부 팀원들은 여전히 그를 신뢰하기 어려워한다. 이 프로젝트는 협업이 필요한데, 최근에는 그것이 약해졌다. 관리자는 열린 의사소통이 팀의 결속력을 회복하는 데 도움이 되기를 바란다. 방치될 경우, 이러한 대인관계 문제는 프로젝트 전체를 위험에 빠뜨릴 수 있다.

19 **정답** ④   난이도 ▮▮▮▮

정답 해설

④ **적중 포인트 057** 분사의 동사적 성질 ★★★★
주절의 주어인 학생(the student)이 갑작스러운 소음에 의해 '놀람을 당한' 상태이므로, 수동의 의미의 과거분사로 써야 한다. 여기서 (Being) Startled에서 Being은 생략된 형태로, 분사구문으로서 주절의 주어를 수식하고 있다. 따라서 밑줄 친 부분에 들어갈 말로 가장 적절한 것은 ④이다.

지문해석

밖에서 나는 갑작스러운 소리에 깜짝 놀란 학생은 집중력을 잃고 기말 시험 공부를 계속하기 어려워했다.

20 **정답** ①   난이도 ▮▮▮▮

정답 해설

① **적중 포인트 059** 원형부정사의 용법과 관용 표현 ★★
'~하기만 하다'라는 의미의 관용 표현인 'do nothing but' 다음에는 원형부정사를 써야 한다. 따라서 밑줄 친 부분의 to issue를 issue로 고쳐야 한다.

오답 해설

② **적중 포인트 026** 5형식 사역동사의 목적격 보어 ★★★★★
사역동사 have의 목적어와 목적격 보어의 관계가 능동이면 목적격 보어 자리에 원형부정사를 쓴다, 문맥상 대변인이 대답을 하는 능동의 의미이므로 원형부정사를 써야 한다. 따라서 밑줄 친 부분은 올바르게 쓰였다.

③ **적중 포인트 089** 주의해야 할 전치사 ★★★
어떠한 행동을 한 시점 명사인 구체적 기간(기자 회견)이 나오면 전치사 during을 써야 한다. 따라서 밑줄 친 부분은 올바르게 쓰였다.

④ **적중 포인트 027** 5형식 지각동사의 목적격 보어 ★★★★★
지각동사 watched의 목적어와 목적격 보어의 관계가 능동이면 목적격 보어 자리에 원형부정사 또는 현재분사로 쓴다. 문맥상 그가 말하는 능동의 의미이므로 원형부정사를 쓸 수 있다. 따라서 밑줄 친 부분은 올바르게 쓰였다.

지문해석

위기를 처리하기 위해 대통령은 간단한 성명서를 발표할 수밖에 없었으며, 많은 사람들은 그것이 충분하지 않다고 느꼈다. 그는 기자 회견 동안 대부분의 어려운 질문에 답하도록 대변인에게 맡겼다. 대중은 그가 텔레비전에서 말하는 모습을 지켜보며 실망감을 느꼈다.

21 **정답** ③   난이도 ▮▮▮▮

정답 해설

③ **적중 포인트 064** to부정사의 관용 구문 ★★★★
'(사람)이 ~하는 데 (시간/노력)이 걸리다'라는 의미를 나타낼 때는 가주어 it을 사용하여 'It takes/took＋사람＋시간/노력＋to부정사'의 형태로 써야 한다. 따라서 밑줄 친 부분의 that을 it으로 고쳐야 한다.

오답 해설

① **적중 포인트 064** to부정사의 관용 구문 ★★★★
'~할 만큼 어리석지 않다'라는 의미로 쓸 때는 'know better than to부정사'의 형태로 써야 한다. 따라서 밑줄 친 부분은 올바르게 쓰였다.

② **적중 포인트 064** to부정사의 관용 구문 ★★★★
'~하는 것을 규칙으로 삼다'라는 의미로 쓸 때는 'make it a rule to부정사'의 형태로 써야 한다. 따라서 밑줄 친 부분은 올바르게 쓰였다.

④ **적중 포인트 079** 명사절 접속사의 구분과 특징 ★★★
선행사를 포함하며 '~하는 것'으로 해석되는 관계대명사 what이 보어절을 이끈다. 따라서 밑줄 친 부분은 올바르게 쓰였다.

지문해석

노련한 외교관은 민감한 협상 중에 성급한 결정을 내리지 않는 것이 현명하다는 것을 잘 알고 있었다. 그는 인내가 중요하다는 것을 이해하고, 관련된 모든 당사자의 말을 주의 깊게 듣는 것을 규칙으로 삼았다. 이러한 접근 방식 덕분에 그는 공정하고 효율적이라는 평판을 얻었다. 그러나 도발적인 발언에 직면했을 때 중립성을 유지하는 것은 상당한 노력이 필요한 일이었다. 압박 속에서도 침착함을 유지하는 그의 능력이 바로 그의 성공적인 경력을 정의하는 핵심이었다.

22 **정답** ④   난이도 ▮▮▮▮

정답 해설

④ **적중 포인트 067** 주의해야 할 조동사와 조동사 관용 표현 ★★★
'~했음에 틀림없다'는 과거 사실에 대한 강한 확신을 나타낼 때는 must have p.p.를 쓴다. cannot have p.p.는 '~했을 리가 없다', should have p.p.는 '~했어야 했다'라는 후회의 의미를 가진다. 문맥상 과거 사실에 대한 강한 확신을 나타내기 때문에 밑줄 친 부분에 들어갈 말로 가장 적절한 것은 ④이다,

지문해석

그녀는 완전히 지쳐 보이고 눈이 충혈되어 있다. 성적에 매우 중요했음을 감안할 때, 그녀는 기말 시험 공부를 밤새 했음에 틀림없다.

23 정답 ③ 난이도 ▮▮▮▯▯

정답 해설

③ 적중 포인트 068 **부정부사와 도치 구문** ★★★★★

부정부사구 'Not only'가 문장 처음에 나오면 '조동사＋주어'의 도치 구조로 써야 한다. 따라서 밑줄 친 부분의 she is를 is she로 고쳐야 한다.

오답 해설

① 적중 포인트 082 **관계대명사의 선행사와 문장 구조** ★★★★

선행사 The ancient manuscript의 origins와의 소유 관계를 나타내는 소유격 관계대명사 whose는 뒤에 완전한 구조를 취한다. 따라서 밑줄 친 부분은 올바르게 쓰였다.

② 적중 포인트 056 **여러 가지 분사구문** ★★★★★

주절의 주어(the explorers)가 지도를 연구한 것이 주절의 동사 시점보다 먼저 일어난 일이므로 완료형 분사구문의 형태로 써야 한다. 따라서 밑줄 친 부분은 올바르게 쓰였다.

④ 적중 포인트 049 **5형식 동사의 수동태 구조** ★★★★

사역동사 make를 수동태 구조로 쓸 때, 목적격 보어였던 원형부정사는 to부정사로 전환된다. 따라서 밑줄 친 부분은 올바르게 쓰였다.

지문해석

그 고대 원고는 그 기원이 학자들 사이에서 여전히 논쟁 중이지만, 현대 전문가들이 아직 해독하지 못한 암호 같은 기호들을 포함하고 있다. 탐험가들은 지도를 주의 깊게 연구한 후, 앞으로 닥칠 수 있는 모든 도전에 완전히 대비하여 울창한 정글 속 여행을 떠났다. 그녀는 획기적인 학문적 성취로 인정받을 뿐만 아니라, 지역 자선단체에 크게 기여하는 헌신적인 자원봉사자이기도 한다. 조사 결과 여러 심각한 안전 규정 위반이 드러난 후, 회사는 공개 사과를 하도록 강요받았다.

24 정답 ③ 난이도 ▮▮▮▯▯

정답 해설

③ 적중 포인트 071 **강조 구문과 강조를 위한 표현** ★

'It was ~ that ...' 강조 구문에서 강조하는 대상(a team of local biologists)이 사람일 경우, 관계사 which가 아닌 who나 that을 사용해야 한다. 따라서 밑줄 친 부분의 which를 who 또는 that으로 고쳐야 한다.

오답 해설

① 적중 포인트 044 **주어 자리에서 반드시 단수 취급하는 특정 표현** ★★★

문장의 주어(One)가 단수형이므로 동사도 단수 형태로 써야 한다. 따라서 밑줄 친 부분은 올바르게 쓰였다.

② 적중 포인트 054 **분사 판별법 [현재분사 VS 과거분사]** ★★★★★

명사(The report)를 수식하는 분사 자리로 뒤에 목적어를 취하고 능동의 의미이므로 현재분사로 써야 한다. 따라서 밑줄 친 부분은 올바르게 쓰였다.

④ 적중 포인트 051 **동명사의 명사 역할** ★★★★★

dedication to에서 to는 전치사이므로, 뒤에 목적어로 동명사를 취할 수 있다. 따라서 밑줄 친 부분은 올바르게 쓰였다.

지문해석

생태학적 연구에 따르면, 지역 야생동물에게 가장 심각한 위협 중 하나는 자연 서식지의 상실이다. 여러 종의 급격한 감소를 기록한 보고서는 즉각적인 조치를 촉구했다. 이 문제에 대해 처음으로 경고를 제기한 것은 외국 전문가가 아니라 지역 생물학자 팀이었다. 생태계 보전에 대한 그들의 헌신은 지역 사회가 보호 활동에 참여하도록 영감을 주었다.

25 정답 ③ 난이도 ▮▮▮▮▮

정답 해설

③ 적중 포인트 073 **가정법 과거 공식** ★★★★

주절에 '조동사 과거형＋동사원형'의 형태로 쓰였고 현재 사실과 반대되는 상황을 가정하고 있으므로, 가정법 과거 공식을 확인해야 하므로 if절에는 과거 시제 동사로 써야 한다. 따라서 밑줄 친 부분에 들어갈 말로 가장 적절한 것은 ③이다.

지문해석

요즘 더 많은 자유 시간이 있다면, 나는 분명히 스트레스를 풀기 위해 그림 그리기나 기타 연주 같은 새로운 취미를 시작할 것이다.

26 정답 ④ 난이도 ▮▮▮▯▯

정답 해설

④ 적중 포인트 081 **주의해야 할 부사절 접속사** ★★

unless는 '만약 ~이 아니라면'이라는 부정의 의미를 이미 포함하고 있으므로, unless가 이끄는 절에는 부정어 not을 함께 쓰지 않는다. 따라서 밑줄 친 부분의 don't를 삭제해야 한다.

오답 해설

① 적중 포인트 082 **관계대명사의 선행사와 문장 구조** ★★★★

선행사 a new city ordinance를 부연 설명하는 계속적 용법의 주격 관계대명사 which는 뒤에 불완전 구조를 취한다. 따라서 밑줄 친 부분은 올바르게 쓰였다.

② 적중 포인트 054 **분사 판별법 [현재분사 VS 과거분사]** ★★★★★

anyone을 수식하는 현재분사로, '규정을 위반하는'이라는 능동의 의미이므로 현재분사로 써야 한다. 따라서 밑줄 친 부분은 올바르게 쓰였다.

07

③ 적중 포인트 039 **현재시제 동사와 be동사의 수 일치** ★★★★★
문장의 주어(the success)가 단수형이므로 동사도 단수 형태로 써야 한다. 따라서 밑줄 친 부분은 올바르게 쓰였다.

지문해석

새로운 시 조례는 소음 공해를 줄이는 것을 목표로 하며, 엄격히 시행될 예정이다. 주민들은 규정을 준수할 것으로 예상되며, 이를 위반하는 사람에게는 벌금이 부과된다. 궁극적으로 이 정책의 성공은 모든 시민의 협력에 달려 있다. 따라서 벌금을 받고 싶지 않다면, 특히 야간 시간에는 지정된 소음 한도를 준수해야 한다.

27 정답 ②

난이도 🔋

정답 해설

② 적중 포인트 099 **최상급 구문** ★
'가장 ~한 것 중 하나'의 의미로 쓸 때는 'one of the 최상급 복수명사'의 형태로 써야 한다. 따라서 밑줄 친 부분의 system을 systems로 고쳐야 한다.

오답 해설

① 적중 포인트 084 **관계대명사 주의 사항** ★★★
소유격 관계대명사 whose 대신 'the 명사 of which' 형태로 바꿔 쓸 수 있다. 따라서 밑줄 친 부분은 올바르게 쓰였다.

③ 적중 포인트 084 **관계대명사 주의 사항** ★★★
주격 관계대명사 who 뒤에 삽입절(we know)이 오고, 그 뒤에 주어가 없는 동사가 바로 오는 불완전 구조를 취하고 있다. 따라서 밑줄 친 부분은 올바르게 쓰였다.

④ 적중 포인트 084 **관계대명사 주의 사항** ★★★
선행사(The documents)와 주어(he) 사이에 목적격 관계대명사 which 또는 that이 생략된 형태로, 뒤에 목적어가 없는 불완전한 구조를 취하고 있다. 따라서 밑줄 친 부분은 올바르게 쓰였다.

지문해석

조사 결과, 그 이름이 이전에는 대중에게 알려지지 않았던 기업들의 네트워크가 드러났다. 이 네트워크는 기자들에 의해 밝혀진 것 중 가장 복잡한 시스템 중 하나이다. 이 사건을 처음 보도한 기자는 우리가 아는 바와 같이 노련한 탐사 기자로, 그의 업적으로 상을 받았다. 그가 입수한 문서들은 불법 활동에 대한 명백한 증거를 제공했다.

28 정답 ②

난이도 🔋

정답 해설

② 적중 포인트 082 **관계대명사의 선행사와 문장 구조** ★★★★
관계대명사는 뒤에 주어나 목적어가 없는 불완전한 구조를 취한다. 빈칸 뒤의 문장에서 awaited의 목적어가 없고 선행사 the new city library를 수식하면서 목적어 역할을 할 수 있는 관계대명사 which가 들어가는 것이 가장 자연스럽다. 따라서 밑줄 친 부분에 들어갈 말로 가장 적절한 것은 ②이다.

지문해석

지역 사회가 손꼽아 기다렸던 새 시립 도서관이 지난달 마침내 문을 열었으며, 방대한 책과 디지털 자료를 제공하고 있다.

29 정답 ②

난이도 🔋

정답 해설

② 적중 포인트 088 **전치사와 명사 목적어** ★★★
전치사 at 뒤에는 동사원형을 쓸 수 없고 명사나 동명사를 목적어로 취한다. 따라서 밑줄 친 부분의 reduce를 reducing으로 고쳐야 한다.

오답 해설

① 적중 포인트 088 **전치사와 명사 목적어** ★★★
decide는 to부정사를 목적어로 취하는 3형식 타동사이다. 따라서 밑줄 친 부분은 올바르게 쓰였다.

③ 적중 포인트 065 **조동사 뒤의 동사원형과 조동사의 부정형** ★
조동사 뒤에는 동사원형을 써야 한다. 따라서 밑줄 친 부분은 올바르게 쓰였다.

④ 적중 포인트 093 **원급, 비교급, 최상급 강조 부사** ★★
비교급(outweigh) 앞에 강조 부사 far을 쓸 수 있다. 따라서 밑줄 친 부분은 올바르게 쓰였다.

지문해석

지속 가능한 제품에 대한 수요 증가에 대응하여, 우리 회사는 친환경 포장 개발에 집중하기로 결정했다. 이러한 계획은 모든 운영에서 탄소 발자국을 줄이는 것을 목표로 한 보다 광범위한 전략의 일부이다. 우리는 이 변화가 환경 의식이 높은 더 많은 고객을 끌어들일 것이라고 믿는다. 전환에는 새로운 재료와 기술에 대한 상당한 투자가 필요하지만, 장기적인 이익은 초기 비용을 훨씬 상회할 것으로 예상된다.

30 정답 ①

난이도 **IIII**

정답 해설

① 적중 포인트 098 **비교급을 이용한 표현** ★★★

'no more A than B' 구문에서 비교 접속사는 as가 아닌 than을 써야 한다. 따라서 밑줄 친 부분의 as를 than으로 고쳐야 한다.

오답 해설

② 적중 포인트 060 **to부정사의 명사적 역할** ★★★★

be동사의 주격 보어 자리에 to부정사가 보어 역할을 할 수 있다. 따라서 밑줄 친 부분은 올바르게 쓰였다.

③ 적중 포인트 078 **등위접속사와 병렬 구조** ★★★★

등위접속사 and를 기준으로 to prepare와 병렬 구조를 이룬다. 뒤에서는 to가 생략될 수 있다. 따라서 밑줄 친 부분은 올바르게 쓰였다.

④ 적중 포인트 039 **현재시제 동사와 be동사의 수 일치** ★★★★★

문장의 주어(An effective speaker)가 단수형이므로 동사도 단수 형태로 써야 한다. 따라서 밑줄 친 부분은 올바르게 쓰였다.

지문해석

대중 연설은 자신감과 연습이 필요한 기술이다. 많은 사람에게 이것은 오랫동안 한쪽 다리로 서 있는 것만큼 자연스러운 일이 아니다. 핵심은 철저히 준비하고 청중을 이해하는 것이다. 효과적인 연사는 단순히 사실을 나열하는 것이 아니라, 청중과 감정적으로 연결한다.

07

🎯 연계교재 –『단판승 문법 적중 포인트 100』

Answer

01 ③	**02** ②	**03** ②	**04** ①	**05** ③
06 ②	**07** ④	**08** ②	**09** ①	**10** ③
11 ①	**12** ④	**13** ②	**14** ②	**15** ③
16 ①	**17** ②	**18** ③	**19** ④	**20** ①
21 ②	**22** ④	**23** ②	**24** ①	**25** ①
26 ①	**27** ④	**28** ④	**29** ①	**30** ④

01 정답 ③ 난이도 ▮▮▯

정답 해설

③ 적중 포인트 004 **주절의 주어와 동사가 중요한 부가의문문 ★★★**

부가의문문은 주절의 주어와 동사에 맞추어야 한다. 주절의 주어는 he, 동사는 believes이다. 따라서 밑줄 친 부분의 ins't he를 doesn't he?로 고쳐야 한다.

오답 해설

① 적중 포인트 060 **to부정사의 명사적 역할 ★★★★**

동사 agree는 to부정사를 목적어로 취하는 3형식 타동사이다. 따라서 밑줄 친 부분은 올바르게 쓰였다.

② 적중 포인트 037 **시제의 일치와 예외 ★**

insist가 '사실을 주장하다'라는 의미로 쓰일 때는 that절에 직설법 시제를 사용한다. 주절의 동사가 과거시제이므로 종속절의 동사도 과거시제로 써야 한다. 따라서 밑줄 친 부분은 올바르게 쓰였다.

④ 적중 포인트 045 **능동태와 수동태의 차이 ★★★★★**

문맥상 최종 결정은 '내려지는' 수동의 의미이고 뒤에 목적어가 없으므로 수동태 구조로 써야 한다. 따라서 밑줄 친 부분은 올바르게 쓰였다.

지문해석

CEO는 이사회 회의에서 새로운 전략을 제안했고, 이사회 구성원들은 이를 검토하기로 동의했다. 그는 팀의 성공이 그들의 노력 덕분이라고 주장했다. 그는 이것이 장기적인 성공을 보장하는 유일한 방법이라고 믿고 있다. 최종 결정은 다음 회의에서 내려질 것이다.

02 정답 ② 난이도 ▮▮▮

정답 해설

② 적중 포인트 017 **어순에 주의해야 할 형용사와 부사 ★★★**

부사 enough는 수식하는 형용사나 부사 뒤에 위치해야 한다. 따라서 밑줄 친 부분의 enough disciplined를 disciplined enough로 고쳐야 한다.

오답 해설

① 적중 포인트 060 **to부정사의 명사적 역할 ★★★★**

to부정사구가 문장의 주어 역할을 할 수 있다. 따라서 밑줄 친 부분은 올바르게 쓰였다.

③ 적중 포인트 034 **완료시제와 잘 쓰이는 시간 부사 ★★★**

문맥상 스페인으로 이사 간 과거 시점보다 더 이전에 스페인어를 공부한 것이므로 과거완료 시제로 써야 한다. 따라서 밑줄 친 부분은 올바르게 쓰였다.

④ 적중 포인트 060 **to부정사의 명사적 역할 ★★★★**

5형식 동사 find가 가목적어 it을 쓰고, 진목적어 자리에 to부정사구를 취할 수 있다. 따라서 밑줄 친 부분은 올바르게 쓰였다.

지문해석

새로운 언어를 배우려면 헌신과 꾸준한 연습이 필요하다. 동기가 없더라도 매일 공부할 수 있을 만큼 자기 훈련이 충분히 되어 있어야 한다. 그가 스페인으로 이사하기 전에, 그는 5년 동안 스페인어를 공부하여 탄탄한 기초를 쌓았다. 그곳에 사는 동안, 그는 현지 문화를 체험하는 것이 유창함을 향상시키는 데 유용하다는 것을 알게 되었다.

03 정답 ② 난이도 ▮▮▮

정답 해설

② 적중 포인트 018 **혼동하기 쉬운 부사 ★★**

문맥상 '거의'라는 의미로, 뒤의 형용사 finished를 수식할 수 있는 부사가 필요하다. nearly는 '거의'라는 의미의 부사이다. 따라서 밑줄 친 부분에 들어갈 말로 가장 적절한 것은 ②이다.

지문해석

새 다리의 건설은 거의 완료되었으며, 다음 달 일반에 개방되기 전에 최종 안전 점검만 남아 있다.

04 정답 ①

난이도 |||||

정답 해설

① 적중 포인트 028 **분사를 목적격 보어로 취하는 5형식 동사 ★★★**
5형식 동사 catch는 목적어와 목적격 보어의 관계가 능동이면 현재분사로 쓴다. 문맥상 학생이 부정행위를 하고 있는 능동적이고 진행 중인 동작을 나타내므로 현재분사로 써야 한다. 따라서 밑줄 친 부분의 to use를 using으로 고쳐야 한다.

오답 해설

② 적중 포인트 070 **양보 도치 구문과 장소·방향 도치 구문 ★★★**
'형용사+as+주어+동사'의 형태로 '비록 ~이지만'이라는 양보의 의미를 나타내는 도치 구문이다. 따라서 밑줄 친 부분은 올바르게 쓰였다.

③ 적중 포인트 034 **완료시제와 잘 쓰이는 시간 부사 ★★★**
현재완료진행 시제(has been working)는 'for+기간'과 함께 쓰여 과거부터 현재까지 지속되는 행위를 나타낸다. 따라서 밑줄 친 부분은 올바르게 쓰였다.

④ 적중 포인트 082 **관계대명사의 선행사와 문장 구조 ★★★★**
선행사 'The old bridge'를 부연 설명하는 계속적 용법의 주격 관계대명사 which 뒤에 불완전 구조를 취하고 있다. 따라서 밑줄 친 부분은 올바르게 쓰였다.

지문해석

기말 시험 동안, 경계심이 강한 감독관은 한 학생이 책상 아래에 붙인 숨겨진 커닝 페이퍼를 사용하려는 것을 적발했고, 그로 인해 즉시 시험에서 실격 처리되었다. 그는 부자임에도 불구하고, 외로움을 느끼기 때문에 진정으로 행복하지 않다고 자주 주장한다. 팀은 이 복잡한 프로젝트를 수개월 동안 진행해왔으며, 마침내 완료 단계에 접어들고 있다. 한 세기 이상 전에 지어진 오래된 다리는 현대 안전 기준을 충족하도록 현재 보강 작업이 진행 중이다.

05 정답 ③

난이도 |||||

정답 해설

③ 적중 포인트 030 **'말하다' 동사의 구분 ★★**
say는 4형식 동사가 아니므로 '간접목적어+직접목적어' 구조로 쓸 수 없다. 따라서 4형식 동사로 바꾸거나 간접목적어에 to를 붙인다. 따라서 밑줄 친 부분의 said me를 told me 또는 said to me로 고쳐야 한다.

오답 해설

① 적중 포인트 030 **'말하다' 동사의 구분 ★★**
speak는 자동사로 전치사 to와 함께 '~에게 말하다'라는 의미로 쓸 수 있다. 따라서 밑줄 친 부분은 올바르게 쓰였다.

② 적중 포인트 055 **감정 분사와 분사형 형용사 ★★★★★**
주어(development)가 놀라운 감정을 유발하므로 현재분사로 써야 한다. 따라서 밑줄 친 부분은 올바르게 쓰였다.

④ 적중 포인트 021 **전치사가 필요 없는 대표 3형식 타동사 ★★★★**
discuss는 타동사이므로 전치사 없이 바로 목적어를 취한다. 따라서 밑줄 친 부분은 올바르게 쓰였다.

지문해석

제 동료는 진행 중인 프로젝트에 대해 나와 개인적으로 이야기하고 싶어 했다. 이는 팀에 속한 모든 사람에게 놀라운 상황이었다. 그는 나에게 문제를 해결하기 위한 새로운 접근 방안을 고려하고 있다고 말했다. 우리는 거의 한 시간 동안 그 잠재적 영향에 대해 논의했다.

06 정답 ②

난이도 |||||

정답 해설

② 적중 포인트 071 **강조 구문과 강조를 위한 표현 ★**
'It be ~ that' 구문은 강조 구문으로, 강조되는 표현이 it be와 that 사이에 위치하고, 나머지 문장 성분이 that 뒤에 올바르게 이어지는지를 확인해야 한다. 이 문장에서 'It be' 뒤에는 주어(the innovative marketing strategy)가 강조되고 있으므로, that 뒤에는 주어가 없는 불완전한 절이 와야 한다. 따라서 밑줄 친 부분에 들어갈 말로 가장 적절한 것은 ②이다.

지문해석

그 회사의 매출이 경기 침체 속에서도 증가한 것은 바로 그 혁신적인 마케팅 전략 덕분이었다.

07 정답 ④

난이도 |||||

정답 해설

④ 적중 포인트 038 **시제 관련 표현 ★★★★**
'It will not be long before ~' 구문에서 before가 이끄는 시간 부사절에는 미래시제 대신 현재시제로 써야 한다. 따라서 밑줄 친 부분의 will begin을 begins로 고쳐야 한다.

오답 해설

① 적중 포인트 079 **명사절 접속사의 구분과 특징 ★★★**
동사 believes의 목적어 역할을 하는 명사절을 이끌며 접속사 that 뒤에 완전한 구조를 취하고 있다. 따라서 밑줄 친 부분은 올바르게 쓰였다.

② 적중 포인트 088 **전치사의 명사 목적어 ★★★**
전치사는 명사 또는 동명사를 목적어로 취한다. 따라서 밑줄 친 부분은 올바르게 쓰였다.

③ 적중 포인트 014 **형용사와 부사의 차이 ★★★★★**
명사 equipment를 수식하는 것은 형용사이다. 따라서 밑줄 친 부분은 올바르게 쓰였다.

08

회사는 철저한 교육을 제공하는 것이 안전한 작업장을 유지하는 데 필수적이라고 믿는다. 이 교육은 비상 절차부터 특수 장비의 올바른 사용에 이르기까지 모든 내용을 다룬다. 강사는 고급 과정의 다음 세션이 곧 시작될 것이라고 발표했다.

08 정답 ②

난이도 ▮▮▮

정답 해설

② 적중 포인트 044 **주어 자리에서 반드시 단수 또는 복수 취급하는 특정 표현** ★★★

'every one of the＋복수 명사' 구문이 주어일 경우, one이 핵심 주어이므로 단수 동사를 써야 한다. 따라서 밑줄 친 부분의 report를 reports로 고쳐야 한다.

오답 해설

① 적중 포인트 044 **주어 자리에서 반드시 단수 또는 복수 취급하는 특정 표현** ★★★

'the＋형용사'가 '~한 사람들'이라는 의미일 때 항상 복수 취급한다. 따라서 밑줄 친 부분은 올바르게 쓰였다.

③ 적중 포인트 044 **주어 자리에서 반드시 단수 또는 복수 취급하는 특정 표현** ★★★

관계대명사 what이 이끄는 명사절이 주어일 경우 단수 취급한다. 따라서 밑줄 친 부분은 올바르게 쓰였다.

④ 적중 포인트 060 **to부정사의 명사적 역할** ★★★★

동사 promise는 to부정사를 목적어로 취하는 3형식 타동사이다. 따라서 밑줄 친 부분은 올바르게 쓰였다.

지문해석

최근의 공중보건 연구는 몇 가지 주요 경향을 보여준다. 첫째, 노숙자들은 지속적인 의료 서비스 접근이 필요하며, 이는 많은 도시 지역에서 큰 과제이다. 둘째, 조사된 모든 클리닉은 정신 건강 지원을 찾는 환자 수가 크게 증가했다고 보고하여, 사회적 필요가 커지고 있음을 강조한다. 이러한 발견이 강조하는 것은 통합적인 의료 정책의 필요성이다. 정부는 이 문제를 더 조사하고 새로운 해결책을 제안하겠다고 약속했다.

09 정답 ①

난이도 ▮▮▮

정답 해설

① 적중 포인트 067 **주의해야 할 조동사와 조동사 관용 표현** ★★★

'(B보다) A가 낫다'의 뜻으로 쓰일 때는 'would rather A than B 또는 may as well A as B'의 조동사 관용 표현으로 쓸 수 있다. 빈칸 뒤에 'than 동사'를 취하고 있으므로 'would rather'로 써야 한다. 따라서 밑줄 친 부분에 들어갈 말로 가장 적절한 것은 ①이다.

지문해석

몇 주 동안 쉬지 않고 일해 완전히 지친 사라는 다음 날 아침 일찍 중요한 발표가 있다는 것을 알고 있었기 때문에, 친구들과 늦은 밤 파티에 가기보다는 집에 머물며 쉬는 편이 낫겠다고 말했다.

10 정답 ③

난이도 ▮▮▮

정답 해설

③ 적중 포인트 041 **부분을 나타내는 명사와 수 일치** ★★★★

'some of'가 주어일 때 동사는 of 뒤의 명사에 수를 일치시킵니다. of 뒤의 명사인 the vast ice는 셀 수 없는 명사이므로 단수 취급해야 한다. 따라서 밑줄 친 부분의 show를 shows로 고쳐야 한다.

오답 해설

① 적중 포인트 041 **부분을 나타내는 명사와 수 일치** ★★★★

a large percentage of 뒤의 명사 the world's ancient glaciers가 복수이므로 동사도 복수 형태로 써야 한다. 따라서 밑줄 친 부분은 올바르게 쓰였다.

② 적중 포인트 039 **현재시제 동사와 be동사의 수 일치** ★★★★★

관계대명사 which의 선행사인 This alarming phenomenon이 단수이므로 동사도 단수 형태로 써야 한다. 따라서 밑줄 친 부분은 올바르게 쓰였다.

④ 적중 포인트 081 **주의해야 할 부사절 접속사** ★★

'만약 ~하지 않는다면'이라는 의미의 조건 부사절 접속사 unless가 뒤에 완전한 구조를 취하고 있다. 따라서 밑줄 친 부분은 올바르게 쓰였다.

지문해석

종합 보고서에 따르면, 전 세계 고대 빙하의 상당 부분이 전례 없는 속도로 녹고 있으며, 이는 해수면 상승에 직접적으로 기여하고 있다. 전 세계 해안 지역 사회를 위협하는 이 심각한 현상은 주로 인간이 유발한 배출로 인해 발생한다. 더욱이, 한때 영구적으로 안정적이라고 여겨졌던 극지방의 거대한 얼음도 이제 중대하고 가속화된 감소의 명확한 징후를 보이고 있다. 과학자들은 즉각적이고 실질적인 조치가 취해지지 않으면, 장기적인 결과가 재앙적일 수 있다고 경고한다.

11 정답 ①

난이도 ▮▮▮

정답 해설

① 적중 포인트 043 **혼동하기 쉬운 주어와 동사 수 일치** ★★★★

'the number of＋복수 명사'는 '명사의 수'라는 동사는 단수 형태로 써야 한다. 따라서 밑줄 친 부분의 have increased를 has increased로 고쳐야 한다.

오답 해설

② 적중 포인트 025 **to부정사를 목적격 보어로 취하는 대표 5형식 타동사 ★★★★**

cause는 목적어와 목적격 보어의 관계가 능동이면 목적격 보어 자리에 to부정사를 쓴다. 문맥상 경제가 성장하는 능동의 의미이므로 to부정사로 써야 한다. 따라서 밑줄 친 부분은 올바르게 쓰였다.

③ 적중 포인트 080 **부사절 접속사의 구분과 특징 ★★★**

while은 부사절 접속사로 주어와 동사 절을 이끈다. 따라서 밑줄 친 부분은 올바르게 쓰였다.

④ 적중 포인트 089 **감정 분사와 분사형 형용사 ★★★★★**

pressing은 '긴급한'이라는 의미의 분사형 형용사이다. 따라서 밑줄 친 부분은 올바르게 쓰였다.

지문해석

지난 10년 동안, 해안 지역을 찾는 관광객 수가 급격히 증가했으며, 이는 지역 사회에 큰 영향을 미쳤다. 관광객의 유입으로 지역 경제는 빠르게 성장했지만, 인프라에는 부담이 되기도 했다. 관광객의 급증이 부정할 수 없을 만큼 경제적 번영을 가져왔지만, 동시에 환경의 지속 가능성과 지역 문화 보존에 대한 시급한 우려도 불러일으켰다.

---

12 정답 ④ 난이도 ▮▮▮▯

정답 해설

④ 적중 포인트 062 **to부정사의 부사적 역할 ★★**

to부정사의 부사적 역할로 여러 가지 의미로 쓰인다. 'so as to부정사, in oder to부정사, to부정사'는 목적을 의미하는 '~하기 위해서'의 뜻으로, 'only to부정사'만 결과를 나타내는 '결국 ~하다'의 뜻으로 쓰이고 역접의 내용을 연결할 수 있다. 따라서 밑줄 친 부분에 들어갈 말로 가장 적절한 것은 ④이다.

지문해석

일찍 퇴근해 교통 체증을 뚫고 서둘러 공항에 도착했지만, 그는 비행기가 이미 한 시간 전에 떠났다는 사실을 알고 말았다.

---

13 정답 ② 난이도 ▮▮▮▯

정답 해설

② 적중 포인트 047 **다양한 3형식 동사의 수동태 구조 ★★★★**

타동사구 'look up to(~를 존경하다)'의 수동태 구조로 쓸 때는 'be looked up to'이다. 따라서 밑줄 친 부분의 looked up을 looked up to로 고쳐야 한다.

오답 해설

① 적중 포인트 079 **명사절 접속사의 구분과 특징 ★★★**

a principle을 선행사로 하는 동격의 that절로 뒤에 완전한 구조를 취하고 있다. 따라서 밑줄 친 부분은 올바르게 쓰였다.

③ 적중 포인트 047 **다양한 3형식 동사의 수동태 구조 ★★★★**

타동사구 'rely on(~에 의존하다)'의 수동태 구조로 쓸 때는 'be relied on'으로 쓴다. 따라서 밑줄 친 부분은 올바르게 쓰였다.

④ 적중 포인트 056 **여러 가지 분사구문 ★★★★★**

앞선 절의 결과를 나타내는 분사구문으로, 주절의 주어(Such behavior)가 어려움을 만드는 능동의 의미이므로 현재분사로 써야 한다. 따라서 밑줄 친 부분은 올바르게 쓰였다.

지문해석

정직이 최선의 방책이라는 말이 자주 있다. 이는 어떤 관계에서든 신뢰를 구축하는 데 근본적인 원칙이다. 항상 진실된 사람들은 동료와 주변 사람들에게 존경을 받는다. 반대로, 정직하지 않은 것으로 알려진 사람들은 종종 사회적으로 고립된다. 그들의 약속은 신뢰받지 못하고, 동기 또한 끊임없이 의심받는다. 이러한 행동은 필연적으로 의사소통과 협력의 붕괴로 이어져, 공동의 목표 달성을 어렵게 만든다.

---

14 정답 ② 난이도 ▮▮▮▮

정답 해설

② 적중 포인트 048 **4형식 수여동사의 수동태 구조 ★★★**

explain은 4형식 동사가 아닌 3형식 동사이므로, 수동태 구조 뒤에 목적어를 취할 수 없다. 간접목적어 앞에 to를 붙인다. 따라서 밑줄 친 부분의 the children을 to the children로 고쳐야 한다.

오답 해설

① 적중 포인트 057 **분사의 동사적 성질 ★★★★**

주절의 주어(we)가 경고를 '받은' 것이고, 경고를 받은 것이 여행을 취소한 것보다 먼저 일어난 일이므로 수동형 완료 분사구문으로 써야 한다. 따라서 밑줄 친 부분은 올바르게 쓰였다.

③ 적중 포인트 095 **라틴어 비교 구문과 전치사 to ★★**

'prefer A to B' 구문에서 A와 B는 문법적으로 대등해야 한다. A가 동명사이므로 B도 동명사 형태로 써야 한다. 따라서 밑줄 친 부분은 올바르게 쓰였다.

④ 적중 포인트 069 **다양한 도치 구문 ★★★★**

'Not until ~' 구문이 문장 처음에 오면 주절의 주어와 동사를 도치한다. 따라서 밑줄 친 부분은 올바르게 쓰였다.

지문해석

심각한 폭풍에 대해 경고를 받은 후, 우리는 여행을 취소했다. 아이들은 게임을 시작하기 전에 강사로부터 게임 규칙을 설명받았다. 그는 텔레비전을 보는 것보다 책을 읽는 것을 더 선호한다. 바로 어제에서야 나는 문제의 진정한 심각성을 깨달았다.

15 정답 ③ 난이도 ▮▮▮▮

정답 해설

③ 적중 포인트 052 **동명사의 동사적 성질** ★★★

동사 dislikes의 목적어로는 동명사가 와야 한다. 또한 문맥상 주어(the new employee)가 지시를 받는 입장이므로 수동 의미를 가진 동명사 being p.p.로 써야 한다. 따라서 밑줄 친 부분에 들어갈 말로 가장 적절한 것은 ③이다.

지문해석

능력에도 불구하고, 그 신입 사원은 상사에게 무엇을 해야 하는지 지시받는 것을 좋아하지 않으며, 보다 높은 수준의 자율성을 가지고 일하기를 선호한다.

16 정답 ① 난이도 ▮▮▮▮

정답 해설

① 적중 포인트 053 **암기해야 할 동명사 표현** ★★★★★

'be committed to'는 '~에 전념하다'라는 의미의 표현으로, 여기서 to는 전치사로 뒤에 동명사로 써야 한다. 따라서 밑줄 친 부분의 provide를 providing으로 고쳐야 한다.

오답 해설

② 적중 포인트 053 **암기해야 할 동명사 표현** ★★★★★

'be dedicated to'는 '~에 헌신하다'라는 표현으로, to가 전치사로 뒤에 동명사로 써야 한다. 따라서 밑줄 친 부분은 올바르게 쓰였다.

③ 적중 포인트 053 **암기해야 할 동명사 표현** ★★★★★

'object to'는 '~에 반대하다'라는 표현으로, to가 전치사로 뒤에 동명사로 써야 한다. 따라서 밑줄 친 부분은 올바르게 쓰였다.

④ 적중 포인트 055 **감정 분사와 분사형 형용사** ★★★★★

be동사의 주격 보어 자리로, '만족하는'을 의미하는 분사형 형용사로 써야 한다. 따라서 밑줄 친 부분은 올바르게 쓰였다.

지문해석

우리는 모든 고객에게 최고 수준의 서비스를 제공하는 것에 전념하고 있다. 우리 팀은 고객의 요구를 경청하고 맞춤형 솔루션을 개발하는 것에 헌신하고 있다. 우리는 모든 상황에 획일적인 접근 방식을 사용하는 것에 반대하며, 모든 고객의 상황이 독특하다고 믿는다. 우리의 주요 목표는 고객이 최종 결과에 만족하는 것을 보장하는 것이다.

17 정답 ② 난이도 ▮▮▮▮

정답 해설

② 적중 포인트 058 **분사를 활용한 표현 및 구문** ★★★★

앞선 문장(It moved ~)에 대한 부수적인 결과를 나타내는 분사구문 자리이다. 문맥상 '나를 궁금하게 만들면서'라는 능동의 의미이므로 과거동사를 현재분사로 써야 한다. 따라서 밑줄 친 부분의 made를 making으로 고쳐야 한다.

오답 해설

① 적중 포인트 058 **분사를 활용한 표현 및 구문** ★★★★

'While (I was) driving'에서 주어와 be동사가 생략된 접속사 분사구문으로 쓰였다. 따라서 밑줄 친 부분은 올바르게 쓰였다.

③ 적중 포인트 058 **분사를 활용한 표현 및 구문** ★★★★

'솔직히 말해서'라는 의미의 독립 분사구문 Frankly speaking으로 쓸 수 있다. 따라서 밑줄 친 부분은 올바르게 쓰였다.

④ 적중 포인트 056 **여러 가지 분사구문** ★★★★★

문맥상 '나를 말문이 막히게 남겨두면서'라는 결과를 나타내는 분사구문으로 현재분사로 써야 한다. 따라서 밑줄 친 부분은 올바르게 쓰였다.

지문해석

늦은 밤 집으로 운전해 가는 도중, 나는 하늘에서 이상한 빛을 보았다. 그 빛은 내가 전에 본 적이 없는 방식으로 움직였고, 그 때문에 내가 UFO를 보고 있는 건 아닌가 하는 생각이 들었다. 나는 더 잘 보기 위해 차를 세웠고, 두려움과 호기심이 뒤섞인 심정으로 가슴이 뛰었다. 솔직히 말해서, 나는 조금 무서웠다. 그 빛은 잠시 공중에 머물더니 어둠 속으로 사라져버려서, 나는 말문이 막혔다.

18 정답 ③ 난이도 ▮▮▮▮

정답 해설

③ 적중 포인트 055 **감정 분사와 분사형 형용사** ★★★★★

문맥상 주어인 다큐멘터리(The documentary)가 놀라운 감정을 유발하는 대상이이고 사물을 수식하는 경우 현재분사로 써야 한다. 따라서 밑줄 친 부분에 들어갈 말로 가장 적절한 것은 ③이다.

지문해석

그 우주에 관한 다큐멘터리는 정말 놀라웠으며, 먼 은하와 행성의 놀라운 시각 자료는 관객을 감탄하게 만들었다.

19 정답 ④   난이도 ▮▮▮▯▯

정답 해설

④ **적중 포인트 054** 분사 판별법 [현재분사 VS 과거분사] ★★★★★

문장의 주어(I)가 능동적으로 '바라는' 것이므로, 접속사 없이 동사를 연결하는 분사구문에서는 현재분사로 써야 한다. 따라서 밑줄 친 부분의 wished를 wishing으로 고쳐야 한다.

오답 해설

① **적중 포인트 055** 감정 분사와 분사형 형용사 ★★★★★

주어인 I가 지루함을 느끼는 주체이므로 과거분사로 써야 한다. 따라서 밑줄 친 부분은 올바르게 쓰였다.

② **적중 포인트 046** 수동태 불가 동사 ★★★★

seem은 2형식 자동사로 수동태 구조로 쓸 수 없다. 따라서 밑줄 친 부분은 올바르게 쓰였다.

③ **적중 포인트 051** 동명사의 명사 역할 ★★★★★

동사 keep은 동명사를 목적어로 취하는 타동사이다. 따라서 밑줄 친 부분은 올바르게 쓰였다.

지문해석

영화의 줄거리가 너무 뻔해서 후반 내내 나는 몹시 지루했다. 감독은 창의적인 아이디어가 다한 것처럼 보였다. 나는 계속 핸드폰으로 시간을 확인하며, 영화가 조금이라도 빨리 끝나기를 바랐다.

20 정답 ①   난이도 ▮▮▮▯▯

정답 해설

① **적중 포인트 055** 감정 분사와 분사형 형용사 ★★★★★

주어인 She가 흥미를 느끼는 주체이므로 과거분사로 써야 한다. 따라서 밑줄 친 부분의 interesting을 interested로 고쳐야 한다.

오답 해설

② **적중 포인트 094** 「The 비교급 ~, the 비교급 …」 구문 ★★★★

'~하면 할수록 더 …하다'는 의미일 때는 'The 비교급, the 비교급' 구조로 써야 한다. 따라서 밑줄 친 부분은 올바르게 쓰였다.

③ **적중 포인트 025** to부정사를 목적격 보어로 취하는   대표 5형식 타동사 ★★★★

allow는 목적어와 목적격 보어의 관계가 능동이면 목적격 보어 자리에 to부정사를 쓴다. 문맥상 그녀가 이해하는 능동의 의미이므로 to부정사를 써야 한다. 따라서 밑줄 친 부분은 올바르게 쓰였다.

④ **적중 포인트 007** 불가산 명사의 종류와 특징 ★★★

information은 셀 수 없는 명사이므로 복수형으로 쓰지 않는다. 따라서 밑줄 친 부분은 올바르게 쓰였다.

지문해석

그녀는 과학 실험의 결과에 매우 관심이 있었다. 데이터를 분석하면 분석할수록, 그녀는 그것이 미래 연구에 미치는 깊은 의미를 더 잘 이해하게 되었다. 새로운 보안 프로토콜 덕분에 그녀는 기밀 자료에 접근할 수 있었고, 그곳에서 많은 유용한 정보를 발견했다.

21 정답 ②   난이도 ▮▮▮▯▯

정답 해설

② **적중 포인트 064** to부정사의 관용 구문 ★★★★

'~할 만큼 충분히 …한/하게'라는 의미를 나타낼 때는 '형용사/부사+enough+to부정사'의 어순으로 써야 한다. 여기서 동사 trained를 수식하는 부사를 enough 앞에 써야 한다. 따라서 밑줄 친 부분에 들어갈 말로 가장 적절한 것은 ②이다.

지문해석

그 젊은 체조 선수는 올림픽 팀에 들어갈 수 있을 만큼 충분히 열심히 훈련했으며, 그 헌신적인 모습은 모든 팀원을 감동시켰다.

22 정답 ④   난이도 ▮▮▮▯▯

정답 해설

④ **적중 포인트 064** to부정사의 관용 구문 ★★★★

'~할 수밖에 없다'라는 의미일 때는 'have no choice but to부정사'의 형태로 쓴다. 따라서 밑줄 친 부분의 accepting을 to accept로 고쳐야 한다.

오답 해설

① **적중 포인트 064** to부정사의 관용 구문 ★★★★

'~할 만큼 충분히 현명한'이라는 의미일 때는 'wise enough to부정사' 구문에서 부정은 to부정사 앞에 not을 붙인다. 따라서 밑줄 친 부분은 올바르게 쓰였다.

② **적중 포인트 025** to부정사를 목적격 보어로 취하는   대표 5형식 타동사 ★★★★

encourage는 목적어와 목적격 보어의 관계가 능동이면 목적격 보어 자리에 to부정사를 쓴다. 문맥상 팀이 집중을 하는 능동의 의미이므로 to부정사를 써야 한다. 따라서 밑줄 친 부분은 올바르게 쓰였다.

③ **적중 포인트 064** to부정사의 관용 구문 ★★★★

'결코 ~할 사람이 아니다'라는 의미일 때는 'the last man to부정사'의 형태로 쓴다. 따라서 밑줄 친 부분은 올바르게 쓰였다.

08

지문해석

팀 주장은 심판의 결정과 논쟁하지 않을 만큼 현명했다. 그는 그것이 상황을 더 악화시킬 뿐이라는 것을 알고 있었다. 대신, 그는 팀을 모아 나머지 경기에 집중하도록 격려했다. 그는 패배를 받아들인 마지막 사람은 아니었지만, 스포츠맨십의 중요성을 이해하고 결과를 우아하게 받아들일 수밖에 없었다.

---

23 정답 ② 난이도 ▮▮▮▮▯

정답 해설

② 적중 포인트 066 **조동사 should의 3가지 용법과 생략 구조**
★★★★★

요구 동사를 의미하는 타동사 require의 that절 뒤에는 '주어+동사 (should) 동사원형' 구조를 써야 한다. 따라서 밑줄 친 부분의 pressed를 (should) press로 고쳐야 한다.

오답 해설

① 적중 포인트 044 **주어 자리에서 반드시 단수 또는 복수 취급하는 특정 표현** ★★★
동명사구는 단수 취급하여 단수 동사와 수 일치 한다. 따라서 밑줄 친 부분은 올바르게 쓰였다.

③ 적중 포인트 069 **다양한 도치 구문** ★★★★
only 부사절을 포함한 도치 구문으로 'Only + 접속사 + 주어 + 동사' 뒤에 '조동사+주어'의 도치 구조로 써야 한다. 따라서 밑줄 친 부분은 올바르게 쓰였다.

④ 적중 포인트 078 **등위접속사와 병렬 구조** ★★★★
상관접속사 'not A but B'의 구조에서는 병렬 구조를 확인해야 한다. 따라서 밑줄 친 부분은 올바르게 쓰였다.

지문해석

끊임없이 연결된 현대 사회에서 우리의 마음은 수많은 정보와 산만함으로 가득 차 있다. 우리의 내면 세계에 주의를 기울이려면, 끝없는 정신적 처리 과정에 '일시 정지 버튼'을 눌러야 한다. 잠시 멈춰서 자신의 생각을 관찰할 때 비로소 감정과 행동을 진정으로 움직이는 것이 무엇인지 이해할 수 있다. 따라서 마음챙김은 현실로부터 도피하는 것이 아니라, 그 속에서 완전히 깨어 있는 것이다.

---

24 정답 ③ 난이도 ▮▮▮▮▯

정답 해설

③ 적중 포인트 071 **강조 구문과 강조를 위한 표현** ★
'It is ~ that ~' 강조 구문은 주어, 목적어, 부사(구/절) 등 다양한 요소를 강조할 때 사용된다. 이 문장에서는 'only after reviewing the security footage'라는 부사구를 강조하고 있으므로, that을 써야 한다. 따라서 밑줄 친 부분에 들어갈 말로 가장 적절한 것은 ③이다.

지문해석

조사관들이 주요 목격자가 모든 진실을 말하지 않았다는 것을 깨달은 것은, 보안 영상 자료를 검토한 이후에였다.

---

25 정답 ① 난이도 ▮▮▮▮▯

정답 해설

① 적중 포인트 073 **가정법 과거 공식** ★★★★
주절에 '조동사 과거형+동사원형'이 있으므로, 이 문장은 현재 사실에 반대되는 상황을 가정하는 가정법 과거를 의미한다. if절의 동사는 과거시제 동사로 써야 한다. 따라서 밑줄 친 부분의 cooperates를 cooperated로 고쳐야 한다.

오답 해설

② 적중 포인트 082 **관계대명사의 선행사와 문장 구조** ★★★★
계속적 관계대명사 which가 앞 문장 전체(communication issues often cause delays)를 선행사로 받고 있으며 이는 단수 취급한다. 따라서 밑줄 친 부분은 올바르게 쓰였다.

③ 적중 포인트 051 **동명사의 명사 역할** ★★★
동명사가 문장의 주어일 때는 단수 취급한다. 따라서 밑줄 친 부분은 올바르게 쓰였다.

④ 적중 포인트 066 **조동사 should의 3가지 용법과 생략 구조**
★★★★★

'제안'을 나타내는 동사 suggest 뒤의 that절에는 당위성을 나타내는 '(should)+동사원형'으로 써야 한다. 따라서 밑줄 친 부분은 올바르게 쓰였다.

지문해석

모두가 더 효과적으로 협력했다면, 우리는 이 프로젝트를 예정보다 일찍 완료할 수 있을 것이다. 그러나 의사소통 문제는 종종 지연을 초래하는데, 이는 우리 팀에 중대한 문제이다. 이 문제를 해결하려면 명확한 전략과 모든 구성원의 헌신이 필요하다. 우리 매니저는 투명성을 높이기 위해 각 구성원이 진행 상황을 매일 보고하도록 제안하지만, 지금 팀워크가 더 좋았다면 결과는 달랐을 것이다.

---

26 정답 ① 난이도 ▮▮▮▮▯

정답 해설

① 적중 포인트 074 **가정법 과거완료 공식** ★★★★★
과거의 사실(협상 실패)에 대한 반대를 가정하는 문장이므로, 조건절의 동사는 과거완료 시제로 써야 한다. 따라서 밑줄 친 부분의 has been을 had been으로 고쳐야 한다.

② 적중 포인트 060 to부정사의 명사적 역할 ★★★★

refuse는 to부정사를 목적어로 취하는 3형식 타동사이다. 따라서 밑줄 친 부분은 올바르게 쓰였다.

③ 적중 포인트 055 감정 분사와 분사형 형용사 ★★★★★

문맥상 상대 대표단(The opposing delegates)이 좌절감을 느끼는 주체이므로 과거분사로 써야 한다. 따라서 밑줄 친 부분은 올바르게 쓰였다.

④ 적중 포인트 078 등위접속사와 병렬 구조 ★★★★

'to try and salvage'는 등위접속사 and 기준으로 병렬 구조를 취하고 있다. 뒤에 to는 생략할 수 있다. 따라서 밑줄 친 부분은 올바르게 쓰였다.

지문해석

외교 협상은 합의를 이끌어내지 못했다. 만약 수석 협상가가 더 기꺼이 타협했더라면, 상호 수용 가능한 조약이 체결될 수 있었을 것이다. 그는 자신의 입장에 너무 완고하여 상대방의 어떤 반대 제안도 듣기를 거부했다. 상대 대표들은 진전이 전혀 없자 좌절하여, 결국 회의에서 물러나기로 결정했다. 현재 평화 회담을 구하기 위해 국제 중재자들에게 달려있지만, 현 전망은 그리 밝지 않다.

27 정답 ④   난이도 ▐▐▐▐

정답 해설

④ 적중 포인트 078 등위접속사와 병렬 구조 ★★★★

involve는 동명사를 목적어로 취하는 타동사이다. 문장에서 listening과 speaking이 병렬 구조를 이루고 있으므로 등위접속사 and 뒤에도 동명사로 써야 한다. 따라서 밑줄 친 부분에 들어가 말로 가장 적절한 것은 ④이다.

지문해석

성공적인 협상은 주의 깊게 경청하고, 설득력 있게 말하며, 더 큰 목표를 달성하기 위해 작은 부분에서 타협하려는 의지를 보여주는 것을 포함한다.

28 정답 ④   난이도 ▐▐▐▐

정답 해설

④ 적중 포인트 087 관계사, 의문사, 복합관계사의 구분 ★★

복합관계대명사가 전치사 to의 목적절을 이끌면서 동시에 절 내에서 동사 agrees의 주어 역할을 해야 한다. 따라서 밑줄 친 부분의 whomever를 whoever로 고쳐야 한다.

① 적중 포인트 082 관계대명사의 선행사와 문장 구조 ★★★★

주격 관계대명사 that이 선행사 a fascinating field를 수식하며, 동사도 선행사에 맞춰 단수 형태로 써야 한다. 따라서 밑줄 친 부분은 올바르게 쓰였다.

② 적중 포인트 054 분사 판별법 [현재분사 VS 과거분사] ★★★★★

현재분사 underlying이 a field를 후치 수식하며 '~의 기초가 되는'이라는 능동의 의미로 쓰였다. 따라서 밑줄 친 부분은 올바르게 쓰였다.

③ 적중 포인트 087 관계사, 의문사, 복합관계사의 구분 ★★

명사절 접속사 what이 동사 observe의 목적어 역할을 하며, 동시에 절 내에서 주어 역할을 하는 불완전한 구조를 취하고 있다. 따라서 밑줄 친 부분은 올바르게 쓰였다.

지문해석

인지 심리학은 사람들이 정보를 인지하고, 배우며, 기억하는 방식을 탐구하는 흥미로운 분야이다. 이 분야의 연구자들은 복잡한 행동의 기저에 있는 정신 과정을 조사한다. 그들은 종종 특정 인지 과제를 수행하는 동안 뇌에서 일어나는 일을 관찰하기 위해 실험을 설계한다. 충분한 데이터를 수집하기 위해, 연구자들은 종종 연구 참여에 동의하는 사람들에게 소정의 사례비를 제공한다.

08

29 정답 ①   난이도 ▐▐▐▐

정답 해설

① 적중 포인트 082 관계대명사의 선행사와 문장 구조 ★★★★

관계대명사절 뒤에 주어가 없는 불완전한 구조를 취하고 있으므로 주격 관계대명사로 써야 한다. 따라서 밑줄 친 부분의 whom을 who로 고쳐야 한다.

② 적중 포인트 056 여러 가지 분사구문 ★★★★★

문장에 이미 동사가 있으므로 접속사 없이는 동사를 또 쓸 수 없다. 동시 동작을 나타내는 분사구문인 현재분사로 써야 한다. 따라서 밑줄 친 부분은 올바르게 쓰였다.

③ 적중 포인트 049 5형식 동사의 수동태 구조 ★★★★

5형식 동사 make가 수동태 구조로 쓰면, 목적격 보어였던 형용사가 뒤에 남아 있을 수 있다. 따라서 밑줄 친 부분은 올바르게 쓰였다.

④ 적중 포인트 082 관계대명사의 선행사와 문장 구조 ★★★★

계속적 용법의 관계대명사 which가 앞선 절의 내용(She will be giving a talk~) 전체를 선행사로 받으며 뒤에 불완전한 구조를 취하고 있다. 따라서 밑줄 친 부분은 올바르게 쓰였다.

그 작가는 역사 소설로 가장 잘 알려진 인물이며, 최근에 새 책을 출간했다. 이 새로운 작품은 20세기 초 산업 노동자들의 삶에 초점을 맞추어, 복잡한 사회적 역학을 탐구한다. 등장인물들은 생생하게 그려졌으며, 그들의 고난은 현대 독자들에게도 공감될 수 있게 표현되었다. 그녀는 다음 주 도서관에서 강연을 할 예정이며, 이는 독자들이 그녀를 만날 수 있는 훌륭한 기회가 될 것이다.

30 정답 ④   난이도 ▮▮▮▮

정답 해설

④ 적중 포인트 092 비교 대상 일치 ★★★★

비교 구문에서는 비교하는 두 대상의 형태가 문법적으로 일치해야 한다. 이 문장은 반 고흐 그림의 brushstrokes(붓놀림)와 르네상스 예술가들의 작품에서 발견되는 brushstrokes를 비교하고 있다. brushstrokes는 복수 명사이므로, 이를 대신하는 지시대명사도 복수형으로 써야 한다. 또한 those 뒤에는 found를 수식하는 관계대명사와 be동사(which are)가 생략된 형태로 쓰였다. 따라서 밑줄 친 부분에 들어갈 말로 가장 적절한 것은 ④이다.

지문해석

반 고흐 그림에서 볼 수 있는 굵고 감정적인 붓놀림은 르네상스 시대 화가들의 세밀하게 묘사된 작품에서 볼 수 있는 것보다 훨씬 더 표현력이 풍부하다.

문법 실력 강화 연습문제 정답 및 해설

◎˙ 연계교재 –『단판승 문법 적중 포인트 100』

Answer

01 ①	02 ④	03 ②	04 ④	05 ②
06 ②	07 ②	08 ③	09 ④	10 ①
11 ①	12 ③	13 ③	14 ④	15 ②
16 ①	17 ①	18 ③	19 ②	20 ④
21 ①	22 ①	23 ①	24 ②	25 ③
26 ②	27 ③	28 ③	29 ③	30 ②

01 정답 ①
난이도 ▮▮▮▯

정답 해설

① 적중 포인트 001 **문장의 구성요소** ★★★★

This development를 주어로 하는 문장에는 동사가 없다. making은 분사(준동사)로, 동사 역할을 할 수 없으므로 문장이 완전하지 않다. 따라서 밑줄 친 부분의 making을 makes 또는 made로 고쳐야 한다.

오답 해설

② 적중 포인트 014 **형용사와 부사의 차이** ★★★★★

명사 option을 수식하는 것은 형용사이다. 따라서 밑줄 친 부분은 올바르게 쓰였다.

③ 적중 포인트 043 **혼동하기 쉬운 주어와 동사 수 일치** ★★★★

'the number of+복수 명사'는 동사를 단수 형태로 써야 한다. 따라서 밑줄 친 부분은 올바르게 쓰였다.

④ 적중 포인트 056 **여러 가지 분사구문** ★★★★★

앞 문장의 결과로 이어지는 상황을 설명하는 분사구문이다. '(and it contributes)'의 의미로, 능동적으로 기여하는 것이므로 현재분사로 써야 한다. 따라서 밑줄 친 부분은 올바르게 쓰였다.

지문해석

재생 에너지 분야의 최근 발전으로 태양광 패널의 비용이 현저히 감소했다. 이러한 발전은 태양광 발전을 주택 소유자들에게 더 실현 가능한 선택으로 만들고 있다. 그 결과, 태양광 설치 수가 급격히 증가했으며, 더 깨끗한 환경에 기여하고 있다.

02 정답 ④
난이도 ▮▮▯▯

정답 해설

④ 적중 포인트 018 **혼동하기 쉬운 부사** ★★

동사 moved를 수식하는 것은 형용사가 아닌 부사이다. 따라서 밑줄 친 부분의 quick을 quickly로 고쳐야 한다.

오답 해설

① 적중 포인트 055 **감정 분사와 분사형 형용사** ★★★★★

missing은 '실종된, 분실된'이라는 의미의 분사형 형용사로 명사를 수식할 수 있다. 따라서 밑줄 친 부분은 올바르게 쓰였다.

② 적중 포인트 018 **혼동하기 쉬운 부사** ★★

'열심히'라는 의미의 부사 hard는 동사 searched를 수식한다. 따라서 밑줄 친 부분은 올바르게 쓰였다.

③ 적중 포인트 093 **원급, 비교급, 최상급 강조 부사** ★★

비교급(more dangerous)을 강조하는 부사로 even을 쓸 수 있다. 따라서 밑줄 친 부분은 올바르게 쓰였다.

지문해석

폭풍에도 불구하고 구조팀은 실종된 등산객을 찾기 위한 수색을 계속했다. 상황은 어려웠고, 시간이 점점 촉박하다는 것을 알고 있었다. 그들은 빽빽한 숲 속을 열심히 수색하며, 등산객의 이름을 불렀다. 밤이 되면서 상황은 더욱 위험해졌다. 갑자기 한 구조대원이 멀리 희미한 빛을 발견했고, 이는 그들에게 새로운 희망을 주었으며, 그들은 빛을 향해 재빨리 이동했다.

03 정답 ②
난이도 ▮▮▮▯

정답 해설

② 적중 포인트 005 **단어의 8품사** ★★★★

소유격(company's)과 형용사(recent)의 수식을 받는 자리이므로, 명사를 써야 한다. 따라서 밑줄 친 부분에 들어갈 말로 가장 적절한 것은 ②이다.

지문해석

회사의 최근 확장은 시장에서 상당한 성장을 가져왔으며, 수많은 일자리 기회를 창출하고 향후 수년간 지역 경제를 활성화했다.

04 정답 ④
난이도 ▮▮▮▯

정답 해설

④ 적중 포인트 031 **혼동하기 쉬운 자동사와 타동사** ★★★★★

'(감정 등이) 생겨나다, 발생하다'라는 의미를 전달하려면 자동사 arise의 과거분사형 arisen을 사용해야 한다. aroused는 '~을 불러일으키다'라는 타동사 arouse의 과거분사형으로, 목적어가 필요하지만 뒤에 목적어가 없으므로 문맥상 어색하다. 따라서 밑줄 친 부분의 aroused를 arisen으로 고쳐야 한다.

09

지문해석

오답 해설

① `적중 포인트 031` **혼동하기 쉬운 자동사와 타동사 ★★★★★**
'~을 올리다'라는 의미의 타동사 raise가 뒤에 목적어가 있다. 따라서 밑줄 친 부분은 올바르게 쓰였다.

② `적중 포인트 078` **등위접속사와 병렬 구조 ★★★★**
'상관접속사 'not only A but also B'가 나오면 올바른 등위접속사로 쓰였는지 확인한다. 따라서 밑줄 친 부분은 올바르게 쓰였다.

③ `적중 포인트 077` **기타 가정법 ★★★**
'마치 ~인 것처럼'을 의미하는 as if 뒤에 현재 사실과 반대되는 상황을 가정하는 가정법 과거를 써야 한다. 따라서 밑줄 친 부분은 올바르게 쓰였다.

`지문해석`

역사 기록에 따르면, 그 장군은 마지막 전투를 앞두고 지친 군대의 사기를 높이기 위해 노력했다. 그는 영감을 주는 동시에 깊이 개인적인 연설을 하며 병사들에게 그들의 의무를 상기시켰다. 그는 병사들 사이를 마치 자신도 그들 중 한 사람인 것처럼 걸으며, 그들의 두려움과 희망을 함께 나누었다. 압도적인 역경에도 불구하고 그는 싸우기로 결심했는데, 깊은 애국심이 그의 내면에서 일어났고, 그는 결코 굴복하려 하지 않았다.

05 `정답` ② 난이도 ▮▮▮▮

`정답 해설`

② `적중 포인트 032` **의미와 구조에 주의해야 할 타동사 ★★**
문맥상 '교수형에 처해졌다'는 의미이므로, '매달다'의 의미를 가진 'hang-hung-hung'이 아니라, '교수형에 처하다'의 의미를 가진 'hang-hanged-hanged'로 써야 한다. 따라서 밑줄 친 부분의 was hung을 was hanged로 고쳐야 한다.

`오답 해설`

① `적중 포인트 050` **전치사에 유의해야 할 수동태 ★★★**
문맥상 '~로 알려져 있다, ~로 유명하다'라는 의미로 쓰이고 뒤에 이유와 원인에 대한 내용이 나올 때는 전치사 for을 써야 한다. 따라서 밑줄 친 부분은 올바르게 쓰였다.

③ `적중 포인트 045` **능동태와 수동태의 차이 ★★★★★**
주어인 an event가 '목격되었다'는 수동의 의미이므로 수동태 구조로 써야 한다. 따라서 밑줄 친 부분은 올바르게 쓰였다.

④ `적중 포인트 054` **분사 판별법 [현재분사 VS 과거분사] ★★★★★**
명사 townsfolk를 수식하고 찾아 나서는 능동의 의미이므로 현재분사로 써야 한다. 따라서 밑줄 친 부분은 올바르게 쓰였다.

`지문해석`

옛 서부 마을에서 보안관은 무법자에게 정의가 신속하게 이루어질 것이라고 경고했다. 범죄로 악명이 높던 무법자는 결국 체포되어 형을 선고받았다. 그는 새벽에 마을 광장에서 교수형에 처해졌으며, 이 사건은 그의 행위에 대한 종결과 정의를 바라는 많은 마을 사람들에 의해 목격되었다.

06 `정답` ② 난이도 ▮▮▮▮

`정답 해설`

② `적중 포인트 031` **혼동하기 쉬운 자동사와 타동사 ★★★★★**
'(나무를) 베어 넘어뜨리다'라는 의미를 가진 타동사는 fell이다. to부정사 뒤에는 동사원형이 와야 하고, 뒤에 목적어가 있으므로, 타동사로 써야 한다. 따라서 밑줄 친 부분에 들어갈 말로 가장 적절한 것은 ②이다.

`지문해석`

숙련된 나무꾼은 한 번의 강력한 도끼질로, 계획한 바로 그 자리에서 고목의 거대한 소나무를 쓰러뜨리는 데 성공했다.

07 `정답` ② 난이도 ▮▮▮▮

`정답 해설`

② `적중 포인트 033` **과거 시간을 나타내는 부사와 과거시제 ★★★**
'last year'라는 명백한 과거 시점 부사가 있으므로, 현재완료 시제로는 쓸 수 없다. 따라서 밑줄 친 부분의 have launched를 launched로 고쳐야 한다.

`오답 해설`

① `적중 포인트 034` **완료시제와 잘 쓰이는 시간 부사 ★★★**
'Since+주어+과거동사' 구문이 쓰이면 주절에는 주로 현재완료 시제를 쓴다. 따라서 밑줄 친 부분은 올바르게 쓰였다.

③ `적중 포인트 061` **to부정사의 형용사적 역할 ★★**
to부정사는 추상명사를 수식하는 형용사적 역할을 할 수 있다. 따라서 밑줄 친 부분은 올바르게 쓰였다.

④ `적중 포인트 014` **형용사와 부사의 차이 ★★★★★**
형용사 challenging을 수식하는 것은 부사이다. 따라서 밑줄 친 부분은 올바르게 쓰였다.

새로운 규제가 시행된 이후, 시장은 점점 더 경쟁이 치열해지고 있다. 많은 기업들이 지난해에만 공격적인 마케팅 캠페인을 시작하며, 변화하는 소비자 요구를 충족시키기 위해 노력했다. 경쟁이 이제 매우 치열해져서, 가장 혁신적이고 적응력이 뛰어난 기업만이 성공할 것으로 예상된다. 이러한 새로운 환경은 입지를 확보하려는 소규모 기업들에게 매우 도전적으로 여겨진다.

---

08 정답 ③ 난이도 ▮▮▮▮

정답 해설

③ 적중 포인트 044 **주어 자리에서 반드시 단수 또는 복수 취급하는 특정 표현 ★★★**
to부정사구가 문장의 주어로 쓰일 경우 단수 취급한다. 따라서 밑줄 친 부분의 are를 is로 고쳐야 한다.

오답 해설

① 적중 포인트 044 **주어 자리에서 반드시 단수 또는 복수 취급하는 특정 표현 ★★★**
'Either of the+복수 명사'가 주어일 경우 단수 취급한다. 따라서 밑줄 친 부분은 올바르게 쓰였다.

② 적중 포인트 082 **관계대명사의 선행사와 문장 구조 ★★★★**
관계대명사 which는 앞선 절의 내용(a significant budget increase)을 받아 계속적 용법으로 쓰인다. 따라서 밑줄 친 부분은 올바르게 쓰였다.

④ 적중 포인트 054 **분사 판별법 [현재분사 VS 과거분사] ★★★★★**
everyone을 뒤에서 수식하는 분사로, '관련된' 모든 사람이라는 수동의 의미이므로 과거분사로 써야 한다. 따라서 밑줄 친 부분은 올바르게 쓰였다.

지문해석

제안된 두 가지 해결책 중 어느 하나라도 현재 문제에 대해 실행 가능해 보인다. 그러나 첫 번째 옵션을 실행하려면 상당한 예산 증액이 필요하며, 이는 현재 실현 불가능하다. 결정을 더 미루는 것은 선택지가 아니며, 마감일이 다가오고 있다. 따라서 관련된 모든 사람은 신속하게 합의에 도달해야 한다.

---

09 정답 ④ 난이도 ▮▮▮▮

정답 해설

④ 적중 포인트 044 **주어 자리에서 반드시 단수 또는 복수 취급하는 특정 표현 ★★★**
'One of the+최상급+복수 명사'의 구문이 주어일 경우, 핵심 주어는 One이므로 동사는 항상 단수 형태로 써야 한다. 문맥상 과거의 사실을 설명하고 있으므로 과거형 단수 동사로 써야 자연스럽다. 따라서 밑줄 친 부분에 들어갈 말로 가장 적절한 것은 ④이다.

지문해석

이 프로젝트 지연의 주요 원인 중 하나는 예상치 못한 핵심 원자재 부족으로, 이는 전체 생산 일정을 혼란에 빠뜨렸다.

---

10 정답 ① 난이도 ▮▮▮▮

정답 해설

① 적중 포인트 039 **현재시제 동사와 be동사의 수 일치 ★★★★★**
장소 부사구(Within the old library)가 문장 처음에 오면서 주어와 동사가 도치된 구문이다. 주어(a collection of maps)가 단수형이므로 동사도 단수 형태로 써야 한다. 따라서 밑줄 친 부분은 올바르게 쓰였다.

오답 해설

② 적중 포인트 039 **현재시제 동사와 be동사의 수 일치 ★★★★★**
주격 관계대명사 that의 선행사(maps)는 복수형이므로, 관계대명사절의 동사는 복수 형태로 써야 한다. 따라서 밑줄 친 부분의 details를 detail로 고쳐야 한다.

③ 적중 포인트 039 **현재시제 동사와 be동사의 수 일치 ★★★★★**
문장의 주어(Each map)가 단수형이므로 동사는 단수 형태로 써야 한다. 따라서 밑줄 친 부분의 offer을 offers로 고쳐야 한다.

④ 적중 포인트 044 **주어 자리에서 반드시 단수 또는 복수 취급하는 특정 표현 ★★★**
동명사구 주어는 단수 동사와 수 일치한다. 따라서 밑줄 친 부분의 were을 was로 고쳐야 한다.

지문해석

오래된 도서관 안, 잊혀진 책들 사이에 자리 잡은 곳에는 수세기에 걸친 도시의 변화를 상세히 보여주는 지도 모음이 있다. 각 지도는 대대로 사서들에 의해 세심하게 보존되어, 지난 시대를 엿볼 수 있는 독특한 기회를 제공한다. 기록 보관자는 이러한 특정 문서를 찾는 일이 팀에게는 어렵지만 보람 있는 작업이었다고 설명했다.

---

11 정답 ① 난이도 ▮▮▮▮

정답 해설

① 적중 포인트 042 **A and B와 수 일치 ★**
주어 'The founder and the CEO'는 두 개의 다른 직책을 나타내는 복수형이므로 동사도 복수 형태로 써야 한다. 따라서 밑줄 친 부분의 needs를 need로 고쳐야 한다.

오답 해설

② 적중 포인트 082 **관계대명사의 선행사와 문장 구조 ★★★★**
앞의 명사 a roadmap for growth를 수식하는 것이 아니라, 앞 문장의 a business plan을 선행사로 받는 계속적 용법의 주격 관계대명사 which 뒤에 불완전 구조를 취하고 있다.

③ **적중 포인트 051** 동명사의 명사 역할 ★★★★★

and로 연결된 두 개의 동명사구 'understanding the target market and the competitive landscape'가 주어이지만, 이는 '이해하는 행위'라는 단일 개념으로 볼 수 있어 단수 취급한다. 따라서 밑줄 친 부분은 올바르게 쓰였다.

④ **적중 포인트 061** to부정사의 형용사적 역할 ★★

앞의 명사 a willingness를 수식하는 to부정사의 형용사적 역할로 쓰였다. 따라서 밑줄 친 부분은 올바르게 쓰였다.

지문해석

창업자와 CEO는, 초기 단계에서는 종종 동일인인 경우가 많으며, 회사의 미래를 위한 명확한 비전을 가져야 한다. 이 비전은 성장을 위한 로드맵 역할을 하는 사업 계획서에 명확히 표현되어야 한다. 또한, 목표 시장과 경쟁 환경을 이해하는 것은 제품을 효과적으로 포지셔닝하는 데 매우 중요하다. 끊임없는 적응과 실수로부터 배우려는 의지 또한 성공을 위한 핵심 요소이다.

12 **정답** ③ 난이도 ▮▮▮▯

정답 해설

③ **적중 포인트 048** 4형식 수여동사의 수동태 구조 ★★★

문장의 주어(The students)가 시험 연기를 '말한' 것이 아니라 '들은' 것이므로 수동태로 써야 한다. 4형식 동사 tell은 'tell+간접목적어(사람)+직접목적어(that절)'의 구조를 가지며, 이를 수동태로 바꾸면 'be told+직접목적어(that절)'의 형태가 된다. 따라서 밑줄 친 부분에 들어갈 말로 가장 적절한 것은 ③이다.

지문해석

학생들은 기말시험이 일주일 연기되었다는 말을 들었고, 그 덕분에 시험을 철저히 준비할 수 있는 더 소중한 시간을 얻게 되었다.

13 **정답** ③ 난이도 ▮▮▮▯

정답 해설

③ **적중 포인트 049** 5형식 동사의 수동태 구조 ★★★★

5형식 사역동사 make가 수동태(are made)로 사용될 때는 목적격 보어였던 원형부정사가 to부정사로 바뀌어야 한다. 따라서 밑줄 친 부분의 explain을 to explain으로 고쳐야 한다.

오답 해설

① **적중 포인트 049** 5형식 동사의 수동태 구조 ★★★★

5형식 동사 encourage는 수동태(are encouraged)가 되어도 목적격 보어인 to부정사를 그대로 사용하므로 to share는 올바른 표현이다. 따라서 밑줄 친 부분은 올바르게 쓰였다.

② **적중 포인트 088** 전치사와 명사 목적어 ★★★

전치사는 명사를 목적어로 취한다. 따라서 밑줄 친 부분은 올바르게 쓰였다.

④ **적중 포인트 014** 형용사와 부사의 차이 ★★★★★

수동태 동사구(is vetted and understood)를 수식하는 것은 부사의 역할이므로, thoroughly는 적절하다. 따라서 밑줄 친 부분은 올바르게 쓰였다.

지문해석

훈련 프로그램에서, 모든 참가자는 협력적인 환경을 조성하기 위해 자신의 아이디어를 자유롭게 공유하도록 권장받는다. 세션은 참여형으로 설계되어 있으며, 모든 참가자는 토론에 기여할 것으로 기대된다. 최종 발표에서는 각 팀이 전문가 패널로부터 질문을 받게 된다. 팀원들은 프로젝트 제안의 근거를 자세히 설명하도록 해야 한다. 이 과정은 최종 결정을 내리기 전에 제안의 모든 측면이 철저히 검토되고 이해되도록 돕는다.

14 **정답** ④ 난이도 ▮▮▮▯

정답 해설

④ **적중 포인트 045** 능동태와 수동태의 차이 ★★★★★

주어인 many of the intricate symbols는 해석하는 행위의 주체가 아닌 대상이므로 수동태로 쓰고, 조동사 뒤에 수동태는 'be p.p.' 형태로 써야 한다. 따라서 밑줄 친 부분의 interpret을 be interpreted로 고쳐야 한다.

오답 해설

① **적중 포인트 045** 능동태와 수동태의 차이 ★★★★★

필사본이 발견된(was unearthed) 시점보다 이전에 숨겨져 있었으므로 과거완료 수동태로 써야 한다. 따라서 밑줄 친 부분은 올바르게 쓰였다.

② **적중 포인트 082** 관계대명사의 선행사와 문장 구조 ★★★★

선행사 the civilization을 수식하는 주격 관계대명사 that 뒤에 불완전 구조를 취하고 있다. 따라서 밑줄 친 부분은 올바르게 쓰였다.

③ **적중 포인트 045** 능동태와 수동태의 차이 ★★★★★

주어인 A great deal of academic effort는 노력이 가해지는 대상이므로 현재완료 수동태로 써야 한다. 따라서 밑줄 친 부분은 올바르게 쓰였다.

지문해석

오래된 필사본은 수세기 동안 잊혀진 수도원에 숨겨져 있었으나, 헌신적인 고고학자 팀에 의해 마침내 발굴되었다. 오래 전에 사라진 언어로 쓰인 이 글은, 그 문명을 창조한 사람들의 일상생활에 대한 귀중한 통찰을 제공한다. 복잡한 문자 해독을 위해 많은 학문적 노력이 기울여졌다. 그러나 많은 정교한 기호들은 여전히 현대 학자들에 의해 확실히 해석될 수 없어, 더 많은 질문을 남기고 학계 내 추가 논쟁을 촉발하고 있다.

15 정답 ②　　　　　　　　　　　　　　난이도 ▮▮▯▯

정답 해설

② 적중 포인트 053 **암기해야 할 동명사 표현** ★★★★★
'make a point of -ing'는 '반드시 ~하다, ~을 규칙으로 삼다'라는 의미의 동명사 관용 표현이다. 타동사 뒤에 목적어가 있으므로 능동의 형태로 써야 한다. 따라서 밑줄 친 부분에 들어갈 말로 가장 적절한 것은 ②이다.

지문해석

그는 주말마다 연로한 이웃들을 꼭 방문하여, 식료품이나 집안일에 도움이 필요한지 살폈다.

16 정답 ①　　　　　　　　　　　　　　난이도 ▮▮▮▯

정답 해설

① 적중 포인트 055 **감정 분사와 분사형 형용사** ★★★★★
영화의 결말(The film's ending)이 감동을 주는 대상이므로 현재분사로 써야 한다. 따라서 밑줄 친 부분의 touched를 touching으로 고쳐야 한다.

오답 해설

② 적중 포인트 074 **가정법 과거완료 공식** ★★★★★
과거 사실(영화를 본 것)에 대한 반대를 가정하므로, if절에 'had p.p.', 주절에 '조동사 과거형+have p.p.'를 쓴 가정법 과거완료로 쓴다. 따라서 밑줄 친 부분은 올바르게 쓰였다.

③ 적중 포인트 043 **혼동하기 쉬운 주어와 동사 수 일치** ★★★★
주격 관계대명사 who의 선행사(One of the actors)는 단수형이므로 동사도 단수 형태로 써야 한다. 따라서 밑줄 친 부분은 올바르게 쓰였다.

④ 적중 포인트 088 **전치사와 명사 목적어** ★★★
'succeed in -ing'는 '~하는 데 성공하다'라는 의미의 표현으로, 전치사 in 뒤에 동명사로 써야 한다. 따라서 밑줄 친 부분은 올바르게 쓰였다.

지문해석

영화의 결말은 너무 감동적이어서, 관객들 대부분이 눈에 띄게 감정이 북받쳤다. 만약 내가 영화가 이렇게 감성적이라는 것을 알았다면, 다른 영화를 선택했을 것이다. 이 영화에서 상대적으로 무명 배우였던 한 배우는 놀라운 연기를 선보였으며, 복잡한 캐릭터의 감정을 깊이 있고 섬세하게 표현하는 데 성공하여, 그의 연기는 폭넓은 비평가들의 찬사를 받았다.

17 정답 ①　　　　　　　　　　　　　　난이도 ▮▮▮▯

정답 해설

① 적중 포인트 056 **여러 가지 분사구문** ★★★★★
주절의 주어(The lawyer)의 부수적인 동작을 설명하는 분사구문이다. 문맥상 변호사가 말한다는 능동의 의미이므로 현재분사로 써야 한다. 따라서 밑줄 친 부분의 spoken을 speaking으로 고쳐야 한다.

오답 해설

② 적중 포인트 027 **5형식 지각동사의 목적격 보어** ★★★★★
listen to는 지각동사로 목적어와 목적격 보어 관계가 능동인 경우에 목적격 보어 자리에 원형부정사 또는 현재분사를 쓴다. 따라서 밑줄 친 부분은 올바르게 쓰였다.

③ 적중 포인트 084 **관계대명사의 주의 사항** ★★★
'선행사+주어+동사+목적어 없음' 구조는 목적격 관계대명사가 생략된 구조이다. 따라서 밑줄 친 부분은 올바르게 쓰였다.

④ 적중 포인트 060 **to부정사의 명사적 역할** ★★★★
'It would be up to+명사+to부정사' 구문은 '~가 …하는 것에 달려있다'는 의미로 쓰인다. 따라서 밑줄 친 부분은 올바르게 쓰였다.

지문해석

피고는 증인석에 설 때 명백히 긴장한 모습이었다. 변호사는 차분하고 절제된 어조로 질문을 시작했다. 그가 증언하는 것을 듣는 사람이라면, 그가 무죄라고 생각할 수도 있겠지만, 검찰이 제시한 증거는 전혀 다른 이야기를 보여주었다. 최종 평결은 모든 사실을 바탕으로 배심원단이 결정하게 될 것이다.

18 정답 ③　　　　　　　　　　　　　　난이도 ▮▮▮▯

정답 해설

③ 적중 포인트 057 **분사의 동사적 성질** ★★★★
분사구문의 부정은 분사 앞에 not이나 never를 위치시킨다. 또한 문맥상 설명서를 읽지 않은 일이 주절에서 가구를 조립할 수 없었던 시점보다 이전에 발생했으므로, 완료형 분사를 써야 한다. 따라서 밑줄 친 부분에 들어갈 말로 가장 적절한 것은 ③이다.

지문해석

설명을 읽지 않았기 때문에, 사용자는 가구를 제대로 조립하지 못했고 고객 서비스에 도움을 요청해야 했다.

19 정답 ② 난이도 ▋▋▋▋

정답 해설

② 적중 포인트 055 **감정 분사와 분사형 형용사** ★★★★★

주어인 시각 자료(the visuals)가 사람들에게 감정을 유발하는 것이므로 현재분사를 써야 한다. 따라서 밑줄 친 부분의 impressed를 impressing으로 고쳐야 한다.

오답 해설

① 적중 포인트 057 **분사의 동사적 성질** ★★★★

문맥상 발표가 전달되는 수동의 의미이므로 과거분사로 써야 한다. 또한 분사를 수식하는 것은 부사이다. 따라서 밑줄 친 부분은 올바르게 쓰였다.

③ 적중 포인트 057 **분사의 동사적 성질** ★★★★

문맥상 각 발표자가 자신감을 가지고 말한 것보다 먼저 여러 번 연습한 것이므로 완료형 분사 형태로 써야 한다. 따라서 밑줄 친 부분은 올바르게 쓰였다.

④ 적중 포인트 082 **관계대명사의 선행사와 문장 구조** ★★★★

선행사(her team)를 받아 소유격의 의미를 나타내며 뒤에 완전한 절을 이끄는 소유격 관계대명사 whose를 쓸 수 있다. 따라서 밑줄 친 부분은 올바르게 쓰였다.

지문해석

그 발표는 완벽하게 진행되어, 팀은 고객으로부터 높은 찬사를 받았다. 모든 세부 사항이 세심하게 계획되었고, 그 시각 자료는 그들의 창의성으로 모두에게 깊은 인상을 주었다. 팀원들은 자신의 역할을 여러 번 연습한 덕분에, 각 발표자가 자신감 있고 명확하게 말했다. 프로젝트 매니저는 팀이 열심히 노력한 결과가 분명히 나타나, 그들의 우수한 평판을 확고히 한 것에 대해 자랑스러워했다.

20 정답 ④ 난이도 ▋▋▋▋

정답 해설

④ 적중 포인트 064 **to부정사의 관용 구문** ★★★★

'~할 수밖에 없다'는 의미일 때는 'have no alternative but to부정사'의 형태로 쓸 수 있다. 따라서 밑줄 친 부분의 but wait를 but to wait로 고쳐야 한다.

오답 해설

① 적중 포인트 062 **to부정사의 부사적 역할** ★★

'~하기에, ~할 정도로'라는 정도를 나타내는 to부정사는 부사적 역할로 한다. 따라서 밑줄 친 부분은 올바르게 쓰였다.

② 적중 포인트 064 **to부정사의 관용 구문** ★★★★

'~할 만큼 충분히 현명한'이라는 의미의 'wise enough to부정사'의 형태로 쓸 수 있다. 따라서 밑줄 친 부분은 올바르게 쓰였다.

③ 적중 포인트 051 **동명사의 명사 역할** ★★★★★

동명사구가 주어로 쓸 수 있다. 따라서 밑줄 친 부분은 올바르게 쓰였다.

지문해석

그 산길은 충분히 위험해서, 대부분의 초보 등산객들을 막았다. 하지만 경험 많은 등반가들은 신중하게 진행할 만큼 현명했다. 그들은 서두르는 것은 무모하다는 것을 알고 있었다. 위험을 평가한 후, 그들은 좋은 날씨를 기다리는 것 외에는 선택의 여지가 없었다.

21 정답 ① 난이도 ▋▋▋▋

정답 해설

① 적중 포인트 059 **원형부정사의 용법과 관용 표현** ★★

주어가 관계대명사 what이 이끄는 명사절이고, 그 절의 동사가 do/does/did일 때 주절의 주격 보어로는 to부정사 또는 동사원형을 쓸 수 있다. 따라서 밑줄 친 부분에 들어갈 말로 가장 적절한 것은 ①이다.

지문해석

응급 대응팀이 도착했을 때 즉시 그 지역을 확보하고 주변 건물의 구조적 피해를 평가하기 시작했다.

22 정답 ① 난이도 ▋▋▋▋

정답 해설

① 적중 포인트 066 **조동사 should의 3가지 용법과 생략 구조**
★★★★★

제안동사 suggest 뒤의 that절에서는 '(should) 동사원형'을 써야 한다. 따라서 밑줄 친 부분의 prepared를 (should) prepare로 고쳐야 한다.

오답 해설

② 적중 포인트 066 **조동사 should의 3가지 용법과 생략 구조**
★★★★★

'의무적인'이라는 이성적 판단 형용사 'mandatory' 뒤의 that절에서는 동사원형으로 쓰고 뒤에 목적어가 없으므로 수동태 구조로 써야 한다. 따라서 밑줄 친 부분은 올바르게 쓰였다.

③ 적중 포인트 066 **조동사 should의 3가지 용법과 생략 구조**
★★★★

'권하다, 충고하다'라는 의미의 urge 뒤의 that절의 동사는 동사원형으로 써야 한다. 따라서 밑줄 친 부분은 올바르게 쓰였다.

④ 적중 포인트 083 **「전치사＋관계대명사」 완전 구조** ★★★★

문맥상 'agree with a point'라는 관계를 나타내므로 'a point with which most residents seemed to agree'라는 구조로 쓸 수 있다. 따라서 밑줄 친 부분은 올바르게 쓰였다.

최근 사건들을 고려하여, 시의회는 새로운 비상 대응 계획을 제안했다. 핵심 요소 중 하나는 모든 가정이 비상용 키트를 준비해야 한다는 것이다. 또한, 모든 공공 건물에는 업데이트된 안전 시설을 갖추는 것이 의무이다. 시장은 시민들에게 새로운 대피 경로에 익숙해질 것을 촉구했으며, 대부분의 주민이 이에 동의하는 듯했다.

23 정답 ①

난이도 IIII

정답 해설

① 적중 포인트 068 **부정부사와 도치 구문** ★★★★★

부정부사 'Never'가 문장 처음에 위치하면 주어와 조동사가 도치되어야 한다. 따라서 밑줄 친 부분의 I have witnessed를 have I witnessed로 고쳐야 한다.

오답 해설

② 적중 포인트 086 **관계부사의 선행사와 완전 구조** ★★★★

이유를 나타내는 선행사 The reason을 수식하고 뒤에 완전한 구조를 취하므로 관계부사 why로 쓴다. 따라서 밑줄 친 부분은 올바르게 쓰였다.

③ 적중 포인트 064 **to부정사의 관용 구문** ★★★★

'too ~ for …to부정사' 구문에서 의미상 주어(for him)와 to부정사(to solve)로 쓸 수 있다. 따라서 밑줄 친 부분은 올바르게 쓰였다.

④ 적중 포인트 048 **4형식 수여동사의 수동태 구조** ★★★

4형식 동사 give를 수동태로 쓰면 간접목적어가 주어가 되고 직접목적어가 뒤에 남는 형태로 쓰인다. 따라서 밑줄 친 부분은 올바르게 쓰였다.

나는 하늘을 가로지르는 오로라의 춤과 같은 숨막히게 아름다운 자연의 광경을 한 번도 본 적이 없다. 그가 사임한 이유는 여전히 미스터리이다. 그 문제는 그가 혼자 해결하기에는 너무 복잡했다. 구조된 선원들에게는 담요와 뜨거운 수프가 해안 경비대에 의해 제공되었다.

24 정답 ②

난이도 IIII

정답 해설

② 적중 포인트 069 **다양한 도치 구문** ★★★★

앞선 부정문(isn't satisfied)에 대해 '~도 또한 그렇지 않다'고 동의할 때는 neither/nor+be동사/조동사+주어의 도치 구문으로 쓴다. 또한 앞 문장의 동사가 is이므로 be동사를 사용하고, 주어가 복수형이므로 동사도 복수 형태로 써야 한다. 따라서 밑줄 친 부분에 들어갈 말로 가장 적절한 것은 ②이다.

그는 결과에 만족하지 않으며, 그의 팀원들도 마찬가지로 최종 경기에서 훨씬 더 잘할 수 있었을 것이라고 느낀다.

25 정답 ③

난이도 IIII

정답 해설

③ 적중 포인트 075 **혼합 가정법 공식** ★★★★

if절은 at the beginning of the semester(학기 초)라는 과거 시점의 일을 가정하고, 주절은 now라는 현재 시점의 결과를 나타내므로 혼합 가정법을 써야 한다. 따라서 밑줄 친 부분의 started를 had started로 고쳐야 한다.

오답 해설

① 적중 포인트 055 **감정 분사와 분사형 형용사** ★★★★★

문맥상 학생이 압도적인 감정을 느끼는 주체로 수동의 의미이므로 과거분사로 써야 한다. 따라서 밑줄 친 부분은 올바르게 쓰였다.

② 적중 포인트 021 **전치사가 필요 없는 대표 3형식 타동사** ★★★★

discuss는 전치사 없이 바로 목적어를 취할 수 있다. 따라서 밑줄 친 부분은 올바르게 쓰였다.

④ 적중 포인트 014 **형용사와 부사의 차이** ★★★★★

동사 study를 수식하는 것은 부사이다. 따라서 밑줄 친 부분은 올바르게 쓰였다.

그 학생은 고급 물리학 수업에서 어려움을 겪고 있다. 그녀는 복잡한 이론 때문에 압도당하고 있다고 느낀다. 시험 점수를 받은 후, 그녀는 자신의 상황을 교수와 상의할 필요가 있다는 것을 깨달았다. 만약 학기 초부터 공부를 시작했다면, 지금처럼 뒤처지지 않았을 것이다. 이제 그녀는 더 부지런히 공부하기로 결심했다.

26 정답 ②

난이도 IIII

정답 해설

② 적중 포인트 078 **등위접속사와 병렬 구조** ★★★★

등위접속사 and 기준으로 병렬 구조를 확인해야 한다. 전치사 by의 목적어로 동명사 eating과 exercising이 쓰였으므로 뒤에도 동명사의 형태로 써야 한다. 따라서 밑줄 친 부분의 to get을 getting으로 고쳐야 한다.

오답 해설

① 적중 포인트 078 **등위접속사와 병렬 구조** ★★★★

앞선 동명사 eating과 병렬 구조를 이루고 있으므로 동명사의 형태로 써야 한다. 따라서 밑줄 친 부분은 올바르게 쓰였다.

③ 적중 포인트 078 **등위접속사와 병렬 구조** ★★★★
등위접속사 and 기준으로 앞에 명사구와 병렬 구조를 이루고 있으므로 명사구 형태로 써야 한다. 따라서 밑줄 친 부분은 올바르게 쓰였다.

④ 적중 포인트 078 **등위접속사와 병렬 구조** ★★★★
등위접속사 and 기준으로 앞에 형용사와 병렬 구조를 이루고 있으므로 형용사로 써야 한다. 따라서 밑줄 친 부분은 올바르게 쓰였다.

지문해석

회사의 새로운 건강 프로그램은 직원들이 영양가 있는 음식을 섭취하고, 규칙적으로 운동하며, 충분한 수면을 취하도록 권장한다. 건강 전문가와의 상담을 통해 개발된 이 프로그램은 스트레스 관리와 정신적 웰빙에 관한 워크숍도 제공한다. 회사는 이러한 자원을 제공함으로써 보다 지원적이고 생산적인 업무 환경을 조성하고자 한다.

27 정답 ③   난이도 ▮▮▮▯

정답 해설

③ 적중 포인트 082 **관계대명사의 선행사와 문장 구조** ★★★★
빈칸 뒤에 완전한 구조를 취하고 있다. 또한 선행사 a new policy의 '주된 목표'라는 소유 관계를 나타내므로, 소유격 관계대명사 whose가 가장 자연스럽다. 따라서 밑줄 친 부분에 들어갈 말로 가장 적절한 것은 ③이다.

지문해석

그 조직은 주요 목표가 직장 내 안전을 강화하고 최신 산업 규정을 준수하도록 하는 새로운 정책을 시행했다.

28 정답 ③   난이도 ▮▮▮▯

정답 해설

③ 적중 포인트 083 「**전치사＋관계대명사」 완전 구조** ★★★★
전치사 뒤에는 관계대명사 that을 쓸 수 없다. 선행사가 장소(the main hall)이므로 in that을 in which 또는 where로 고쳐야 한다.

오답 해설

① 적중 포인트 083 「**전치사＋관계대명사」 완전 구조** ★★★★
'one of whom'은 'and one of them'의 의미로, 선행사 speakers를 받아 관계사절의 주어 역할로 쓰인다. 따라서 밑줄 친 부분은 올바르게 쓰였다.

② 적중 포인트 083 「**전치사＋관계대명사」 완전 구조** ★★★★
'contribute to the topics'라는 의미이므로, 전치사 to와 관계대명사 which가 함께 쓰여 뒤에 완전한 구조를 취하고 있다. 따라서 밑줄 친 부분은 올바르게 쓰였다.

④ 적중 포인트 083 「**전치사＋관계대명사」 완전 구조** ★★★★
'그것이 없었다면'이라는 가정의 의미를 나타내는 'without which'의 형태로 쓸 수 있다. 따라서 밑줄 친 부분은 올바르게 쓰였다.

지문해석

학회에는 여러 저명한 연사들이 참여했으며, 그 중 한 명은 물리학 분야의 노벨상 수상자였다. 논의된 주제들은 매우 전문적이어서, 소수의 참석자만이 완전히 참여할 수 있었다. 기조 연설이 진행된 본 회의장은 만원이었다. 많은 참석자들이 행사 진행 방식에 대해 칭찬했으며, 그런 조직적 운영이 없었다면 이처럼 큰 성공을 거두지 못했을 것이다.

29 정답 ③   난이도 ▮▮▮▯

정답 해설

③ 적중 포인트 089 **주의해야 할 전치사** ★★★
for는 숫자를 포함한 막연한 기간을 나타낼 때 쓰고, during은 특정 기간을 나타내는 명사와 함께 쓴다. 뒤에 several years는 숫자를 포함한 막연한 기간이므로 during을 for로 고쳐야 한다.

오답 해설

① 적중 포인트 090 **원급 비교 구문** ★★★★
'as 원급 as' 형태의 원급 비교 구문으로 be동사의 주격 보어로 형용사가 쓰였다. 따라서 밑줄 친 부분은 올바르게 쓰였다.

② 적중 포인트 045 **능동태와 수동태의 차이** ★★★★★
주어인 many employees(많은 직원들)는 훈련을 받는 대상이고 뒤에 목적어가 없으므로 수동태 구조로 써야 한다. 따라서 밑줄 친 부분은 올바르게 쓰였다.

④ 적중 포인트 088 **전치사와 명사 목적어** ★★★
여기서 to는 전치사로 뒤에 명사를 목적어로 취할 수 있다. 따라서 밑줄 친 부분은 올바르게 쓰였다.

지문해석

새로운 기술에 적응하는 것은 겉보기만큼 쉽지 않다. 오래된 시스템에 대해 교육을 받은 많은 직원들은 종종 전환 과정에서 어려움을 겪는다. 예를 들어, 우리 회사는 수년에 걸쳐 대규모 소프트웨어 업그레이드를 계획해 왔지만, 실제 도입은 더딘 편이다. 변화에 대한 저항과 충분하지 않은 교육은 주요 장애물이다.

30   **정답** ②   난이도 **|||||**

정답 해설

② **적중 포인트 040** **상관접속사와 수 일치** ★★★

'Neither A nor B' 구문에서는 동사가 A가 아닌 B와 수 일치한다.
문장에서 B인 suggestions가 복수형이므로 동사도 복수 형태로
써야 한다. 또한 주어가 행동하는 것이 아닌 행동 당한다는 내용이
문맥상 적절하므로 능동태 동사가 아닌 수동태 동사를 써야 한다.
마지막으로, 동사를 수식하는 것은 형용사가 아닌 부사이다. 따라
서 밑줄 친 부분에 들어갈 말로 가장 적절한 것은 ②이다.

지문해석

위원회의 제안도, 그 유명한 전문가가 낸 제안들도 지금까지 이사회
에서 철저히 검토되지 않았다.

09

10 문법 실력 강화 연습문제 정답 및 해설

◎ 연계교재 – 『단판승 문법 적중 포인트 100』

Answer

01 ④	02 ③	03 ②	04 ②	05 ③
06 ①	07 ④	08 ①	09 ③	10 ②
11 ②	12 ②	13 ①	14 ①	15 ①
16 ④	17 ④	18 ④	19 ④	20 ③
21 ②	22 ②	23 ②	24 ④	25 ②
26 ①	27 ②	28 ②	29 ①	30 ②

지문해석

젊은 직장인이 경력을 발전시키려면 지도를 받는 것이 매우 중요하다. 내 친구는 자신의 경험을 적극적으로 나누어주는 여러 멘토를 두고 있다. 다른 상황, 예를 들어 박물관을 방문할 때는 규칙을 따르는 것이 중요한데, 박물관은 섬세한 예술품을 보호하기 위해 방문객의 사진 촬영을 금지하고 있다. 내가 프로젝트 때문에 어려움을 겪고 있을 때는 경험 많은 동료로부터 많은 조언을 받아 매우 감사했다. 다음 팀 회의에서 매니저는 모든 팀원이 참석하는 것이 중요하다고 강조했다.

01 정답 ④ 난이도 ▮▮▮▮

정답 해설

④ 적중 포인트 003 **어순이 중요한 간접의문문** ★★★

동사 determine의 목적어 자리에 오는 간접의문문은 '의문사+주어+동사'의 평서문 어순을 따라야 한다. 따라서 밑줄 친 부분에 들어갈 말로 가장 적절한 것은 ④이다.

지문해석

사이버보안팀은 여러 가지 알려진 침입 기법과 진단 도구를 시도했음에도 불구하고, 회사의 보안 서버에 어떻게 접근할 수 있는지를 알아내기 위해 수시간을 보냈다.

02 정답 ③ 난이도 ▮▮▮▮

정답 해설

③ 적중 포인트 007 **불가산 명사의 종류와 특징** ★★★

advice는 불가산 명사이므로 부정관사 a(an)와 복수를 의미하는 -s를 쓰지 않는다. 따라서 밑줄 친 부분의 advices를 advice로 고쳐야 한다.

오답 해설

① 적중 포인트 043 **혼동하기 쉬운 주어와 동사 수 일치** ★★★★
문맥상 '많은 명사'라는 의미로 쓰이고, 뒤에 복수 명사와 복수 동사이므로 a number of로 쓴다. 따라서 밑줄 친 부분은 올바르게 쓰였다.

② 적중 포인트 051 **동명사의 명사 역할** ★★★★★
전치사 from 뒤에 동명사 목적어를 취할 수 있다. 따라서 밑줄 친 부분은 올바르게 쓰였다.

④ 적중 포인트 066 **조동사 should의 3가지 용법과 생략 구조** ★★★★★

'It is important that ~' 구문에서 that절의 동사는 당위성을 나타내므로 '(should) 동사원형'을 써야 한다. 따라서 밑줄 친 부분은 올바르게 쓰였다.

03 정답 ② 난이도 ▮▮▮▮

정답 해설

② 적중 포인트 008 **주의해야 할 명사의 복수형** ★

species는 단수형과 복수형이 같은 형태를 가지는 명사이다. 문장에서 several new라는 수식어가 있으므로 복수로 해석해야 하지만, 형태는 변하지 않고 species를 그대로 쓴다. 따라서 밑줄 친 부분의 specie를 species로 고쳐야 한다.

오답 해설

① 적중 포인트 086 **관계부사의 선행사와 완전 구조** ★★★
선행사 The reason을 수식하며 뒤에 완전한 구조를 취하는 관계부사 why는 적절하다. 따라서 밑줄 친 부분은 올바르게 쓰였다.

③ 적중 포인트 068 **부정부사와 도치 구문** ★★★★★
'Not only A, but also B' 구문에서 A 부분의 동사가 과거 시제이므로, B 부분의 동사 역시 과거 시제로 맞추어 시제 일치를 이루어야 한다. 따라서 밑줄 친 부분은 올바르게 쓰였다.

④ 적중 포인트 076 **if 생략 후 도치된 가정법** ★★★★
가정법 과거완료 문장에서 if가 생략되면 'Had+주어+p.p.'의 형태로 도치된다. 따라서 밑줄 친 부분은 올바르게 쓰였다.

지문해석

그가 늦었던 이유는 그의 차가 고장 나면서 큰 지연이 발생했기 때문이다. 최근 해양생물학 탐사에서 과학자들은 열수 분출구 근처에 사는 몇 가지 새로운 심해어 종을 발견했는데, 이는 극한 환경 생물에 대한 새로운 통찰을 제공할 수 있다. 토론에서 그녀는 자신의 주장을 명확히 제시했을 뿐만 아니라 팀원들이 상대방의 논점을 반박하는 데에도 도움을 주었다. 만약 내가 당신이 천문학에 관심이 있다는 것을 알았다면, 지난밤 유성우를 보기 위해 관측소에 초대했을 것이다.

04 정답 ②

난이도 |||||

정답 해설

② 적중 포인트 020 **주격 보어가 필요한 2형식 자동사** ★★★

get은 '~하게 되다'라는 상태 변화를 나타내는 2형식 동사로 쓰일 때 주격 보어로 형용사를 취한다. dark는 '어두운'이라는 의미의 형용사로 가장 자연스럽다. 따라서 밑줄 친 부분에 들어갈 말로 가장 적절한 것은 ②이다.

지문해석

저녁이 다가오면서 하늘이 어두워지기 시작했고, 이는 건설 현장에서 길고 생산적인 하루가 끝나감을 알렸다.

05 정답 ③

난이도 |||||

정답 해설

③ 적중 포인트 021 **전치사가 필요 없는 대표 3형식 타동사** ★★★★

accompany는 전치사 없이 바로 목적어를 취할 수 있는 3형식 타동사이다. 따라서 밑줄 친 부분의 with를 삭제해야 한다.

오답 해설

① 적중 포인트 056 **여러 가지 분사구문** ★★★★★

주절의 주어인 The new intern의 부수적인 동작을 설명하는 분사구문으로 '~하면서'라는 능동의 의미이므로 현재분사로 써야 한다. 따라서 밑줄 친 부분은 올바르게 쓰였다.

② 적중 포인트 064 **to부정사의 관용 구문** ★★★★

'반드시 ~하다'라는 의미를 나타낼 때 'make sure to부정사'의 형태로 쓸 수 있다. 따라서 밑줄 친 부분은 올바르게 쓰였다.

④ 적중 포인트 039 **현재시제 동사와 be동사의 수 일치** ★★★★★

주절의 동사가 과거 시제이므로, 종속절의 동사 또한 과거 시제로 맞추어 시제 일치를 이루어야 한다. 따라서 밑줄 친 부분은 올바르게 쓰였다.

지문해석

새 인턴은 첫 출근날 좋은 인상을 남기고자 반드시 일찍 사무실에 도착했다. 그녀는 배우고자 하는 열의가 있었고, 진행 과정을 관찰하기 위해 중요한 고객 회의에 매니저와 함께 동행하려고 했다. 그녀는 그 경험이 자신의 직업적 성장에 매우 귀중하다고 느꼈다. 나중에 매니저는 그녀의 적극적인 태도를 칭찬하며 더 많은 학습 기회를 제공하겠다고 약속했고, 이는 인턴으로 하여금 이전보다 훨씬 더 동기부여를 느끼게 했다.

06 정답 ①

난이도 |||||

정답 해설

① 적중 포인트 022 **4형식으로 착각하기 쉬운 3형식 타동사** ★★★★

동사 suggest는 4형식으로 사용할 수 없으므로, 간접목적어(us)를 바로 취할 수 없다. 따라서 밑줄 친 부분의 us several destinations를 to us several destinations로 고쳐야 한다.

오답 해설

② 적중 포인트 083 **「전치사+관계대명사」 완전 구조** ★★★★

목적격 관계대명사 which/that이 생략된 형태로, be aware of의 목적어가 없는 불완전한 구조로 앞의 명사를 수식하고 있다. 따라서 밑줄 친 부분은 올바르게 쓰였다.

③ 적중 포인트 079 **명사절 접속사의 구분과 특징** ★★★

동사 mentioned의 목적어로 쓰인 명사절 접속사 that은 뒤에 완전한 구조를 취하고 있다. 따라서 밑줄 친 부분은 올바르게 쓰였다.

④ 적중 포인트 055 **감정 분사와 분사형 형용사** ★★★★★

문맥상 우리가 준비된 상태를 느끼는 수동의 의미이므로 과거분사로 써야 한다. 따라서 밑줄 친 부분은 올바르게 쓰였다.

지문해석

우리 여행사는 우리 여행 일정을 계획하는 데 도움을 주었다. 그는 우리 예산과 관심사에 맞는 몇 가지 목적지를 추천해 주었고 논의 끝에 우리는 동남아시아 여행을 결정했다. 그 후 그는 여행 중 알아야 할 문화적 규범과 관습을 설명해 주었다. 또한 출발 전에 특정 예방접종을 받아야 한다는 점을 언급했다. 그의 철저한 조언 덕분에 우리는 여행 준비가 훨씬 잘 되어 있다고 느꼈고 걱정 없는 휴가를 즐길 수 있었다.

07 정답 ④

난이도 |||||

10

정답 해설

④ 적중 포인트 034 **완료시제와 잘 쓰이는 시간 부사** ★★★

지난달 유적지를 발굴한 것(excavated the site last month)은 과거 시점이다. 유물이 천 년 넘게 손대지 않은 상태로 있었던 것은 그보다 더 이전부터 시작되어 발굴 시점까지 이어진 일이므로, 과거보다 더 과거를 나타내는 과거완료 시제로 써야 한다. 따라서 밑줄 친 부분에 들어갈 말로 가장 적절한 것은 ④이다.

지문해석

고고학자들은 지난달 발굴한 그 유적지에서 천 년 넘게 손대지 않은 채 남아 있었던 유물을 발견했기 때문에 흥분했다.

08 정답 ①

난이도 ▮▮▮▮

정답 해설

① **적중 포인트 042** A and B와 수 일치 ★

'slow and steady'(느리고 꾸준히 하는 것)와 같은 단일 개념을 의미하는 A and B는 단수 동사와 수 일치를 확인한다. 따라서 밑줄 친 부분의 win을 wins로 고쳐야 한다.

오답 해설

② **적중 포인트 051** 동명사의 명사 역할 ★★★★★

등위접속사 or를 기준으로 동명사구 'Rushing the process'와 'using high heat'가 주어이다. or로 연결된 주어는 뒤에 오는 주어와 수 일치하므로 동사는 단수 형태로 써야 한다. 따라서 밑줄 친 부분은 올바르게 쓰였다.

③ **적중 포인트 044** 주어 자리에서 반드시 단수 또는 복수 취급하는 특정 표현 ★★★

every는 단수 명사와 쓰고 단수 동사와 수 일치한다. 따라서 밑줄 친 부분은 올바르게 쓰였다.

④ **적중 포인트 061** to부정사의 형용사적 역할 ★★

'추상명사+to부정사'의 형태로 to부정사의 형용사적 역할을 하고 있다. 따라서 밑줄 친 부분은 올바르게 쓰였다.

지문해석

이 스튜에서 풍부한 맛을 내기 위해서는 천천히 그리고 꾸준히 하는 것이 중요하다. 낮은 열에서 오랜 시간 조리하면 고기와 채소의 맛이 완벽하게 어우러진다. 조리 과정을 서두르거나 강한 열을 사용하면 고기가 질겨진다. 또한, 각각의 허브와 향신료는 최종 맛을 내는 데 각자의 역할이 있다.

09 정답 ③

난이도 ▮▮▮▮

정답 해설

③ **적중 포인트 044** 주어 자리에서 반드시 단수 또는 복수 취급하는 특정 표현 ★★★

That이 이끄는 명사절이 문장의 주어로 쓰일 경우 단수 취급한다. 따라서 밑줄 친 부분은 올바르게 쓰였다.

오답 해설

① **적중 포인트 044** 주어 자리에서 반드시 단수 또는 복수 취급하는 특정 표현 ★★★

'the+형용사'가 복수 보통명사로 쓰이는 경우이므로, the poor and the oppressed는 복수 주어이다. 따라서 밑줄 친 부분의 is를 are로 고쳐야 한다.

② **적중 포인트 044** 주어 자리에서 반드시 단수 또는 복수 취급하는 특정 표현 ★★★

every는 단수 명사와 쓰고 단수 동사와 수 일치한다. 따라서 밑줄 친 부분의 introduce를 introduces로 고쳐야 한다.

④ 적중 포인트 044 주어 자리에서 반드시 단수 또는 복수 취급하는 특정 표현 ★★★

neither of는 복수 명사와 쓰고 단수 동사와 수 일치한다. 따라서 밑줄 친 부분의 receive를 receives로 고쳐야 한다.

지문해석

이 고전 소설에서 가난하고 억압받는 사람들은 주인공의 여정을 통해 목소리를 얻는다. 책의 각 장에서는 주인공의 결의를 시험하는 새로운 도전이 제시된다. 작가가 사회적 불평등을 비판하고자 했다는 점은 이야기에서 체계적인 부정의에 초점을 맞춘 것에서 분명히 드러난다. 그러나 이야기 속 두 주요 적대자 중 누구도 끝내 마땅한 대가를 받지 못해, 독자에게 불편한 여운을 남긴다.

10 정답 ②

난이도 ▮▮▮▮

정답 해설

② **적중 포인트 043** 혼동하기 쉬운 주어와 동사 수 일치 ★★★★

a number of는 복수 명사로 쓰고 '많은 명사'라는 의미로 복수 동사와 수 일치한다. 또한 주어인 a number of insightful comments가 기록되는 대상이므로 수동태 구조로 써야 한다. 따라서 밑줄 친 부분에 들어갈 말로 가장 적절한 것은 ②이다.

지문해석

포커스 그룹 토론 중, 참가자들의 여러 통찰력 있는 의견이 기록되었으며, 이는 새로운 제품의 최종 디자인과 마케팅 전략에 영향을 미칠 가능성이 있다.

11 정답 ②

난이도 ▮▮▮▮

정답 해설

② **적중 포인트 044** 주어 자리에서 반드시 단수 또는 복수 취급하는 특정 표현 ★★★

each of는 복수 명사와 쓰고 단수 동사와 수 일치한다. 따라서 밑줄 친 부분의 have prepared를 has prepared로 고쳐야 한다.

오답 해설

① **적중 포인트 043** 혼동하기 쉬운 주어와 동사 수 일치 ★★★★

집합 명사인 a board of directors는 하나의 단위로 간주될 때 동사는 단수 형태로 써야 한다. 따라서 밑줄 친 부분은 올바르게 쓰였다.

③ **적중 포인트 014** 형용사와 부사의 차이 ★★★★★

과거분사를 수식하는 것은 부사이다. 따라서 밑줄 친 부분은 올바르게 쓰였다.

④ **적중 포인트 044** 주어 자리에서 반드시 단수
또는 복수 취급하는 특정 표현 ★★★

대명사 everyone은 단수 취급하고, 타동사 뒤에 목적어가 없으므로 수동태 구조로 써야 한다. 따라서 밑줄 친 부분은 올바르게 쓰였다.

지문해석

이사회는 내일 연례 예산을 확정하기 위해 회의를 가질 예정이다. 각 부서장은 다가오는 연도의 재정 필요를 상세히 정리한 보고서를 준비했다. 주요 논쟁점은 새로운 연구에 대한 자금 지원으로, 이는 항상 뜨겁게 논의되는 문제이다. 모든 참석자는 긴 논의를 위해 준비해 올 것으로 기대된다.

---

12 **정답** ② 난이도 ▮▮▯▯

정답 해설

② **적중 포인트 045** 능동태와 수동태의 차이 ★★★★★

'Many of the rare artifacts displayed'가 문장의 주어이며, 이 주어에 대한 동사가 없다. 또한 문맥상 유물은 만들어지는 대상이므로 수동태 구조로 써야 한다. 따라서 밑줄 친 부분의 created를 were created로 고쳐야 한다.

오답 해설

① **적중 포인트 050** 전치사에 유의해야 할 수동태 ★★★

'be dedicated to'는 '~에 헌정되다, ~을 전문으로 다루다'라는 의미로 쓸 수 있다. 따라서 밑줄 친 부분은 올바르게 쓰였다.

③ **적중 포인트 039** 현재시제 동사와 be동사의 수 일치 ★★★★★

주어(The collection)가 단수형이므로 동사도 단수 형태로 써야 한다. 따라서 밑줄 친 부분은 올바르게 쓰였다.

④ **적중 포인트 049** 5형식 동사의 수동태 구조 ★★★★

encourage를 수동태 구조로 쓰면 목적격 보어였던 to부정사가 바로 뒤에 이어서 올 수 있다. 따라서 밑줄 친 부분은 올바르게 쓰였다.

지문해석

박물관의 인상적인 새 전시는 과학의 역사를 주제로 하고 있다. 전시된 많은 희귀 유물들은 각 시대를 대표하는 선구적인 과학자들이 만든 것들이다. 꽤 방대한 이 컬렉션은 과학적 발견을 독특하고 상호작용적인 관점에서 체험할 수 있는 기회를 제공한다. 모든 방문객은 긴 줄을 피하기 위해 미리 온라인으로 티켓을 예약할 것이 강력히 권장된다.

---

13 **정답** ① 난이도 ▮▮▮▮

정답 해설

① **적중 포인트 047** 다양한 3형식 동사의 수동태 구조 ★★★★

타동사구 deal with(~를 처리하다)의 수동태 구조는 be dealt with이다. 문맥상 주어(the situation)가 처리되는 대상이며, 미래 시점의 일을 나타낸다. 따라서 밑줄 친 부분에 들어갈 말로 가장 적절한 것은 ①이다.

지문해석

사고 후 도로 전체에 잔해가 흩어졌지만, 당국은 상황이 신속하고 효율적으로 처리될 것이라고 대중에게 확신시켰다.

---

14 **정답** ① 난이도 ▮▮▯▯

정답 해설

① **적중 포인트 048** 4형식 수여동사의 수동태 구조 ★★★

4형식 동사 중 make, buy 등은 간접목적어(사람)를 주어로 하는 수동태를 만들 수 없다. 직접목적어(사물)만을 주어로 하여 (사물) be made/bought for (사람)의 형태로 써야 한다. 따라서 밑줄 친 부분의 he was made a beautiful cake를 a beautiful cake was made for him으로 고쳐야 한다.

오답 해설

② **적중 포인트 069** 다양한 도치 구문 ★★★★

'So+형용사/부사'가 문장 처음에 나오면 '조동사+주어'의 도치 구조로 써야 한다. 따라서 밑줄 친 부분은 올바르게 쓰였다.

③ **적중 포인트 051** 동명사의 명사 역할 ★★★★★

consider는 동명사를 목적어로 취하는 3형식 타동사이다. 따라서 밑줄 친 부분은 올바르게 쓰였다.

④ **적중 포인트 064** to부정사의 관용 구문 ★★★★

'~하기에 너무 …한'의 의미를 나타낼 때는 'too 형용사/부사 to 부정사'의 형태로 쓸 수 있다. 따라서 밑줄 친 부분은 올바르게 쓰였다.

지문해석

그의 생일을 맞아, 사랑하는 할머니가 오후 내내 정성스럽게 구워 만든 아름다운 케이크를 그에게 만들어 주셨다. 그 달리기 선수는 경주를 너무 빠르게 마쳐서 새로운 세계 기록을 세웠다. 그 매니저는 새로운 조수를 고용하는 것을 고려하고 있다. 그 문제는 초보자가 풀기에는 너무 어렵다.

10

15 정답 ① 난이도 [IIII]

정답 해설,

① **적중 포인트 053 암기해야 할 동명사 표현 ★★★★★**
devote A to B는 'A를 B에 바치다'라는 의미로 to는 전치사이므로 뒤에 동명사로 써야 한다. 따라서 밑줄 친 부분의 renovate를 renovating으로 고쳐야 한다.

오답 해설,

② **적중 포인트 034 완료시제와 잘 쓰이는 시간 부사 ★★★**
문맥상 도서관을 개조하기로 결정한 과거 시점보다 프로젝트가 연기된 것이 더 이전의 일이므로 과거완료 수동태 구조로 써야 한다. 따라서 밑줄 친 부분은 올바르게 쓰였다.

③ **적중 포인트 053 암기해야 할 동명사 표현 ★★★★★**
'be worth -ing'는 '~할 가치가 있다'라는 의미의 동명사 관용 표현으로 쓸 수 있다. 따라서 밑줄 친 부분은 올바르게 쓰였다.

④ **적중 포인트 053 암기해야 할 동명사 표현 ★★★★★**
'look forward to -ing'는 '~을 기대하다'라는 의미의 동명사 관용 표현으로 쓸 수 있다. 따라서 밑줄 친 부분은 올바르게 쓰였다.

지문해석

시 의회는 예산의 상당 부분을 오래된 도서관을 개보수하는 데 투입했으며, 이 프로젝트는 수년간 미뤄져 왔던 것이었다. 목표는 모든 주민들을 위한 현대적이고 따뜻한 공간을 만드는 것이다. 도서관이 지역 사회의 중요한 중심지 역할을 하기 때문에, 이번 투자는 할 만한 가치가 있다. 많은 시민들이 내년에 새롭게 바뀔 도서관을 보게 되기를 기대하고 있다.

16 정답 ④ 난이도 [IIII]

정답 해설,

④ **적중 포인트 052 동명사의 동사적 성질 ★★★**
문맥상 본동사의 시점보다 정보를 받은 것이 더 이전에 일어난 일이므로 완료형 동명사를 써야 한다. 또한 주어인 The politician이 정보를 받은 대상이므로 수동태 구조로 써야 한다. 따라서 밑줄 친 부분에 들어갈 말로 가장 적절한 것은 ④이다.

지문해석

그 정치인은 사전에 비밀 협상에 대해 알고 있었다는 것을 부인했다. 그는 그 협상이 이미 마무리된 후에야 알게 되었다고 주장했다.

17 정답 ④ 난이도 [IIII]

정답 해설,

④ **적중 포인트 054 분사 판별법 [현재분사 VS 과거분사] ★★★★★**
문맥상 도시를 방문하는 관광객이라는 능동의 의미이므로 현재분사로 써야 한다. 따라서 밑줄 친 부분의 visited를 visiting으로 고쳐야 한다.

오답 해설,

① **적중 포인트 078 등위접속사와 병렬 구조 ★★★★**
등위접속사 and 기준으로 동명사의 형태가 병렬 구조를 이루고 있다. 따라서 밑줄 친 부분은 올바르게 쓰였다.

② **적중 포인트 078 등위접속사와 병렬 구조 ★★★★**
등위접속사 and 기준으로 동명사의 형태가 병렬 구조를 이루고 있다. 따라서 밑줄 친 부분은 올바르게 쓰였다.

③ **적중 포인트 039 현재시제 동사와 be동사의 수 일치 ★★★★**
문장의 주어(This comprehensive initiative)가 단수형이므로 동사도 단수 형태로 써야 한다. 따라서 밑줄 친 부분은 올바르게 쓰였다.

지문해석

그 도시는 대중교통 시스템을 개선하고 모두가 더 쉽게 이용할 수 있도록 만드는 데 전념하고 있다. 계획에는 버스 노선을 추가하고, 지하철역을 현대적인 편의시설로 업그레이드하며, 새로운 자전거 도로를 건설하는 것이 포함된다. 수십억의 예산이 소요될 것으로 예상되는 이 종합적인 계획은 교통 혼잡을 줄이고 지속 가능한 도시 이동성을 촉진하는 것을 목표로 한다. 시장은 이러한 변화가 매일 출퇴근하는 사람들뿐 아니라 도시를 방문하는 관광객들에게도 도움이 될 것이라고 믿고 있다.

18 정답 ④ 난이도 [IIII]

정답 해설,

④ **적중 포인트 055 감정 분사와 분사형 형용사 ★★★★★**
문맥상 관객이 해양의 신비에 매료됨을 느끼는 대상이므로 과거분사로 써야 한다. 따라서 밑줄 친 부분의 fascinating을 fascinated로 고쳐야 한다.

오답 해설,

① **적중 포인트 054 분사 판별법 [현재분사 VS 과거분사] ★★★★★**
'존재하다'라는 의미의 exist는 1형식 자동사이다. 자동사는 수동태가 불가능하므로 항상 능동의 의미를 나타내는 현재분사로 명사를 수식해야 한다. 따라서 밑줄 친 부분은 올바르게 쓰였다.

② **적중 포인트 057 분사의 동사적 성질 ★★★★**
문맥상 생물들이 스스로 적응하는 능동의 의미이므로 현재분사로 써야 한다. 따라서 밑줄 친 부분은 올바르게 쓰였다.

③ **적중 포인트 043** 혼동하기 쉬운 주어와 동사 수 일치 ★★★★

주어가 many일 때는 복수 동사와 수 일치한다. 또한 타동사 뒤에 목적어가 없으므로 수동태 구조로 써야 한다. 따라서 밑줄 친 부분은 올바르게 쓰였다.

지문해석

> 그 다큐멘터리는 심해에 존재하는 복잡한 생태계들을 탐구했다. 그 속에는 극한의 압력과 어둠에 적응하는 생물들의 놀라운 영상이 담겨 있었다. 이들 중 많은 종들은 과학계에 이전까지 알려지지 않았던 것으로, 이번에 처음으로 카메라에 포착되었다. 이 영화는 관객들에게 바다의 신비로움에 깊은 감명을 남기며, 추가적인 탐사와 보존 노력이 필요하다는 점을 강조했다.

19 **정답** ④　　　　　난이도 ▮▮▯▯

정답 해설

④ **적중 포인트 058** 분사를 활용한 표현 및 구문 ★★★★

'with+명사+분사구문'의 구조에서 명사(both parties)와 분사의 관계가 능동이면 현재분사로 쓴다. 문맥상 양측이 협상에 참여하는 능동의 의미이므로 현재분사로 써야 한다. 따라서 밑줄 친 부분에 들어갈 말로 가장 적절한 것은 ④이다.

지문해석

> 그 협상은 순조롭게 진행되었으며, 양측은 협력의 정신으로 임하면서 그날 안에 상호 이익이 되는 합의에 도달하는 것을 목표로 했다.

20 **정답** ③　　　　　난이도 ▮▮▮▯

정답 해설

③ **적중 포인트 054** 분사 판별법 [현재분사 VS 과거분사] ★★★★★

문장의 주동사는 'were damaged'이며, 접속사 없이 동사를 또 쓸 수 없다. 문맥상 일부 가족들을 일시적으로 집 없는 상태로 만들었다는 능동의 의미이므로 현재분사로 써야 한다. 따라서 밑줄 친 부분의 left를 leaving으로 고쳐야 한다.

오답 해설

① **적중 포인트 054** 분사 판별법 [현재분사 VS 과거분사] ★★★★★

fall은 자동사이며, 이미 쓰러진 완료의 상태를 나타내므로 과거분사로 써야 한다. 따라서 밑줄 친 부분은 올바르게 쓰였다.

② **적중 포인트 025** to부정사를 목적격 보어로 취하는 대표 5형식 타동사 ★★★★

advise는 목적어와 목적격 보어의 관계가 능동이면 목적격 보어 자리에 to부정사를 쓴다. 문맥상 주민들이 외출을 피하는 능동의 의미로 to부정사를 써야 한다. 따라서 밑줄 친 부분은 올바르게 쓰였다.

④ **적중 포인트 054** 분사 판별법 [현재분사 VS 과거분사] ★★★★★

'those'는 '사람들'을 의미하며, 이 사람들이 폭풍에 의해 영향을 받는 수동의 의미이므로 과거분사로 써야 한다. 따라서 밑줄 친 부분은 올바르게 쓰였다.

지문해석

> 폭풍우가 치는 동안, 쓰러진 나무들이 여러 주요 도로를 막아 광범위한 교통 정체를 초래했다. 긴급 구조대는 밤새도록 잔해를 치우기 위해 작업했다. 시 대변인은 모든 도로가 완전히 정리될 때까지 주민들에게 불필요한 외출을 삼가 달라고 권고했다. 해안 지역의 많은 주택들이 강풍으로 피해를 입었고, 일부 가정은 일시적으로 집을 잃기도 했다. 시장은 폭풍으로 피해를 입은 주민들에게 즉각적인 지원을 제공하겠다고 발표했다.

21 **정답** ②　　　　　난이도 ▮▮▯▯

정답 해설

② **적중 포인트 059** 원형부정사의 용법과 관용 표현 ★★

사역동사 let은 목적어와 목적격 보의의 관계가 능동이면 목적격 보어 자리에 원형부정사를 쓴다. 문맥상 우리에게 필요한 시간을 허용해주는 능동의 의미이므로 원형부정사를 써야 한다. 따라서 밑줄 친 부분의 to take를 take로 고쳐야 한다.

오답 해설

① **적중 포인트 078** 등위접속사와 병렬 구조 ★★★★

'would rather A than B' 구문에서 A에 해당하는 부분은 동사원형으로 써야 한다. 따라서 밑줄 친 부분은 올바르게 쓰였다.

③ **적중 포인트 078** 등위접속사와 병렬 구조 ★★★★

even if는 '(비록) ~일지라도'라는 의미의 양보 접속사로 뒤에 완전한 구조를 취하고 있다. 따라서 밑줄 친 부분은 올바르게 쓰였다.

④ **적중 포인트 051** 동명사의 명사 역할 ★★★★★

mean은 동명사를 목적어로 취하는 타동사이다. 따라서 밑줄 친 부분은 올바르게 쓰였다.

지문해석

> 나는 부실하고 실수가 많은 보고서를 서두르기보다는, 철저하고 정확한 보고서를 제출하는 편이 낫다고 생각한다. 내 매니저도 같은 생각을 가지고 있어서, 종종 우리에게 필요한 추가 시간을 갖도록 허용해 준다. 이런 접근 방식은 비록 가끔 내부 마감일을 놓치게 되더라도, 우리 작업의 품질을 보장하는 데 도움이 된다.

10

22 정답 ②　　난이도 ▮▮▯▯

정답 해설

② 적중 포인트 060 to부정사의 명사적 역할 ★★★★

빈칸은 주어(The company's primary objective)의 내용을 보충 설명하는 주격 보어 자리이다. 문맥상 '~하는 것'의 의미를 나타내는 to부정사가 가장 적절하다. 동명사도 보어 자리에 올 수 있으나, 미래 지향적인 계획이나 목표를 나타낼 때는 to부정사가 더 자연스럽다. 따라서 밑줄 친 부분에 들어갈 말로 가장 적절한 것은 ②이다.

지문해석

그 회사의 다음 분기 주요 목표는, 새로운 광고 캠페인을 시작하여 아시아 시장 점유율을 확대하는 것이다.

23 정답 ②　　난이도 ▮▮▯▯

정답 해설

② 적중 포인트 065 조동사 뒤의 동사원형과 조동사의 부정형 ★

조동사 had better 뒤에는 동사원형이 와야 한다. 따라서 밑줄 친 부분의 getting을 get으로 고쳐야 한다.

오답 해설

① 적중 포인트 065 조동사 뒤의 동사원형과 조동사의 부정형 ★

조동사 should 뒤에는 동사원형을 써야 한다. 따라서 밑줄 친 부분은 올바르게 쓰였다.

③ 적중 포인트 090 원급 비교 구문 ★★★★

원급 비교 구문에서 앞의 문장 구조가 보어가 없는 불완전한 구조면 형용사를 쓴다. 따라서 밑줄 친 부분은 올바르게 쓰였다.

④ 적중 포인트 079 접속사의 구분과 특징 ★★★

'~하는 것'이라는 의미로 전치사 as의 목적어 역할을 하는 명사절 접속사 what 뒤에 완전한 구조를 취하고 있다. 따라서 밑줄 친 부분은 올바르게 쓰였다.

지문해석

만약 진심으로 신체 건강을 향상시키고 싶다면, 영양이 풍부한 균형 잡힌 식단을 섭취해야 한다. 또한 매일 밤 최소 7시간의 양질의 수면을 취하는 것이 좋다. 규칙적인 운동이 당신이 섭취하는 음식만큼이나 중요하다는 것을 기억하라.

24 정답 ④　　난이도 ▮▮▮▯

정답 해설

④ 적중 포인트 070 양보 도치 구문과 장소·방향 도치 구문 ★★★

'형용사+as' 양보 도치 구문은 '형용사+as+주어+동사'의 어순으로 써야 한다. 따라서 밑줄 친 부분의 Rare as is it을 Rare as it is로 고쳐야 한다.

오답 해설

① 적중 포인트 070 양보 도치 구문과 장소·방향 도치 구문 ★★★

장소 부사구가 문장 처음에 오면 '1형식 자동사+주어'의 도치 구조로 써야 한다. 또한 주어가 단수형이므로 동사도 단수 형태로 써야 한다. 따라서 밑줄 친 부분은 올바르게 쓰였다.

② 적중 포인트 082 관계대명사의 선행사와 문장 구조 ★★★★

선행사 This bird를 부연 설명하는 계속적 용법의 주격 관계대명사 which 뒤에 불완전 구조를 취하고 있다. 따라서 밑줄 친 부분은 올바르게 쓰였다.

③ 적중 포인트 025 to부정사를 목적격 보어로 취하는 대표 5형식 타동사 ★★★★

advise는 목적어와 목적격 보어의 관계가 능동이면 목적격 보어 자리에 to부정사를 쓴다. 문맥상 방문객들이 조용히 행동하는 능동의 의미이므로 to부정사를 써야 한다. 따라서 밑줄 친 부분은 올바르게 쓰였다.

지문해석

아마존 열대우림 깊숙한 곳에는, 유난히 화려한 깃털로 알려진 벌새의 한 종이 서식하고 있다. 이 새는 인간에게 거의 목격되지 않으며, 울창한 수관 높이의 나무 위에 놀라울 정도로 정교한 둥지를 짓기 때문에 거의 찾을 수 없다. 현지 가이드들은 섬세한 야생동물을 놀라게 하지 않기 위해, 이 지역에서는 매우 조용히 행동하라고 방문객들에게 자주 조언한다. 비록 보기 드물지만, 이 새를 목격하는 것은 현지 부족 사이에서 강력한 행운의 징조로 여겨진다.

25 정답 ②　　난이도 ▮▮▮▮

정답 해설

② 적중 포인트 076 if 생략 후 도치된 가정법 ★★★★

주절이 'would not have offended'로 가정법 과거완료 공식을 확인해야 한다. 조건절은 'If he had been'의 형태가 되어야 한다. 이때 if가 생략되면 주어와 조동사가 도치되어 'Had he been'가 가장 자연스럽다. 따라서 밑줄 친 부분에 들어갈 말로 가장 적절한 것은 ②이다.

지문해석

그가 자신의 말에 좀 더 조심했더라면, 회의에서 그렇게 많은 사람들을 불쾌하게 만들거나 큰 오해를 불러일으키지는 않았을 것이다.

26 정답 ①   난이도 |||||

정답 해설

① **적중 포인트 077 기타 가정법 ★★★**

'as if+주어+과거 동사'는 '마치 ~인 것처럼' 현재 사실과 반대되는 상황을 가정하는 표현이다. 그가 실제로 모든 비밀을 아는 것은 아니므로 가정법 과거 공식으로 써야 한다. 따라서 밑줄 친 부분의 knows를 knew로 고쳐야 한다.

오답 해설

② **적중 포인트 049 5형식 동사의 수동태 구조 ★★★★**

5형식 동사 leave가 수동태 구조로 쓸 때 뒤에 목적격 보어인 과거분사가 뒤에 그대로 쓸 수 있다. 따라서 밑줄 친 부분은 올바르게 쓰였다.

③ **적중 포인트 063 to부정사의 동사적 성질 ★★★★**

문맥상 주절의 동사(claims) 시점보다 더 이전에 본 것에 대해 주장하는 것이므로 완료 부정사의 형태로 써야 한다. 따라서 밑줄 친 부분은 올바르게 쓰였다.

④ **적중 포인트 082 관계대명사의 선행사와 문장 구조 ★★★★**

선행사 a local librarian을 수식하는 주격 관계대명사 who 뒤에 불완전 구조를 취하고 있다. 따라서 밑줄 친 부분은 올바르게 쓰였다.

지문해석

> 그 늙은 선원은 바다에 대해 마치 모든 비밀을 알고 있는 것처럼 이야기한다. 그는 머나먼 땅들과 환상적인 생물들에 대해 매우 생생하게 묘사하여, 듣는 이들은 종종 넋을 잃고 빠져든다. 그는 대부분의 사람들이 꿈에서나 볼 법한 것들을 자신이 직접 보았다고 주장한다. 하지만 그 시대의 선박 기록을 조사한 한 지역 사서는, 그의 이야기들 중 많은 부분이 과장되었을 가능성이 있다고 말한다.

27 정답 ②   난이도 |||||

정답 해설

② **적중 포인트 081 주의해야 할 부사절 접속사 ★★**

접속사 lest는 '~하지 않도록'이라는 부정의 의미를 이미 가지고 있으므로, 뒤따르는 절에 부정어 not을 쓰지 않는다. 따라서 밑줄 친 부분의 he not miss를 he miss로 고쳐야 한다.

오답 해설

① **적중 포인트 051 동명사의 명사 역할 ★★★★★**

동명사구를 주어일 때는 항상 단수 취급한다. 따라서 밑줄 친 부분은 올바르게 쓰였다.

③ **적중 포인트 091 비교급 비교 구문 ★★★★**

'~보다 더 효과적인'이라는 의미로, 형용사 effective의 비교급 형태인 more effective than의 형태로 쓸 수 있다. 따라서 밑줄 친 부분은 올바르게 쓰였다.

④ **적중 포인트 010 격에 따른 인칭대명사 ★★**

명사 success를 수식할 때 소유격 대명사로 쓸 수 있다. 따라서 밑줄 친 부분은 올바르게 쓰였다.

지문해석

> 강의 중에 필기를 하는 것은 기억을 유지하는 데 매우 중요하다. 그는 교수님이 말하는 중요한 내용을 놓치지 않기 위해 항상 공책을 가지고 다닌다. 이 습관은 단순히 듣는 것보다 그에게 더 효과적인 것으로 입증되었다. 그는 시험에서의 성공이 대부분 이러한 성실한 습관 덕분이라고 믿는다.

28 정답 ②   난이도 |||||

정답 해설

② **적중 포인트 083 「전치사+관계대명사」 완전 구조 ★★★★**

두 절을 연결하기 위해서는 접속사 기능과 대명사 기능을 동시에 하는 관계대명사가 필요하다. most of which는 and most of them의 의미로, 선행사 several solutions을 받아 뒤의 동사 seemed의 주어 역할을 하므로 가장 자연스럽다. 따라서 밑줄 친 부분에 들어갈 말로 가장 적절한 것은 ②이다.

지문해석

> 그 컨설턴트는 문제에 대해 여러 가지 해결책을 제시했으며, 그중 대부분은 즉시 실행할 수 있을 만큼 실용적이고 비용 효율적이었다.

29 정답 ①   난이도 |||||

정답 해설

① **적중 포인트 085 유사관계대명사 as, but, than ★★★**

선행사에 such가 포함된 경우, 관계대명사로 as를 사용해야 한다. so ~ that 구문과 혼동하지 않도록 주의해야 한다. 따라서 밑줄 친 부분의 that을 as로 고쳐야 한다.

오답 해설

② **적중 포인트 013 부정대명사의 활용 ★**

one 대명사로 비교급 앞에 나온 명사 system을 대신하기 위한 표현이다. 따라서 밑줄 친 부분은 올바르게 쓰였다.

③ **적중 포인트 085 유사관계대명사 as, but, than ★★★**

선행사에 부정어(no)가 포함되어 있고, '~하지 않는 사람이 없다'는 의미를 전달하므로 유사관계대명사 but으로 쓸 수 있다. 따라서 밑줄 친 부분은 올바르게 쓰였다.

④ **적중 포인트 014 형용사와 부사의 차이 ★★★★★**

명사 transition을 수식하는 것은 형용사이다. 따라서 밑줄 친 부분은 올바르게 쓰였다.

10

그 회사는 재고를 실시간으로 추적할 수 있는 그런 시스템을 도입했다. 이 시스템은 이전 시스템보다 훨씬 더 효율적이었다. 이 변화를 반기지 않은 직원은 아무도 없었는데, 이는 그들의 일상 업무를 상당히 간소화해주었기 때문이다. 매니저는 이 원활한 전환 과정에 매우 만족했다.

30   정답 ②

난이도 █████

정답 해설

② 적중 포인트 090 **원급 비교 구문** ★★★★

원급 비교 구문은 'as ~ as'의 형태로 써야 한다. 따라서 밑줄 친 부분의 than을 as로 고쳐야 한다.

오답 해설

① 적중 포인트 060 **to부정사의 명사적 역할** ★★★★

manage는 to부정사를 목적어로 취하는 3형식 타동사이다. 따라서 밑줄 친 부분은 올바르게 쓰였다.

③ 적중 포인트 082 **관계대명사의 선행사와 문장 구조** ★★★★

선행사 The final agreement를 부연 설명하는 계속적 용법의 관계대명사 which 뒤에 불완전 구조를 취하고 있다. 따라서 밑줄 친 부분은 올바르게 쓰였다.

④ 적중 포인트 045 **능동태와 수동태의 차이** ★★★★★

문맥상 협상이 필요로 되는 대상이고 뒤에 목적어가 없으므로 수동태 구조로 써야 한다. 따라서 밑줄 친 부분은 올바르게 쓰였다.

지문해석

팀은 계약을 따내는 데는 성공했지만, 조건은 그들이 기대했던 만큼 좋지는 않았다. 어제 서명된 최종 합의서에는 향후 수익성을 제한할 수 있는 몇 가지 조항이 포함되어 있었다. 이 결과는 이후 거래에서 보다 신중한 협상이 필요함을 시사한다.

MEMO

MEMO

MEMO

진가영 영어

신경향 대비 <mark>합격률 4.2배 증가</mark>

기본서

단판승 문법 적중 포인트 100　　유형별 독해 전략서　　단기합격 VOCA

기출문제집　　　　예상문제집

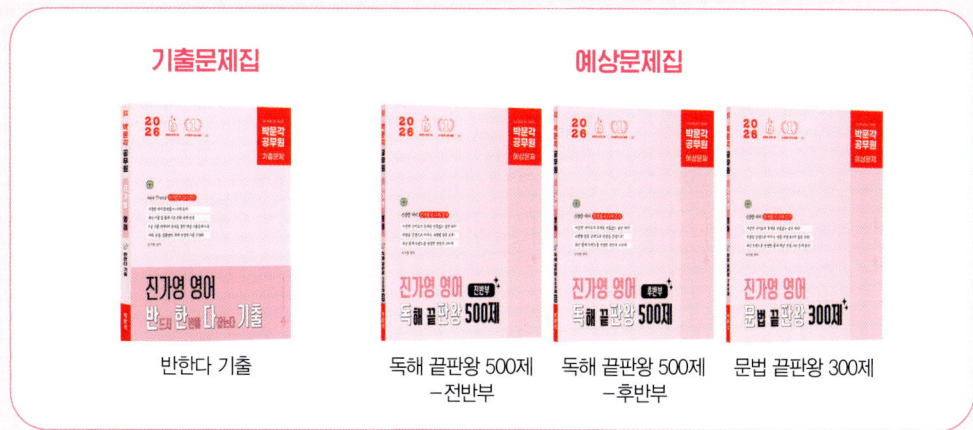

반한다 기출　　독해 끝판왕 500제　독해 끝판왕 500제　문법 끝판왕 300제
　　　　　　　　　－전반부　　　　　－후반부

진가영 영어
문법 끝판왕 300제 정답 및 해설

박문각 공무원
진가영 영어 온라인강의
www.pmg.co.kr

박문각 북스파
박문각 공식
온라인 서점

박문각 공무원
진가영 영어 연구소
cafe.naver.com/easyenglish7

박문각 공무원
진가영 영어
오픈채팅방

2025년 국가직 9급 일반행정 합격   수강생 김**

교재와 커리 구성만으로도 탄탄하게 이루어져 있지만 마지막으로 가영쌤만의 장점! 왜 가영쌤이어야 했는지, 그 이유를 꼽자면
바로 진심을 다해 수강생을 도와주시려고 한다는 점입니다! 저의 경우에는 처음 공시를 시작했을 때 어려움을 겪었던 문법 파트와,
공부 기간이 늘어남에도 불구하고 마땅한 해결책을 찾지 못해 힘들어했던 독해 순서 맞추기 유형과 문장 삽입 유형에 대한 고민이 깊을 때마다
가영쌤께 찾아가서 질문을 드리고 도움을 요청하였었습니다. 그럴 때마다 항상 진심을 다해 도와주려 하시고, 구체적으로 어떻게 문제인지 정확하게 진단해 주시면서
명확한 솔루션을 주신 덕에 단점을 보완하고 무려 100점이라는 성적으로 합격할 수 있었습니다~!! 항상 너무 감사드립니다 교수님~!!~!!
Thank you for everything you've done for me!!

2025년 국가직 9급 교정직 합격   수강생 한**

제가 공시하러 처음 왔을 때 2024년 4월 월간 모의고사 영어점수가 30점이었어요. 그러다 5월부터 수업을 들어가기 시작했는데 그때 임신 중인 선생님께서
저희를 위해 일요일에도 보강하시는 모습 보고 저는 이 선생님 밑에서 최고득점하고 싶은 마음이 들었습니다. 선생님 커리큘럼 상담 모든 게 다 반영돼서
95점이 나온 거 같아요. 인생에 목표가 있어 행복한 시간이었고 좋은 친구 옆에서 공부한 거에 감사하고 최고의 선생님의 가르침을 받아서 인생에서
가장 기억에 남을 순간일 것 같습니다. 앞으로 저는 더 많은 걸 도전할 거 같아요. 저는 꺾이지 않고 계속 노력하는 선생님이 너무 좋았습니다.
가끔 올라가서 인사 올리겠습니다. 존경하는 선생님.

2025년 검찰직 합격   수강생 대**

2024년 1월부터 박문각 인강으로 공부해서 1년 3개월 동안 공부하고 검찰직 합격했습니다. 인강 들으면서 전화 상담까지 해주셨던 교수님은
진가영 교수님뿐이셔서, 게다가 영어가 심리적으로 오랫동안 힘든 과목이었기 때문에 감사한 마음뿐입니다. 워낙 영어가 취약 과목이었고
꽤 오랫동안 독해 때문에 힘든 시간을 보냈지만 임신, 출산하시면서도 강의에 영향 없이 최선을 다해 주시는 모습에 감동을 받았고 그만큼 교수님께서
이 일을 얼마나 소중히 하고 계시는지 느껴졌습니다. 교수님이 안보이는 곳에서 얼마나 노력하고 계시는지 너무 잘 알 것 같아서 그저 리스펙이라고 밖에는
표현할 길이 없습니다. 마지막 문법 특강 끝에 기도하시듯 손 모으고 말씀하시는 모습에 뭉클했고 나는 교수님처럼 내 일에 최선을 다한 적이 있었는지 스스로
반성도 하게 되었습니다. 간절한 시간을 보낸 만큼 앞으로 최선을 다해서 공직 생활하도록 하겠습니다.

2025년 국가직 9급 우정직 합격   수강생 경**

제가 생각하는 가영쌤만의 장점은 첫째로, 미친 반복입니다. 공부가 하기 싫어도, 저절로 하게 되고, 강의를 듣지 않아도 떠오르는 경지가 될 때까지
정말 열심히 가르쳐주십니다. 동형 문제를 풀 때 알아서 개념이 뽑혀져 나올 정도로 들었고, 단어강의는 최소 20회독을 했을 정도로 많이 복습하니 이젠 툭 치면
알아서 가영쌤이 가르쳐주신 내용이 나옵니다. 둘째로, 가영쌤의 친절하고 꼼꼼한 학생관리입니다. 현강에서는 학생들 하나하나 잘 챙겨주시고,
질문은 시간이 오래 걸려도 자세하게 받아주시며, 상담 신청했을 때 누구보다도 열정적인 자세로 상담을 받아주십니다. 카페에서도 학생들 질문을
잘 받아주시기도 하니, 현강생 뿐 아니라 인강생도 가영쌤의 정성을 느끼실 수 있습니다. 셋째로, 자신의 실력을 점검하고 보완할 수 있는 다양한 커리큘럽입니다.
구문이 부족하면 구문 강의로, 문법이 부족하면 단판승으로, 독해가 부족하면 독해 끝판왕으로, 신경향이 낯설면 신경향 독해 마스터로 보완할 수 있도록
세분화되어 있습니다. 꼭 모든 강의를 강제로 들을 필요는 없지만, 부족한 부분이 있다면 발췌하시는 것도 좋은 선택입니다.

2년 연속 수석 합격자 배출 2023~2024년 박문각 공무원 온/오프 수강생 기준

정가 16,000원

 www.pmg.co.kr   교재문의 02-6466-7202   동영상강의 문의 02-6466-7201

ISBN 979-11-7519-402-1
13740

진가영 영어

신경향 대비 **합격률 4.2배 증가**

기본서

단판승 문법 적중 포인트 100   유형별 독해 전략서   단기합격 VOCA

기출문제집   예상문제집

반한다 기출   독해 끝판왕 500제 -전반부   독해 끝판왕 500제 -후반부   문법 끝판왕 300제

'단기합격' 커리큘럼

단계	강의명	학습 내용 및 특징
[0단계] **입문**	기초탄탄 입문 이론	**기초부터 탄탄하게, 차근차근 시작!** · 공무원 영어의 기초를 쉽게 이해하고, 탄탄하게 다질 수 있는 입문 강의 · 영어 공부가 처음인 분들도 기초부터 확실히 잡고, 영어에 대한 장벽을 낮춰주는 강의
[1단계] **이론 완성**	단기합격 All In One (문법/독해/어휘)	**흔들리지 않는 실력을 위한 공무원 영어의 뼈대를 세우는 과정!** · 공무원 영어의 전반적인 이론 및 내용을 한 번에 배우고, 중요한 내용은 집중적으로 학습할 수 있는 강의 · 시험장에서 흔들리지 않는 토대를 만드는 필수 이론 과정을 완성하는 강의
[2단계] **기출 분석**	반한다 기출 분석 시리즈 (독해/ 문법·어휘&생활영어)	**출제 경향 및 알고리즘 분석으로 문제를 보는 안목을 키우는 과정!** · 출제 경향과 알고리즘 분석을 통해 시험의 흐름을 완벽히 이해하고 배운 내용을 문제 풀이 실력으로 만드는 강의 · 자주 출제되는 문제 유형을 철저히 분석하며 실력을 쌓아 시험을 꿰뚫어 볼 수 있는 안목을 키우는 강의
[3단계] **문제 풀이**	끝판왕 문제 풀이 N제 시리즈 (어휘/문법/독해)	**배운 것들을 문제에 빠르고 정확하게 적용하는 과정!** · 영역별 문제 풀이로 각 부분을 체계적으로 점검하고 약점을 보완해 점수 상승을 이끄는 강의 · 출제 예상 문제를 집중적으로 풀면서 빠르고 정확하게 문제를 풀 수 있는 기술을 배우는 강의
[4단계] **파이널**	만점으로 가는 실전 동형 모의고사	**100% 실력 발휘를 위한 실전 모의고사 과정!** · 실제 시험과 유사한 구성의 고퀄리티 모의고사로 전 범위를 점검하고, 실력을 최종 완성하는 강의 · 다양한 난이도의 실전 동형 모의고사로 어떤 시험 상황에서도 굳건한 점수를 얻을 수 있도록 하는 강의
	'진족보' 마무리 합격 특강	**합격의 열쇠, 단 한 권으로 마지막 준비 완료!** · 시험 직전, 전 영역 핵심 내용을 완벽하게 총정리하며 부족한 부분까지 확실히 채우는 합격 특강 · 시험의 마지막 순간에, 쌓아 온 실력을 시험장에서 발휘하도록 돕는 총정리 특강

❀ 단기합격 필수 커리 ❀